叢書・歴史を拓く――『アナール』論文選 1

魔女とシャリヴァリ 新版

【責任編集】二宮宏之・樺山紘一・福井憲彦
【コメント】宮田 登　【解　説】樺山紘一

Annales
Économies Sociétés Civilisations

藤原書店

Sur la fin des sorciers au XVIIe siècle	**P. Chaunu**
Sorcellerie, culture populaire et christianisme au XVIe siècle, principalement en Flandre et en Artois	**R. Muchembled**
"Rough Music" : Le Charivari anglais	**E.-P. Thompson**
Les conduites de bruit et leur signification à la fin du Moyen Age : le Charivari	**C. Gauvard et A. Gokalp**
A propos du charivari : discours bourgeois et coutumes populaires	**R. Bonnain-Moerdyk et D. Moerdyk**

This book is published in Japan by arrangement
with Annales E.S.C. Paris, through le Bureau
Copyrights Français, Tokyo.

新版刊行に寄せて

このたび、叢書〈歴史を拓く――『アナール』論文選〉の全四巻が、装いも新たに藤原書店から新版として刊行されることになった。かつて、全体の責任編集にあたった者の一人として、序言をしるせることを素直にうれしく思っている。そしてまた、いささかの感慨を禁じえないこともたしかである。ここでは、最後となった第四巻『都市空間の解剖』刊行から数えてちょうど四半世紀、毎年一巻ずつ刊行したので第一巻『魔女とシャリヴァリ』が一九八二年、ついで第二巻『家の歴史社会学』、そして第三巻『医と病い』、これらを刊行した当時の状況を、私的な回想も含めて一種の記憶の証言として、簡単に記しておきたい。

責任編集三名のうち、すでに他界されてしまった大先輩の二宮宏之さん、すさまじくできる直近の先輩樺山紘一さんと比して、当時の私は、問題意識や関心の幅は大きかったとしても、研究者としても教育者としてもまだ駆け出しで行き先も定かではなかった。したがって、留学から帰国してまだ間もなかった私にとって、この何人ものフランス史研究者を動員した翻訳の仕事は、みずから自身にとって挑戦でもあり勉強でもあった。

訳者として協力してくださった方の多くは私より年長であったが、これらの方々が応じてくださったのは、もちろん二宮さんと樺山さんのおかげである。そして、日本の歴史研究や民俗研究の立場からコメントに応じてくださった方々も、同様である。一巻から順に宮田登、速水融、立川昭二、小木新造という、錚々たる四氏の協力が、この論文選をたんなるフランス歴史学の動向紹介ではなく、日本でそれらをどう受け止められるかを問題提起するうえで、たいへん大きかったと思う。

フランスの『アナール』という歴史研究雑誌から、日本向けに翻訳する意味が大きいと思われる論文を選定して刊行する、という趣旨であれば、「アナール論文選」とだけ銘打ってもよかったのであるが、しかし当時の日本の歴史学界では依然として、この雑誌の存在とその意義自体が、広く認識されているとは言いがたかった。あえて全体を「叢書　歴史を拓く」と題して日本側からもコメントをいただくことにしたのは、そうした現状把握にもとづいていた。そのことを責任編集の三名のうち誰かが主張したというより、議論のなかで意図がおのずと一致した、という感じではなかったかと記憶している。「拓く」という表現も、当時の出版元である新評論で編集に当たってくれていた藤原良雄さんを含めた意見交換のなかで、無理なく落ち着いていった。藤原さんがその後独立して、この新版の刊行元になってくださることは、やはり編者の一人として感慨なしではない。

私は、収録すべき論文のリストを作り、どうすれば日本に対して少しでもインパクトがある選択組み合わせができるであろうかと、たたき台を提案して刊行までもっていく実務係を務めていた、といったらよいであろうか。ただ、相当に時間と苦労を要するこの種の仕事を追求できたのは、当時の日本の歴史学の状況に対して、いやむしろ歴史学に限らず人文社会科学の学問状況に対して、一種の苛立ちのようなものが若造の私を突き動かしていたような記憶がある。

いまでこそ、日本でもフランス史の研究者に限らず歴史学の世界では「アナール」とか「アナール派」といってとくに新たな知見ではないし、あるいは「社会史」といって、それだけでは何か鋭い切り口が期待されるわけでもなかろう。いずれも、すでに日本の史学史のなかに位置づいた存在となり、いまではむしろ相対化の対象となっているといってもよいであろうか。それほど、この四半世紀で日本における歴史学の光景も変化してきた。しかし四半世紀前には、そうではなかった。

二宮さんはご自身で一九六〇年代のパリに留学したさいに、現地で多くの歴史家たちと交流をもたれたが、そのなかにはル゠ゴフやル゠ロワ゠ラデュリはじめ、いわゆる「アナール第三世代」の綺羅星のような研究者たちがいた。そうした若い頃からの知的交流を密に経験してこられた二宮さんは、『アナール』誌から論文を選定して翻訳刊行する企画を別の出版社を想定して考えておられた。アメリカ合衆国では、同種の英訳版がかなり出されていて、日本でもこの英訳版を通じてアナールの歴史学に接する研究者がいることを、われわれは知っていた。二宮さんが、「全体を見る眼と歴史家たち」という一文を『ちくま』に掲載され、『アナール』という雑誌に集う歴史家たちの仕事の知的インパクトをどのようにとらえたらよいかについて、柔らかい書きぶりのなかにも鋭い提起をなしたのは、一九七六年のことであった。同年には、ル゠ゴフが来日して歴史人類学という強烈なメッセージを残したが、その来日をアレンジしたのも二宮さんである。

それが、当時の新評論でわれわれとともに刊行することになったのは、いわばその前史にあたる部分がある。いま名をあげたル゠ロワ゠ラデュリの論文集から、いくつかの論文を選定して共訳書として当時の新評論から刊行したのが『新しい歴史――歴史人類学への道』であるが、一九八〇年末に書店に並んだこの本は、予想以上の大きな反響をよんだ。共訳の舵取りをしたのが樺山さん、実務役をしたのが私、編集者として支えてくれたのが藤原さんであった。この本はのちに藤原書店から新装版として復活したが、当初の「訳者あとがき」のなかで樺山さんは、簡潔な表現でつぎのように書いている。

「近年わが国でも、フランス歴史学界における「アナール派」とか「社会史」の方法とかが、しばしば口にされるようになった。かならずしも、もとの仕事にそくして紹介がおこなわれてはいないが、歴史学の新しい動向として、ひろい関心がむけられていることはたしかであろう。「アナール派」とは、雑誌『アナール（年報）』に依拠する人びとをさしている。この雑誌は一九二九年、マルク・ブロックとリュシアン・フェーヴルによって創刊され、いくたびか名をかえながら現在にいたった歴史研究雑誌である。また社会史とは、従来までのせまい政治史、経済史の研究のわくをこえて、歴史と文明を全体的にとらえようとする歴史家たちの共通の期待をあらわしているといってよい」と。また、こうもしるしている。「フランス歴史学の社会史やアナール派について、しばしばとりざたされているにしては、肝心の実物がほとんど未紹介だという、わが国の現状にかんがみ」と。

いまから四半世紀前の実状を示す証言である。その樺山さんは、日本中世史から社会史への提言を発しておられた網野善彦さんや石井進さん、そして西洋中世史から同じく社会史の仕事を公にしはじめておられた阿部謹也さんとともに、『中世の風景』と題された上下二巻のきわめて刺激的な座談に加わっておられたが、その刊行が一九八一年である。樺山さんご自身がフランスを中心とした西洋中世史家であることはいうまでもないが、また、日本の歴史研究の世界全体を、そして歴史叙述の世界を、刷新し活性化したいというつよい意図と願望をもっておられ、当時は東京大学西洋史学研究室で、樺山さんは京都大学から戻られて助教授、フランスから帰国後の私は助手であった。たまたまのめぐりあわせなのだが、樺山さんの旺盛な活動の一端に、分野違いの近代史を専攻している私自身も触れさせていただく機会は少なくなく、議論の場はしばしば居酒屋にまでおよんだ。こうした状況のなかで、まずはル＝ロワ＝ラデュリの訳書の刊行が実現したのである。

二宮さんは私にとって、東大西洋史のはるか先輩の助手であり、とてつもなく上のレベルの研究者であったが、私の帰国後にはじめて直接お目にかかる機会を持った。そして、頼まれて学会関係のお手伝いをするうちに、また当時の二宮さんの勤務先であった東京外国語大学で私が非常勤講師として出講させてもらうさいに、さまざまな話から多くのことを学ぶ機会を私は手にするようになっていた。一九七九年には『思想』が社会史を特集して、そこに柴田三千雄、遅塚忠躬の両氏と二宮さんの鼎談が「社会史を考える」と題して掲載されていた。これもまた時代に掉さす形となって刺激をあたえた、そういう時代である。

このような時代的なコンテクストのなかで、樺山さんと私と、当時の編集長藤原さんとで、『アナール』誌の掲載論文からテーマを立てて選んだものを翻訳選集として出そうではないか、という話になった。最初にどういう機会に話が出たのか、いまとなっては記憶が定かでないが、とにかくこのような企画を進めるとすれば、二宮さんに加わっていただかずには進められないということで、お話させていただいたように覚えている。ちょうど二宮さんは、阿部謹也、良知力、川田順造の諸氏とともに『社会史研究』を創刊するために動いておられた時期にあたり、忙しいなかであったが、まさに柱として参画してくださったのである。論文の選考や特集としての組み立ての試案づくりは、主に私が担当した。そういうこともあって、おそらく二宮さんご自身の企画は胸にしまってわれわれの動きを立ててくださったものと推察している。

私自身は、十九世紀を中心として社会運動史と当時よんでいた領域で研究の道に踏み込みつつあったところであったが、当時までのアナール派は、どちらかというと中世と近世とを中心対象の時代として、しかもフランスの史学史的な問題から政治権力や国家の問題を迂回するところが目立った。のちにこの状況は大きくまた変化するが、しかし当時の政治史への拒絶反応について私は批判的であり、まさか自分がアナール論文選の責任編集の一翼を担うことになるとは、じつは想像すらしていなかった。不思議なめぐりあわせというほかない。そしてこのときほど、あらためて『アナール』という雑誌をさかのぼってひっくり返し、目を通したことは、ほかにはなかった。

それにしても、候補となる論文を選んで組み立てる作業は、どれを入れてどれを削るかについては相当に意見をやり取りしたように思うが、当時私自身が強い関心をもっていた課題である「民衆文化」や「家族の様式」あるいは「都市空間と社会文化形成」といった問題領域をなんとかして組み立てたいという考えは、幸いにして二宮、樺山の両氏にも共有されて、その結果が実現した四巻となったのである。

各巻のタイトル一つ決めるのにも、いろいろな議論が飛び交ったと記憶している。そもそも、シャリヴァリという表現が本格的に出版のなかに登場したのは、このアナール論文選の第一巻タイトルがはじめてであったろう。大丈夫か、これで通じるか、といった懸念は思いのほか不要であった。しばらくのちには、このシャリヴァリという概念は日本でも市民権を得ることになったのである。

論文の組み合わせはまだいくつか考えられてはいたのだが、五巻以降へとさらに続けられなかったのは残念である。しかしこのたび、『アナール』誌の創刊八〇周年を経て藤原書店から新たな翻訳選集（叢書〈『アナール 1929-2010』――歴史の対象と方法〉全五巻）が組まれるにあたって、かつてのこの四巻が新版として刊行される運びとなったことは幸いである。ほんらいなら、あらたに翻訳自体を再検証すべきであったとも考えられるが、これ自体が四半世紀前の歴史的な痕跡をしるすものでもあるので、そのままの新版としたいという出版社の考えに沿うこととした。ご了解いただきたい。

振り返れば、一九七〇年代半ばから八〇年代はじめにかけては、日本にせよフランスを含めた欧米にせよ、人文科学的な知の様相が大きく転換しようとしていた時代であったと思われる。それはまたおそらくは、国際的な政治経済をふくめて、大きく戦後体制が変動して転換しはじめた時代でもあって、そうしたなかにわれわれのこの営みも位置していたのではないか。こうした史学史的な検討が将来なされることを期待しておきたい。

二〇一〇年十月　突然の寒さのなかで

責任編集三名を代表して　福井憲彦

叢書・歴史を拓く――『アナール』論文選〈新版〉

1 魔女とシャリヴァリ

目次

叢書・歴史を拓く――『アナール』論文選〈新版〉

1 魔女とシャリヴァリ

I

十七世紀における魔術使いの終焉

――アンシァン・レジームの社会における社会関係と抑圧――

ピエール・ショニュ

ロベール・マンドルーの『十七世紀フランスにおける司法官と魔術使い』[1]は、まさに表題が明示しているように、司法官という特権的な集団が、魔術使い、魔女、悪魔憑きに対してどのように態度を変えていったか、という問題にテーマを絞った研究である。やや絞り過ぎの気もするが、それには理由がなかったわけではない。

ロベール・マンドルーは、次のように言う。「リュシアン・フェーヴルは、かれにとってたいへん馴染みの深かったあのフランシュ＝コンテの中央部、カンジェ地方の魔術に関するフランシス・バヴーの研究[2]に寄せて、かれのもっとも示唆的な論文の一つ『魔術、愚行か心性の革命か』[3]を書いた。私の研究はことごとく、この論文についての思索から出ているのである。数世紀にわたって魔術を法廷に引き出し、数千の不幸な人びとに対して火刑の宣告を下した裁判官たちが、十七世紀に、いかにして、またなぜ、悪魔に売られたとみなされた人びとの訴追を断念し、とりやめたのだろうか。ミシュレは、『魔女』[4]に霊感を受けてかれのもっとも美しいページのうちの数ページを書いたが、事実上この問題を避けて通った……」[5]と。あらかじめいうまでもなく、かつてリュシアン・フェーヴルが出した解答と同様に、心性の革命であったというのが、今日のロベール・マンドルーの解答である。ただし、このたびのマンドルーの解答は、十分に正当な根拠に基づいている。「十七世紀は、躊躇し時に識らずして変節し、論争にあけくれ拘束されていた世紀であったが、それはまさしく一つの構造が解体する時代であった。その時間は、高級司法官からなる知的エリートが、ボダン、ボゲ、デュプレクス、ル＝ロワイエ、レミー[6]等に代表される伝統的な悪魔学は、過誤の法的集大成だったかもしれないと認めるのに、つまり、この領域でのもっとも著名な先例を斥け、魔術という犯罪のより慎重な概念とより厳密な証拠調べを採用することが可能だと認めるのに、欠かせない時間であった。そればかりか、超自然的存在である神または悪魔があらゆる出来事のなかにあまねく現われるという人間の生についての概念を誤謬と認め、それをより論理的な概念で置き換えるために必要な時間でもあった。(7)」「論理的な」という表現は採らぬことにしたい。なぜなら古い概念も、新しい概念に劣らず論理的で合理的でさえあるから。むしろ、より法至上主義的な概念、実存的により悲劇的でない概念とするほうがよかろう。マルブランシュが一六七四年に『真理の探求』を世に送り、ニュートンが一六八二年に宇宙に関する最初の包括的な方程式を立て、一六七二年から一六八二年の間に魔術に関する伝統的な法体系の頂上の部分が瓦解し終えたことに見られるように、啓蒙思想は一六七〇—一六八〇年代には構築されるのだが、この啓蒙思想は、ほかならぬモンテスキューのいう意味での「法」の思想であった。ちなみに法とは、モンテスキューによれば「……もっとも広い意味で……事物の本性から派生する必然的関係であり、この意味ですべての存在物に法があり、神にも法がある……(8)」のである。もちろん、伝統的な観念に対するモンテスキューの拒否は、より戦術的だが奇蹟に関する真の神学を欠いているマルブランシュのそれと、同一の平面に位置してはいない。しかし実を言うと、マンドルーが問題にしている領域において、真の心性の革命は十八世紀の哲学者たちによって行なわれたのではなく、後述するように、十六世紀のキリスト教によって行なわれたのである。だからこそ私は、ロベール・マンドルーが、みずからその一つの側面を解明した心性の革命に対し、最終的に与えた次の定義を大いに好む。「……神とサタンが、ものごとの自然の進行と人間の通常の生活とに日常的に干渉することをやめる。このような考え方は人間と自然とに、かつて自然的なものと超自然的なものとの混同が認められていたために不可能だった自律性を、返してやる。形而上学的障害の克服は、サタンの退却、悪魔がこの世に頻繁に介入しなくなるというかたちで、実現される。このことは、ある点でアニミズム的な自然学の概念が放棄され、自然的原因がもっとも大きな役割を演じるもう一つの概念が構築されたことを、意味するだけではない。この論証にさらにもう一つの次元を含ませる必要がある。すなわちサタンの退却はまた、おそらくはとりわけて、おそれが後退したことを意味しているのだ。自然的な諸力だけで現象を説明するには、ある感情的基盤が不可欠である。すなわち、不可視の諸力の作用を引き合いに出すまえに、人間の理性が到達しうる自然的原因による説明を尽くしてみようとする推論家の大胆さを培っているのは、実はあるかたちの人間的な高邁さなのである。誤謬とおそれを同時に生み出す空想世界の妄想に対して、これらの開明した人びとは平静さを示す。他の誤まった社会的な観念がそれに代わってかれらに取り憑き、新たな苦悩に養分を与えるかもしれない。だが、かれらは悪魔に対する恐怖を克服することには成功したのだ。[9]」エリート、すなわち、十八世紀についてはフランソワ・ブリューシュ[10]がみごとに研究した、法曹界の頂点に立つ一握りのエリートは、おそれを抑え自信を抱くようになる。年金によって守られ、また、国務会議との紛争にもかかわらず国家の強化によって保護されたかれらの自信は、心性の革命ばかりか、それ以上のものをも予想させる。それは、「直接に理解可能な生の、いくぶんより大きい」展望への、全面的な信頼の表われである。悲劇的な十七世紀という、多様な解釈を許すイメージに、われわれが期待したとおりのニュアンスをつけてくれそうなこの貴重な要素を、指摘しておきたい。[11]結局はフランスの一六六〇——一六九〇年代[12]を復権させ、経済史学が提出した最初の性急な結論よりも、伝統的な歴史学のほうが正しいことを認めねばならなくなるだろう。

さしあたってわれわれは、魔術裁判に、より具体的には高等法院評定官たちの態度に、立ち戻ることにしよう。マンドルーの主張の大筋は上述のとおりで、少々単純化しすぎの感じはするが手がたいものである。以下に、この主張が依拠するデータを見ることにしよう。

まず史料については、大別すると二種類あり、それらは密接に関連し、一部は補完的関係にある。第一の史料は悪魔学に関する小冊子と概説書。それらは一世紀全体でおよそ三四五点もあり、なかでも、かたやボダン、ボゲ、ピエール・ド・ランクル、ル＝ロワイエ、ミカエリス、ヤーコプ・シュプレンガー、かたやヴィエ、ミシェル・マレスコ、ジャック・ドータン師、シュペーが目立っている。つぎに第二の史料は、高等法院の無尽蔵な刑事訴訟記録。「初審裁判所を調査の対象外とした(13)」との言葉どおり、あらかじめ一部を除外したのちでも、参考資料は依然として厖大だ。周知のように、パリ高等法院に関する国立文書館のセリーXの資料は驚くほど錯綜しているし、トゥルーズ高等法院の訴訟記録も、目を覆いたくなるほど乱雑な状態である。さらにルーアンでは、セーヌ左岸のタワーに文書館が移る以前に、一九四四年の爆撃のあと、裁判所の地下室の浸水騒ぎで被害があった。しかし、われわれは、ロベール・マンドルーを信頼できる。というのは、とにかくも個人研究を完成させようという時に、ひとりの力でなしうることは、かれは実行したのであるから。やむをえないがもっとも重大な除外は、もちろん、初審裁判所のそれである。「すべての文書館長に一般的な質問書を送ったあとで、県文書館のセリーBおよびGの資料について抽出調査がなされたが、それはいわば初審の手続きの画一性を検証するためのようなものであった。……収穫はほとんどなかった……。(14)」一世紀にわたって、数百名の司法官の集団を歴史心理学の観点から分析するという、かれが選んだ枠組みのなかでは、初審裁判所の除外ということは考えられることであった。

だがそれと同時に、別の一連の研究の方向が注目される。まずひとつは、地域的モノグラフィ。すなわち、バヴー(15)とデルカンブル(16)とによる、フランシュ＝コンテ地方の一部とロレーヌ公領とについての、すぐれた研究の延長線上に位置するもの。あるいはより大胆に、初審裁判所全体をカバーし、現象全体への大まかな数量的アプローチを可能にするような、抽出調査による一大全国調査がそれである。後者に関しては、近隣諸国についても同種の調査を行なって比較してみよう。こうしてつぎつぎと突破口を開けながら、もっとも重要な現象、すなわち農村地帯の魔術の実態に迫ることができるかもしれない。

それでは、つぎに、かれの研究で取り上げられた事実を見よう。まずR・マンドルーは、十六世紀末、火刑台の炎となって燃えさかる魔術の大発生から出発する。フランスにおいては、この時期はおよそ宗教戦争の清算期に、すなわち一五八〇―一六一〇年に符合する。このような年譜を見てみると、皮相で安易な相関性を求める気にはとうていならない。というのは、社会状況は一五九〇年代は厳しかったにしても、十七世紀の最初の十年間の状況はむしろ良好だったからである。フランスでこの時期に悪魔騒ぎが最高潮に達したことは、現象が大きな自律性をもっていたとする解釈に初めからまったく有利に働き、単純な相関関係をうち立てたい誘惑を退ける。

第一部は、三章から成り、伝統心性、魔術裁判の流行、それに対する最初の異議申し立て――とくにマルト・ブロシエのきわめて特殊な事例について医師ミシェル・マレスコが行なった異議申し立て――と続く。

はじめに二つの点を強調しておきたい。十六世紀末には、数世紀間にわたって沈積した思想と経験と伝統的信仰が一体となって、著者が「裁判官とその犠牲者とに共通のウルガータ（公認書）[17]」と呼んでいるものを形成する。かれは、さらに続けて次のことを明確に述べている。「厖大で無尽蔵の記録を成す、しばしばひき写しにされた尋問の記述、証言と判決のなかから、手いっぱいにすくうだけでよい[18]。」そこでただちに、ほとんど驚くに値しない次の事実を指摘しよう。すなわち、この「ウルガータ」が十六世紀末に、一部には印刷術のおかげで、成文化と伝播の並々ならぬ努力の対象となったことである。基本的に口伝えだった悪魔学は、しかるべき変更を加えられ、一部文字化した悪魔学となり、さらにそのためによりステロタイプ化し、生気を失い、変化・順応しにくい悪魔学となってしまった。では、そこからただちにわれわれは、本質的に農村世界と口承文化に固有な経験が、印刷術のために、それ以後より堅固なものとなって、知識人の世界、ということはつまり文字文化の世界へと、突如として闖入した、と結論すべきだろうか。十六世紀には、印刷術は伝播の役割と同様、固定化の機能をもっていたのである。マンドルーが四〇ページを費して要約しているこの知の総体は、知識人の、とりわけ裁判官の知なのであるが、たしかにそこには農村世界の知と経験が顔をのぞかせている。しかし、単純な同一化は差し控えよう。私にとってきわめて重要だと思われる第一の点は、ほかならず、この成文化の事実であり、この文字文化の世界への移行の現象なのである。

さらにもっと力をこめて強調すべき第二の点は、十六世紀末の教義に関する大概説書のなかに流れ込んだ、伝統的な、いうなれば中世的な悪魔学が、見るところ前代未聞の悪魔騒ぎの大発生に対処しなければならなかったという点である。まったく先例がない事態であったから、この旧来の経験は、それが取り組むべき現象の広がりに対して、不適切ではなかったかと思われる。

まさに著者は第一部のなかで、非常に有名なマルト・ブロシエの事例について力説している。[(19)] それはたしかに、参考資料が豊富なためでもあるが、同時にこの事例の模範的性格のためなのである。「マルト・ブロシエは、ニコル・オブリ、ジャンヌ・フェリ、ペリーヌ・ソースロンの事例[*]の繰り返しである。というのは、かの女が悪魔憑き[(20)]」、つまり犠牲者で、「名うての魔女ではないから。」かの女は悪魔祓いと精神療法の対象でしかない。「このかなり新しい特徴のために、かの女は次の時代のスキャンダラスな裁判を予告している。[(21)]」パリに近いロモランタンの破産した商人の三女、マルト・ブロシエは、郷里を出て首都に向かう。かの女の悪魔祓いの公開儀式に、群衆が集まる。これらの儀式は実は、政治的なものである。一五九九年において、マルトの悪魔とは旧教同盟派で、ナントの王令に不満を抱き、ユグノ派撲滅論を唱えていた。マルト・ブロシエの側には、ベリュル、信心派のエリートの一部、そして旧教同盟の地政学的意図をもつカトリック勢力がついていた。かれらに対抗したのは国王アンリ、ポリティーク派の善良なるフランス人、幾人かのユグノである。そのなかには、マレスコはもちろんのこと、「王の主治医デュ＝ローラン、リオラン、ル＝フェーヴル、ラフィレ、エルアール、ポールミエ……」[**(22)]がいた。

かれの論文の第二部はすべて、悪魔祓いの大公開儀式や女子修道院の大紛争など、世紀の大事件にあてられている。一六一〇年から一六一三年まで続いた南フランスの町エクス＝アン＝プロヴァンスの事件では、マドレーヌ・ドマンドールが、マルセイユのアクール教会の司祭ルイ・ゴーフリディの死を招く。ポワトゥ地方の町ルーダンの事件（一六三二―一六三四年）では、ジャンヌ・デ・ザンジュが、名声の高い聖職者ユルバン・グランディエを刑場に送る。グランディエは「一六三四年八月十八日に有罪判決を受け、同日、近隣のすべての町から駆けつけた六千の人びとの前で処刑された。」[23] オート＝ノルマンディ地方の町ルーヴィエでは、一六四二年から一六四七年までマドレーヌ・バヴァンが、前記の二事件と酷似した、だがそれらほどには劇的でない事件で話題になる。

つぎの第三部では退潮を扱っている。パリ、そしてほとんど時を同じくしてディジョンの高等法院が、懐疑的な態度をとり始めた。高等法院は控訴を利用して、下級裁判所で有罪判決を受けた人びとの大半の命を救う。高等法院の慎重な態度は、世紀の幕開けと同時に、水責めによる尋問を禁止したこと（一六〇一年十二月一日の裁決）によって表明された。しかしながら、真の方向転換は、一六七〇年と一六八二年の間に位置している。

まず、一六七〇年八月二十六日にパリ高等法院によって登記された、サン＝ジェルマン＝アン＝レの刑事訴訟王令[24]の目をひく沈黙は、なんと象徴的であろう。四折判約五〇ページのこの文書は、一六二九年のミショー法典、そして一五六六年のムーラン王令、および一五七九年のブロワ王令をうけつぎ補足したものだが、そこには魔術裁判の訴訟手続をほのめかす章句は、いくら探しても見当らない。ついでコルベールと、かれの腹心で地方総監の職から国王の寵遇を受けてルーアン高等法院の長に任じられたクロード・ペロとが、コタンタンと現在のウール県平野部の、伝統的な二大魔術発生地で示したノルマンディ地方の裁判官の時宜を得ない熱意を抑えるために非常な努力を払うのは、一六七〇―一六七二年のことである。さらに一六七〇―一六八一年には、新しい、しかし都市の悪魔

＊それぞれヴェルヴァン、モンス、ブロアの十六世紀後半の悪魔憑き。
＊＊リオラン、ル＝フェーヴル、ラフィレ、エルアールはパリ大学医学部所属の医師、ラフィレは学部長。

憑きの現象に密接につながった犯罪、すなわち毒薬事件が流行したが、「一六七二年、コルベールは、ブランヴィリエ侯爵夫人の引き渡しを取りつけるため、みずからロンドンに働きかける。一六七六年には毒盛り女の裁判と処刑を急がせる……一六七九―一六八一年には、ラ＝ヴォワザン*の共犯者たちに対する尋問の経過を毎日見守り、国王にじきじき報告する……。(25)」そして一六八二年七月の王令はまさしく、フランスにおける国務会議と高等法院のレベルで、一つの時代が終わったことをしるしている。王令には、版によって『占い師、呪術師、魔術使い、毒の散布者……などさまざまな犯罪に対する処罰に関する王令』と題するものもあるが、しかし「魔術使いの語が使われているのは一度だけで、それも理由書のなかだけである。しかもそれは手品師の活動として示され、『占い師、呪術師、魔術使い、その他類似した名称のくだらない職業』として一括されているにすぎない。条文のなかでは魔術は名指しさえされておらず、いわゆる呪術とのみ表現されている（第三条）(26)。」

決定的なものとなった国家権力のこの新しい態度は、農村地帯の伝統的な魔術の流行には干渉しない。魔術はそれ以後、毒の散布、詐欺、背信行為として、間接的にしか弾圧されなくなる。また侮辱罪、名誉毀損罪として訴追され、冒瀆的言辞、瀆聖行為、とりわけ魔術使いがしばしば行なう聖体のパンの盗みが罰せられる。ブリ地方とノルマンディ地方の羊飼いと富農《ラブルール》が、まさに階級対立の様相を呈しながら衝突する際に、毒盛りの魔術使いの羊飼いが罰せられる。当然のことながら、詐欺漢のえせ魔術使いがしつこく追いまわされる。「強い刺激を求める大貴族たちは、一六七〇年代に、ラ＝ヴォワザンとその仲間たちと付き合うばかりか、毒薬と麻薬が問題になる以前でさえ、悪魔に会って魔法を学ぼうと試みた。したがって、一六八二年の王令以降の新奇な点は、司法当局と警察当局が、ついつい予言したり人の懐を狙ったりする占い師、魔術使いの行為の、金銭的側面しか考慮しないという点にある。家族を破産に追い込み、恥知らずを富ませる詐欺行為こそ、かれらの犯罪の本質をなすものであって、まもなく司法官自身はそれを取り上げなくなる。これらの陰謀に対する弾圧は、まさしく警察のレベルにおいて行なわれるようになり、そこでは浮浪者と不敬虔な聖職者が大きな役割を演じる……。」[27]

パリでは、「男はビセートル精神病院に、女はサルペトリエール婦人施療院」[28]に収容され、「えせ魔女にして女占い師」という新しいカテゴリーが現われる。今まで辿ってきた道のりを測るために、ロベール・マンドルーは、バス＝ノルマンディ地方のマリ・ビュカーユ**とパリの修道女ローズ***の事例を、ロレーヌ地方の修道会創設者で悪魔憑きのエリザベート・ランファンおよびジャンヌ・デ＝ザンジュのまさに十七世紀の古典的な事例に、比較している。それは少々性急な比較であるかもしれない。いずれにせよマリ・ビュカーユは、かつてもっとも保守的だったルーアン高等法院によっても、一六九九年十月三十日、「詐欺、誘惑、不敬虔、背信、醜聞」という罪名で加辱・鞭打ち・追放の刑を宣告され[29]ているのだ。修道女ローズのパリでの経歴も、これほど劇的ではないがかなりよく似ている。

ロベール・マンドルーは自説をみごとに弁護した。高等法院の知的エリートと国家権力の見解について、かれはわれわれを納得させた。みずから提起した問題に対して、それが最初に狭く、かつきっちりと限定されていただけに、明確に答えた。

しかし、魔術使い自身については、一体どうなのであろうか。フランスとヨーロッパの全体史のなかにかれらが着目していた事実についてはどうなのか。高等法院の司法官たちの懐疑的な態度がその一つの側面を示している、

*ラ＝ヴォワザン。本名カトリーヌ・デエー。一六七二年の毒殺事件に連座、処刑される。

**マリ・ビュカーユ。本名マリ・ブノワ。五歳から悪魔に憑かれたと称し各地で「奇蹟」を行なう。

***修道女ローズ。本名カトリーヌ・アルメラック。南フランスの女予言者。パリに出て占いや病いをなおす。二度にわたってパリから追放されるが裁判沙汰になったことはなく、サヴォワ地方のアヌシーに隠居。

心性の革命の原動力についてはどうか。いくつかの仮説を立て、いくつかの研究の方向を指し示すことをまず許していただきたい。『十七世紀フランスにおける司法官と魔術使い』は、選ばれた主題が主題だけに、魔術使いの終焉を明らかにするよりもむしろ、啓蒙のフランスの、したがって啓蒙のヨーロッパの、序章の一つをなしているといってよい。

われわれが続けて行なうべき調査においては、ロベール・マンドルーの試論の長所そのものに対して警戒しなければならないだろう。この『司法官と魔術使い』の歴史のなかで、照明を当てられているのは司法官であって、肝心な魔術使いそのものは、依然闇に包まれている。証言の構造上、この轍を完全に脱することは不可能であろう。だが現象にその最大限の自律性を返してやるためには、たぶん、十七世紀末のきわめて明白な文献よりも、十六世紀末と十七世紀初頭の文献を素直に読むことを、われわれはマンドルー以上に忠実に実行しなければならないだろう。それには、アンリ四世の治世の末年、一六〇八年と一六〇九年にバスクのラブール地方に発生した、恐るべき魔術事件を見てほしい。虐殺を止めるために急遽宮廷から戻ったバイヨンヌ司教B・デショー[30]の悲歎をよそに、ボルドー高等法院は、ピレネ山脈のいくつもの小教区の司祭と教区民を火刑台にのせる。ロレーヌ地方においてただニコラ・レミーだけのために、三十年間(一五七六—一六〇六年)で二、三千人の人びとが処刑された事実、このことに目を向けていただきたい。ヴォルテールは、十六世紀から十七世紀への世紀の変わり目に大流行した悪魔騒ぎの、犠牲者の総数を十万としているが、実際はもっといたはずだ。

ボダンとか、通常は懐疑的なボルドー高等法院のピエール・ド・ランクルとか、またニコラ・レミーといった人びとと同じところには、もはや危険を見ない後代の著者たち——ルールに従って振舞うばかりか、ときには夢中になってお先棒をかついだ先輩たちとは異なって、魔女狩りに熱をあげる、下層民を押さえ込むことをよしと判断した十七世紀後半の著者たちは、先例が法律の効果を有するがゆえに、先輩の行動を批判しないわけにはいかなかった。一六八二年七月の壮麗な大王令の責任者であるコルベールの同時代人たちには、われわれと違ってこきおろすことが義務なのである。かれらは、過去の危険な先例を打破する必要があったのだ。それに反して、われわれ歴史家は冷静に理解するよう努めなければならない。しかもいまもって世界中から追いまわされている「魔術使い」は、十六世紀末と十七世紀初頭のラブール地方、フランシュ＝コンテ地方、ロレーヌ地方の魔術使いとはもはやほとんど関係がなくなっている。司法官の態度について、マンドルーが自説をみごとに弁護したからといって、今日、調書を別の視点から再び取り上げるに値しないわけではない。いつになったら、ヨーロッパ全体を民族学的な視線で体系的にとらえようと、決意するのだろうか。われわれの眼前で息絶えつつある伝統文明は、アフリカのドゴン族の文化が注目されるのと同じように、注目される価値がある。この伝統世界の身振りと行動は、ジョルジュ・デュメジルをして遙か彼方のインド＝ヨーロッパ的過去を解読させているのと同程度の、解釈のための努力に値する。調書を開いたのち、それを閉じる前に、ミシュレの『魔女』を若返らせよう。二十世紀の最後の三分の一を生きるわれわれの知識を頼りに、司法官のために魔術使いを犠牲にしないよう注意しよう。[31] エマニュエル・ル＝ロワ＝ラデュリが最近書いた数ページ[32]は、この祈願が理にかなったものであることを示している。念を押しておくが、その実現にはまず、素直な読解の訓練を前提とする。しかも、早ばやと肩をすくめて何かを読み落してしまうということのない、完全な読解の訓練を。

最小限の客観的な裏付けのない幻覚、とくに集合的な幻覚でそのようなものは存在しない。「あらかじめ定められた位置」がなければ、置き換えもありえない。したがって、われわれの伝統文化の過去が、アフリカの中央部またはアメリカ・インディアンの高原と同程度の注目をひくように、これを最後に闘おうではないか。文字文明が競合的に存在しているとき、もし用心しなければ、その存在は殺戮的な黄熱病または天然痘よりも確実に、伝統文化の痕跡を破壊してしまうことだろう。われわれには今日まで、サアグーン*、ガルシラーソ・デ＝ラ＝ベーガ**……ヴィエイラ***のような人物の貴重な証言が欠けている。しかし、イベリア半島や、広い意味でのロタリンギア周縁地帯の裁判記録と異端審問記録のなかには、時代が異なるがゆえの違いはあっても、サアグーンの天才が巧みに引き出し敬虔に伝えた、ナワトル語を話す情報提供者のそれにも匹敵するような証言が、含まれている。たしかに、それらは、断片的で読みづらいのではあるが。

これらの祈願は、立てるのはやさしいが、実行するのは難しい。解読は容易でなく、われわれはアフリカやアメリカに対してずっと上手に行なうことができるのだが、単にその方法を移し換えるというだけでは不十分なのである。なぜなら、われわれの現実はもっと豊かで複雑なのであるから。しかも限られた一つの例で誰かが成功したとしても、それは方法の代わりにはならないのだ。方法はわれわれがこれから創り出さなければならない。

新しい段階に進むにあたって、現象の巨視的アプローチと呼ぶのが便利だと思うのだが、大づかみの統計を前提とする「全体的計量」(33)をまず提案してみたい。すなわち、大量の裁判記録の、今回は全体にわたる、適切な抽出調査により可能になる数量的アプローチである。ヴォルテールが挙げている火刑台十万を、念頭に置いておこう。もちろんフランスだけに限定せず、セイラムの魔術使いがしつこい会衆派教会と取り組み合い、遅まきの火刑が行なわれたニュー・イングランドを含め、ヨーロッパに対象を拡大しよう(34)。また、前世紀末にチリ人の碩学ホセ・トリビオ＝メディナによって書かれた『異端審問の聖なる法廷の歴史』のなかに集められていて、ただちに利用可能な大量の素材を忘れてはなるまい。それはニュー・イングランドと同様、燃えさかる魔術と格闘する、クレオル語のアメリカ全域****をカバーしている。評者は他の論文で(35)、コロンビアのカルタヘナ＝デ＝インディアスでの魔術事件にふれて、そのいくつかの側面を指摘しておいた。

われわれが比較したいと念じる複雑な現象の意味深い空間的配置、それらの分布状態は、実はかなり容易に得られる。

シリウス星からでも見おろすように俯瞰した、魔術の発生を点にして表わした地図を見るかぎり、魔術は、周縁的な、境界地帯に起きる現象なのである。抑圧、痙攣、紛争、悲劇的で苦痛を伴う拒否、これらを暗示する地理的分布。この中心離れの現象は、どのレベルにも認められるのであるが、まずもって全ヨーロッパ的規模で明瞭に表われている。

人口密度が高く、教会が隅々まで深く浸透している古くからの核に対照させて、キリスト教圏の周縁部を見てみよう。スカンディナヴィア、北・東ドイツ、スコットランド、そして長い間争いの舞台だったスペインは、黒々と塗りつぶされるだろう。スカンディナヴィアとスコットランドは、とくに人口密度が低い。そこでは、焼畑農業のためにここかしこで痛めつけられた森林が果てしなく広がり、幹線道路に面した部分を除いて、人びとは孤立して住んでいる。新たに侵入したキリスト教は、人びとの習慣と心のなかへの浸透を完了していなかった。ついでに、この分布状態は、十六世紀の豊かなキリスト教圏での劇的な大論争とは、まったく無関係である点を指摘しておく。魔術の地理的分布の上では、デンマークの監督制ルター主義、スコットランド教会の教会会議をもった長老派カルヴァン主義、スペイン教会のやかましいスコラ的正統派の間に相違はない。魔術使いの世界は、特定の形態のキリ

*ベルナルデーノ・デ＝サアグーン（一五〇〇―一五九〇）フランシスコ会士。年代記作者。『ヌエバ・エスパーニャの諸事物に関する総合的な物語』の著者。

**ガルシラーソ・デ＝ラ＝ベーガ（一五四九―一六一七）ペルー人歴史家。『ペルーの一般史』（一六〇九）、『インカの起源に関する注釈』（一六〇九）の著者。

***アントニオ・ヴィエイラ（一六〇八―一六九七）ポルトガル人イエズス会士。説教集およびブラジルに関する記述を含む書簡集が有名。

****ラテン・アメリカで、現地語とフランス語やスペイン語との混成語であるクレオル語が話されている一帯をさす。

スト教を退けたりしない。魔術使いの世界が行なう異議申し立ては、反語、対峙、拒否に表われるその周縁的な立場が明白であればあるほど、それだけ過激な性格を帯びるのである。

以上は、高所からざっと見たための錯覚であるのかもしれない。そこでもう一段下りて、魔術を比較的に免がれた国を見てみる。フランスは、その人口が一六〇〇年頃にはキリスト教圏の総人口の四分の一を少々上まわり、一六四〇年頃にはほぼ三分の一にも達していただけに、見かけに反して安全地帯に位置している。ということは、地図の上での外観は錯覚を与えるのであり、外観の表示が人口に比例しているような製図法を考案する必要があろう。フランス王国の地図には、スペインや神聖ローマ帝国の地図と同じように、ヨーロッパ全体の場合と同じ傾向が見られ、もっとも濃い斑点は、周縁部に現われている。つまりピレネ山脈、小森《ボカージュ》で覆われたノルマンディ地方。そしてロタリンギア＝ブルゴーニュに属する地方ではヴォージュ山脈の下方に位置するフランシュ＝コンテ地方、ロレーヌ公領を見るとよい。また神聖ローマ帝国、スカンディナヴィア、ブリテン諸島についても同じように確かめることができる。魔術は周縁地帯に栄えるのであり、それは、抑圧され、打ち負かされたもう一つの世界を証言しているようにみえる。魔術は、安全地帯に発生する何かではなく、攻撃を受けると魔術に転化する何かなのである。一語で言えば、魔術はとくにキリスト教圏の周縁部に発生する。すなわち、あまりにも長い共棲のほぼ必然的な結果として上級文明と結びつく教会に、別の文化が接触し、後者が反抗して絶望的な闘いのなかで歪んでしまう場所に発生するのである。ちなみに教会と上級文明の共棲は、神学的には遺憾なことであるが、人間的にはほとんど不可避なことである。

教会が伝統的に抵抗を受けてきた周縁部で、不手際な伝道活動を行なえば、好ましからぬ選択に導くことになる。呪術は魔術に転化し、伝統的なアニミズムはサタンを選んでしまい、神を敵にまわす。その結果、ありとあらゆる場所で、魔術使いたちのさかしまのキリスト教を見出すことになる。ピエモンテ地方の農民たちは、一九三五年頃でもなお、『神曲』をあべこべに読めば悪魔が現われるのが見えると、真剣な面持で言っていた。

さらにわれわれは、もう一段下に下りてみよう。そこでは論証はいっそう確かなものとなるだろう。魔術はまさに、すべての周縁地帯の分散的世界を構成する。魔術使いは森のなかにいる。かれらは荒野に、山に、沼地に、森林に住んでいる。農耕世界の周縁に定着している。かれらは、とかく耕作農民であるよりも羊飼いであり、かれらのうちの多くの者は、火を扱う職業や「魔法的な技芸に精通しているとみられている木靴工、木工[36]」など、木を扱う職業に従事している。以上の点はすべて、農地の縁に位置するという、場の周縁性に符合する。しかも、魔術使いはどちらかというと、外部からやってくる。かれらはよそ者である。魔術については懐疑的な一六八二年七月の王令も、このことを認めている。ロベール・マンドルーによれば、「理由説明は奇妙なことに、占い師、魔術師、魔法使いが、これらぺてん師を取り締る諸王令の適用が緩んだ結果、よその土地から大挙してやってきた、と指摘している。この指摘は、よそ者に対する安易な牽制攻撃であると同時に、とくに吉凶の占いを職業とするジプシーの活動に裁判官たちの注意を喚起する前口上にすぎない。折から、もう一つの布告がジプシーの国外追放令を更新する。[37]」われわれはむしろ、より単純に、魔術使いはよそ者であるという、もっとも重要な構造をここに確認しておきたい。

さらにいえば、魔術は、都市現象であるよりも、農村現象なのである。都市はより深くキリスト教化され、より厳重に統制されている。魔術の都市への浸透は、ほかならぬ、十六世紀末と十七世紀初頭の特徴の一つだといってよい。しかも魔術使いという語は、ミシュレの例に見られるように、とかく男性形よりも女性形で書かれる。年寄り、独身、やもめであるため、一人住いで性的にのけ者にされている女性が、もっとも重い犠牲を払う。女世帯、少人数の世帯はマージナルであり、異常と見られるのである。

そのうえ、魔術は遺伝的性格をもつとされる。このような性格づけを裁判官の弾圧的態度にのみ負わせるのは、あまりに安易すぎる。「ときとして父母に不利な証言をし、裁判官によって両親の身体刑に立ち会うことを命じられた子どもたちは、二十年後に疑いの眼差をむけられる……社会思想のなかで遺伝の観念がとりわけ大きな地位を占める世界にあっては、悪魔の家系という考え方は容易に受け容れられる。(38)」われわれの考え方からすれば、遺伝性とはむしろ周縁的な境域からほとんど不可避的に帰結してくる結果だと思われる。

最後に魔術は、さしあたって重宝なマルクス主義的表現を用いるならば、とくに階級がぶつかり合うときに発生するといえる。このことは、大量の訴訟記録が保存されている、ブリ地方（一六八七―一六九一年）とバス＝ノルマンディ地方（一六九二―一六九四年）の羊飼いの事例が、とくに明瞭に示している。

巨視的分析は、事例の空間的・社会的分布だけで満足するわけにはいかず、時間的なリズムをも求めなければならない。われわれは、この試みが困難を伴うことを十分に承知してはいるが、障害は実に、参考資料の性質からくるのである。裁判記録は、事実の一部しか伝えず、通常、もっとも重要な点を落してしまうものである。さらに事実をでっち上げ、いつでも解釈する。しかも十七世紀について重大な点は、この長い期間に解釈の仕方が大きく変わっていることなのであり、この解釈の変化をどうしても考慮しなければならないのである。障害はもう一つある。巨視的分析は、非常に広い領域を対象とすることを必要としている点だ。実を言って調査は、カトリックおよびプロテスタントの西ヨーロッパ・キリスト教圏と、その海外の延長部分について行なわれなければならないだろう。R・マンドルーはいみじくも、フランスの制度が不均質であることを強調した。王国の外に出ると、さらに困難が増す。異端審問所が残っているところでは、その訴訟のやり方を、そうでないところでは、領邦裁判所や領主裁判所の訴訟のやり方を整合的にとらえることは、とりわけ難しいだろう。いずれにしても、ヨーロッパ全体でなされ

た司法行為の厖大な数に鑑みれば、最終的には一つの行動をとらせることになる諸力の総体は、系列的な数量化処理を受けるに値するだけ十分に意味ある事実を構成する。

しかし、主たる障害はよそにある。すなわち、連続しているはずの史料の欠落がそれである。多かれ少なかれ部分的に保存されている訴訟記録に対する、失われた訴訟記録のパーセンテージを、どの程度に見積もったらよいのだろうか。その失われた部分のパーセンテージの変化を、どう見積もればよいか。より簡単に言って、大量の裁判記録の束、散逸や保存状態の悪さ、解読の難しさを考慮に入れながら、現存する記録の十分確実な目録の作成を、どのように実現するのか。しかも、この目録作成は、失われた訴訟記録のパーセンテージを、地方ごと、時代ごとに大づかみながらも十分確実に見積もるための、前提条件の一つなのである。そのほか、事例の質に基づく分類も採用しなければならないだろう。刑罰の軽重を調べることにはなんら困難は伴わず、この調査は少なくとも客観的であるという利点をもっている。

このような祈願に対し、肩をすくめて懐疑を示すことはたやすい。しかしながら、スペイン支配下のアメリカでの異端審問について研究が十分進んでいること、イベリア半島に関してすでに研究が緒についていることを思い起こさなければならない。スペインでは、異端審問記録は明らかに、心性史の潜在的史料の特権的な一部門を成しているのである。

いずれにしても、われわれは今日までの知識をもとに、いささかも反駁の余地のない次の二点を断定することができよう。魔術は、短期・長期の二つのレベルで現われるある変動のリズムに従う。もちろん、魔術全体というより、浮び上ったかぎりでの魔術に関してであるが。というのは、魔術がたまたま文字文明の網にかかりうるのは、それが訴追の対象となるかぎりにおいてなのであるから。

まず第一に、短期変動について述べよう。魔術そのものというよりも魔術に対する社会の反応の変動、魔術の施術者のというよりも魔術拒絶の変動といったほうがよかろう。おおよそのところ、穀物価格の約十年単位の変動のリズムが、ここにもまた認められた。それは、ごく緩い相関性であり、さしあたりたいしたものを期待してはならない。その研究は相当手のこんだ準備を前提とする以上、相関性は、調査が終わった時点においてしか明らかとならないだろう。

これに対し、長期変動については事情はまったく異なっている。いまや一つの事実が確定的になった。すなわち、十六世紀末と十七世紀初頭における魔術の、より端的に言えば魔術に対する弾圧の、驚異的な高まりである。フランスに関しては、R・マンドルーは、一世代に相当する、一五八〇年から一六一〇年までの三十年間としている。ヨーロッパ全体については、一五六〇年から一六三〇年まで。ただし、両端はもっとずれる場合がある。たとえばアングロ＝サクソン系のアメリカでは、もっと遅れている。この厳しい現実の、真の広がりはどの程度だろうか。それを測定することの難しさは、時代を遡るにつれて連続的な史料がますます不均質になり、保存状態が悪化することからきている。十六、十七、十八世紀の三世紀間については、一五七〇—一六三〇年の時期に爆発が客観的に存在したことを、懸念なしに断定できる。だが十四世紀と十五世紀を含める、より長い期間となると、何事をも断定することはためらわれる。あちこちで癩病患者が焼かれた一三三〇—一三四〇年頃や、十四世紀後半のペスト大流行の直後など、弾圧の火の手が上がったことがあり、魔術使いも容赦されなかったに違いない。それは、十六世紀末や十七世紀初頭の大発生の規模に達したであろうか。ほとんどありそうもないことである。しかし実を言って、十六世紀と十七世紀の変わり目の大発生ほど逆説的で、したがって意味深長なものはない。この現象は必然的に、われわれのすべての説明を方向づけることになる。

もちろん、この現象は、十六世紀末の諸国家の総体的な発展に起因している。よりよく機能する司法機関、十六世紀末には十五世紀末の平均して二倍の人口を擁する農村地帯で、有効性を増した国家の影響力を想定しよう。より多数、より活動的で、基本的には中世後期の精神構造を分かちもち、しかも印刷術のおかげで活字本が付与する厳密さ・教義的性格・権威と、才能ある著述家たちの威光とを伴って普及した悪魔学の、より精緻な知識を利用する裁判官を想定しよう。小さい原因に大きい結果、と言うべきだろうか。

さらに深く探求しなければならない。十六世紀末の悪魔騒ぎの大発生は、西ヨーロッパ・キリスト教圏の二重の宗教改革による宗教的な昂揚のなかでの、宗教的指導者たちの絶大な征服欲の、裏側なのである。[39] 近年の宗教史研究、とりわけ時系列的な宗教史研究[40]はことごとく、農村地帯の一部分の霊的な征服、すなわち小森《ボカージュ》、未耕地、奥地、山岳部、岬に住む最後の「異教徒」の霊的な征服が、十七世紀全体を通じて行なわれたことを明確に示している。農村地帯の霊的征服、つまり農村伝道は、神の言葉と一緒に、一つの文明全体をもたらす。フェルナン・ブローデルが最近提示した弁証法[41]を援用しながら、われわれの大陸の深層の歴史の、この無視され続けてきた一章をいつか書きたいものだ。ちなみにブローデルの弁証法は、諸文化、諸文明の衝突を明らかにすることによって、十五世紀と十六世紀におけるヨーロッパ人の海外進出の歴史を一新した。ところで農村地帯での布教活動は、都市、泥土の平野部からなる特権的空間において徐々に作り上げられた、伝統的キリスト教文明という古い合成物を運搬する。この合成物は、まさに神の啓示の内容と精神とは異なるものを含んでいるとは言え、啓示からのあらがいがたい寄与を受けており、いまでもその形跡を留めている。十六世紀末、破れることが初めからわかっている戦いのなかで、木と火と焼畑農業に示される文化が反抗するのが見られた。プロテスタントにせよ、カトリックにせよ、農村地帯への布教は、表面的な改宗ではもう満足しようとしない。印刷された教理問答集も、一緒になって浸透する。だからこそ北方のプロテスタント圏がより早く、より確実に侵されるのである。またそれゆえに、魔術使いは男性よりも

女性なのだろう。と言うのは、女性は通常、文化財の特権的な保存者にして伝達者であるから。女性は当然、古風な文化の保存者であり、文化変容の過程に対する抵抗のなかで、進んで時代遅れの戦いを行なう。しかも、農村地帯への伝道は、なんらかの実際的結果を要求しようとする。その具体的例として、伝道は、性を一定の方向に導く。だからこそ、十六世紀末の魔術には、一様に性的要素が滲み込んでいるのである。焼畑農業を営む人びとと木の文明は、泥土の平野部におけるピューリタン的な性的厳格さをしらない。それら平野部での厳格さは、私がかつて論じたように、十八世紀後半における「性交中断 coïtus interruptus」という性習慣の普及を、間接的ながら、準備しているのであったが。ついでながら、細ひもの結玉つくり*、「魔法、細ひもの結玉、その他の方法で結婚の成就を妨げようとする男または女」(42)が実に大きな地位を占めていることの謎を解く手がかりの一つが、たぶんここにあるであろう。十八世紀のクータンス(43)の典礼定式書は依然、ことのほか恐れられたこの種の呪にたいする破門の脅しを、毎週読むことを命じている。夫婦の結びつきの阻害は、太古に源をもつ古い恐怖であるが、性欲《リビドー》を厳しく制御し、支配している人びとにとってとりわけ恐怖の的となる。長い待機期間、長い緊張状態、そして司祭による証人の面前での初夜の床の祝福や翌日の儀式・風習にみられる床入りの儀式化、公開性などは、神経衰弱や最後の瞬間の欲求不満のもとになる。一方に、より自由な、性的拘束を受けることがより少なく、したがって、一時的な阻害の危険にさらされることがより少ない周縁的な世界と、他方に、人口史が示したように、十六世紀末から十八世紀初頭にかけてみずからの性的抑制を強化する農民の世界。夫婦の結合の儀式化された瞬間は、敵対する二つの世界の対決の特権的な機会を提供する。ある有用な、しかし厳しい抑制の操作の瞬間に、異なる性慣習の間で緊張が高まるのであり、周縁的文化は、わけてもこの操作に反発する。周縁的文化は、一語で言って、変容されるがままにまかせるだろうか。「異教徒」は、神の国への第一段階として指し示されるキリスト教の国へ、より全面的に入ることを受け容れるだろうか。これが問題である。しかし、中立的な態度を保つことはできず、神かサタンかを選ばなければならない。呪術的文化やアニミズム的文化は降伏することを拒み、悪魔と契約を結んで切り抜けようとする。ボダンを暗誦する裁判官の空想、と言うだけではすまされない。これほどの広がりをもつ事件は、裁判官とその犠牲者の最小限の共謀を前提としている。弾圧機関、魔術使い、後者を告発する大衆の三者の巨大な共謀を、裁く者と裁かれる者とに分けてはならない。このような広がりをもつ事件はまた、最小限の客観性を前提とするのであり、ピエール・ド・ランクルと、不快感を催させるニコラ・レミーは、風車に飛びかかっていたのではない。社会学者なら文化変容を拒否する歪んだ文化、歴史学者ならより簡単に悪魔と契約した文化と呼ぶだろうような文化の自己防衛的な逆襲を、取るに足らないと言ってのけることはできない。ターナー**的な意味でのこの「フロンティア」に沿って、打撃が加えられたのである。魔術使いたちは、困難な世紀のすべての災禍の責任者なのではないし、かと言って人畜無害の気違いでもなく、また十八世紀の哲学上の戦いがある立場の擁護のために、折を見てあとから過去に移し換えた純然たる犠牲者でもない。十八世紀後半の軽業師や詐欺師を範型にして、十七世紀初頭の魔術使いを想像することが許されるであろう。十七、十八世紀に犯罪の内容に急激な変化が生じた事実を、想起させるべきだろうか。[44] 抽出調査に基づく、ノルマンディ地方についてのわれわれの調査に見るかぎりでは、最初九〇%あった純然たる暴力行為は、最終時点では一〇%にまで落ちている。魔術使いが軽業師となったことは、裁判官の精神構造が変わったせいばかりではない。責任を二分して、九〇%は裁判官のせい、一〇%は、魔術使いのせいとしよう。十

*原語 **noueurs d'aiguillette.** 時代や地域により、呪の内容や対象、やり方に違いはあるが、一般に細ひもなどを結ぶことによって、夫婦の性行為の実現あるいは結婚を妨げる術を行なうことのできる者がおり、その呪をかけられると、男は不能ないし去勢状態になり、女は不妊になるということが十六、十七世紀フランスにおいて広く信じられ、恐れられていた。より詳しくは、E. LE ROY LADURIE, 'L'aiguillette', in id., *Le territoire de l'historien*, t. II, Paris, 1978.

**フレデリック＝ジャクスン・ターナー（一八六一—一九三二）アメリカ人歴史学者。著書『アメリカ史におけるフロンティアの意義』の中でフロンティア学説を展開。かれの「フロンティア」とは「新たに開拓されて文明社会に入ったばかりの地域」を指す。

七世紀初頭の魔術が、十八世紀のそれと同じ内容をもっていると断定する根拠は、一つもない。あらゆる事情から判断して、魔術はひどく堕落したように思われる。一六〇〇年頃、損傷を受けた文化は絶望的な戦いのなかで反撃するが、十八世紀中葉では、バラバラになったそれらの残滓は、お笑いの種である。農村の住人にとってとまではいわぬまでも、裁判官にとってはそうである。

以上が農村地帯についてである。しかし、都市と修道院に関しては果たしてどうであろうか。

おそらく、このテーマの大きな危険は、ここに潜んでいると思われる。ロベール・マンドルーは、それを完全に避けたのであろうか。この点でも、歴史学者は自分の利用する参考資料に依存している。インテリの煩悶、名声と教養の持ち主の幻滅は、身分の賤しい人びとの悲惨を隠してしまうだろう。諸文明と諸文化が対決する「フロンティア」で焼かれる数千の農民、飢えた数千の農民は、もちろん、ユルバン・グランディエの苦痛ほどの痕跡を残さない。だから、新たに発展してきた女子修道院の悪魔憑きを扱わねばならなかったのである。女子修道院は、カトリック改革のせいで増加した。だが十七世紀末では、男子修道院に比べて依然、少数派であることを忘れてはならない。(45) それはより少数であると同時に、より厳格であった。十七世紀の神秘神学は本質的に女性的であり、そして神秘神学というものには固有の倒錯と危険がつきまとう。

高等法院の司法官たちという一集団の、考え方の変化を中心に据えた研究において、修道院での擬似神秘主義的な悪魔憑きの大流行を大きく取り上げることは、正当なのである。実際、高等法院の司法官たちが、「自然的なもの」の流動的な「境界」が持つ古い構造を壊して、そこに新しい構造を与える機会を捉えたのは、マルト・ブロシエ事件を通じてであり、ついでルーダン、ルーヴィエ、パリであったからだ。魔術の研究では、これらの大事件は除外しておかなければならない。この点に関しては同時代人たちの判断を尊重し、神学者の伝統的な教えに従うべきである。キリストと教会の救霊的同情を要求する資格をもつ犠牲者たる悪魔憑きと、神の設計図に対する終末論的な異議申し立てをけしかける精霊と自発的に契約を結ぶ、名うての魔術使いの間には、大きな相違がある。世紀の大悪魔憑きは、魔術使いとはほとんど無関係な、十七世紀の宗教・精神史の一章のなかにこそ位置づけられなければならない。

悪魔憑きはまた、同じ社会的平面に位置していない。悪魔憑きは大ブルジョワ階層、法官層、貴族に属する。ただしマルト・ブロシエは例外で、そしてかの女の失敗は賤しい素姓のせいでもあった。魔術使いの方ははずれ者《マルジノー》であり、伝統社会の下層プロレタリアートを構成している。悪魔憑き事件が呼び覚ました関心は、悪魔憑きの社会的地位のためであり、それは事件が最終的に惹き起した反応の激しさと無縁ではない。

精神史のこの偉大な章について、論じるべきことはたくさんある。だがとくに、あらかじめ思想史の大きな枠のなかに位置づけることによってのみ、この章の完全な理解が可能になると指摘したい。

一六八二年七月の王令は、万有引力の法則とまったく時を同じくして出された。一六七〇年代の転回は、周知のように一六三〇年から一六五〇年の間に行なわれた、世界の数学的処理と哲学の観念論への転換という二重の革命が、高等法院司法官の教養のなかへと浸透してきた事実と、まさしく符合している。間接的には一六八二年の王令は、「コギト」の観念論的確立の劇的な緊張に由来しているのである。世界を理解するための手がかりとしての、数学的用具の実際的な確立は、歴史的には新哲学の登場と不可分である。アリストテレス哲学の二千年間にわたる潜在的支配の後、デカルトは存在論的構造の諸項目の関係を恒久的に逆転させた。思惟は、コギトにおいてみずからの自律性を確立し、世界の理解可能な構造との存在論的類縁性を主張する。スコラ学が星の世界と月下の世界との間に位置づけていた断層を、デカルトとかれに続く啓蒙の文化は次のように位置づける。かたや延長されたるものとみなされ、分析と機械的作用に還元されうるとされる物質と、いま一つは思惟つまり世界の見取り図、これらの間に位置づけるのである。デカルトの思想は、通説に反して、超自然的なものを否定してはいない。それは超自然的なものを無限の方向へ斥けるのであり、またそれを実践の世界、通常の世界、日常的経験の外へと追い出すのである。超自然的なものが自然的秩序のなかに入り込むことは、霊魂と身体が松果腺を介して互いに相通じるのと同じくらい難しいことなのだ。スコラ学はそれに固有の弱点をもっていたけれども、しかし連続性の体系をもたらした。それに対して一方デカルト哲学は、ほとんど克服不可能な二分法を導入した。啓蒙哲学がこの二分法を解消させるために、躍起となって認識論を構築しようとしたことも納得がいく。

したがって、自然的なものと超自然的なものとの境界線は、日常的なものの領域の外に閉め出されることになる。同じく、宗教的なものは霊魂のなかに閉じこもる。デカルト革命は、極限的には、政教分離主義的二分法と良心の分離とをもたらす。「啓蒙」の選択はことごとく、行動としてではないとしても思想として、一六三〇―一六五〇年代の知的革命の頃に決定される。

この単純化しすぎの世界観の少なくとも一つの明白な証拠は、高等法院の司法官のグループのもっとも高尚な宗教的表現であるポール・ロワイヤルと第二世代のジャンセニストのうちに求められる。ベリュルは宗教政策上の理由でマルト・ブロシエの側に与していた。リシュリューも類似した理由から、ルーダンの悪魔憑きに味方する。数年後の、ジャンセニストの神学者たちの慎重な態度は、かれらがデカルト革命の実践的な結果をためらいなく受け容れたかぎりにおいて、またかれらの宗教的な感性がガリレオ力学の無限の数学的世界と結びつくかぎりにおいて、対照的である。

伝統的なスコラ学の考え方によれば、超自然的なものの闖入は不断なものであり、劇的な緊張を生むことなく容易になされる。自然的なものから超自然的なものへ、俗なるものから聖なるものへの移行は、悲劇も裂傷ももたらさず、気のつかぬうちに日常的になされる。受肉は日常的なもののなかで解体する。天国、地獄との接触は、精神においてと同じく、事物においても行なわれる。トマス・アクィナスのスコラ学はすぐれて調和と連続性の思想だが、その危険は、畏敬を日常的なもののなかで失い、受肉を習慣のなかで解体させることである。

多くの人びとは、『マレストロア氏のパラドックスへの回答』と『国家論』の著者であり、しかもソッツィーニの教説を信奉していたことが明らかであるボダンその人が、なんと十六世紀の第一級の悪魔学者であったと知って驚いた。ちなみにロベール・マンドルーも、このきわめて自然な驚きを表明した。われわれが提示した理論は、単純化しすぎの説明を避けるという利点をもっている。ボダンは、自分を忘れてもらったり、赦してもらうために説明を付け加える必要はない。厳密な受肉の神学というものは、超自然的なものが日常的に闖入することを認めない。一方ソッツィーニ派は受肉を退けるものの、伝統的な思想と断絶していない。かれらは多少とも、アヴェロエス派の急進的なアリストテレス哲学と繋がっているのではなかろうか。自然と超自然の連続性に関する伝統的な考え方を拒否するどころか、そこから極端な帰結を引き出すのである。絶対に交流不可能で、完全に超越的な「唯一の真なる神」の、一度かぎりの受肉というものを無用の長物としつつも、神の左手であるサタンの遍在を肯定する。ジャン・ボダンは、サタンの遍在を認めるのに、みずからの「キリストの存在否定」の立場を裏切る必要はないのである。

「超越性」の再発見、隠れた神の悲劇的な神学は、統合された世界の数学化の革命や近代哲学の（その名が生まれる以前の）先験的観念論に伴うというよりも、むしろそれに先立っているといえる。(46)「超越性」は、受肉を必要不可欠なものにする。ところでまさしくカルヴァンの改革、ついで聖アウグスティヌスの思想にもとづく改革は、崇敬の焦点である受肉に対し、神秘を、すなわち神の本質的な行為という無限の次元を与えるのである。

残るは奇蹟の神学の構築である。それは聖書の観点から、カルヴァンとポール・ロワイヤルによって素描される。そしてそれは、はじめから啓蒙哲学の攻撃に応えられない、あまりにもささやかな素描であった。というのは、本当のところ啓蒙哲学は、通俗的なアニミズムの伝統的な領域をカバーするかにみえる奇蹟のスコラ学的な概念を、執拗に攻撃するからである。奇蹟は法の支配に対立するものではない。なぜなら法の支配とは、神が世界に与えた構造なのだから。奇蹟とは、それが与えられる人びとの精神のなかに、神が聖霊を介して拾い集める特権的な徴なのである。したがって奇蹟は本質上、疑わしいものであり、曖昧なものであり、多様な解釈を容れるものである。神の特権的な言葉である奇蹟を、安易に口にすることはできない。「神の言葉」以外のものではありえない本質的な言葉が伴わなければ、奇蹟は冒瀆となるだろう。

こうした観点によれば、サタンは、キリスト教圏の教化不十分な人びとのアニミズム的信仰のなかで数世紀の間に獲得した善悪二元論的要素を、幾分失うことになる。サタンは、全能なる神の特別な許可なしには行動できない。この議論は、ライトモチーフとして十七世紀後半の聖アウグスティヌス的な神学のなかに繰り返し現われる。しかしとりわけ、この世の王サタンは、中世的な悪魔らしさを失うのである。かれはもはや事物のレベルで行動する必要がなくなり、数学的な適法性の無限な世界から立ち去る。魔王は、「コギト」の遠慮がちな命令に従って、精神の特権的領域に閉じこもる。

十七世紀の哲学は、神学に先行しない。それは、今回もまたというべきか、あるいはこれを最後にというべきかもしれないが、ともかく十六世紀の神学の変化に後続する、というほうが正しいだろう。これらの思想は、七〇年代に、すなわちマルブランシュが『真理の探求』を世に送った時期に、高等法院の司法官の間に浸透した。たぶんこれこそが、高等法院の司法官たちの懐疑論への転換の、深い理由なのであろう。北ヨーロッパが名うての魔女の月々の割当て分を、喜々として焼き殺していた半世紀前にほとんど劣らぬような大声で、民衆が騒ぎ立てている時代に、司法官はもはや民衆の願いには応えようとしなかった。

十七世紀後半の神学の観点に立てば、悪魔憑き、いわんや名うての魔術使いの明白な悪魔的行為なるものは、もはや認知されない。ちなみにこの点に関し、十七世紀後半の神学は、その実践行動において啓蒙哲学と連帯している。また認知されないと同時に、悪魔憑き、悪魔的行為は識別されず、一切の現実性を失うのである。なんとなれば、それらはもはや無用なものとなったのだから。

原注

（1） Robert MANDROU. *Magistrats et Sorciers en France au XVIIe siècle. Une analyse de psychologie historique*, Paris, Plon, 1968, 《Civilisations et Mentalités》, in 8°, 583 p. 魔術の歴史に関しては以下の諸研究も挙げておきたい。カルロ・ジンツブルグの注目すべき最近作 Carlo GINZBURG, *I benandanti. Ricerche sulla stregoneria e sui culti agrari tra Cinquecento e Seicento*, Turin, Einaudi, 1966 ; Hugh TREVOR-ROPER, in *Encounter*, XXVIII, May 1967, pp. 3–25. June 1967, pp. 13–34 ; E. William MONTER, *Bibl. Humanisme et Renaissance*, Genève, 1969, T. XXXI, 1, pp. 205–213.

（2） F. BAVOUX, *La sorcellerie au pays de Quingey*, Besançon, 1947, 204 p.

（3） *Annales E. S. C.*, 1948, n°1, pp. 9–15.

（4） J. MICHELET, *La sorcière*, éd. Roland Barthes, Paris, 1959, 352p ; éd. R. Mandrou, Paris, 1964, 356p.

（5） R. MANDROU, *op. cit.*, p. 13.

（6） 悪魔学に関するかれらの大概説書の初版はそれぞれ一五八〇年、一六〇三年、一六一〇年、一五八五年、一五九三年である。

（7） R. MANDROU, *op. cit.*, pp. 539–540.

（8） MONTESQUIEU, *Esprit des Lois*, I, 1, 8.

（9） R. MANDROU, *op. cit.*, pp. 561–562.

（10） François BLUCHE, *Les Magistrats du Parlement de Paris au XVIIIe siècle, 1715–1771*, Paris, 1960, 460 p.

（11） P. CHAUNU, *Civilisation de l'Europe classique*, Paris, Arthaud, 1966,

(12) P. CHAUNU, 'Au XVIIe siècle, rythmes et coupures', in *Annales E. S. C.*, 1964, n°6, pp. 1171–1181.

(13) R. MANDROU, *op. cit.*, p. 18.

(14) *Ibid.*, p. 18.

(15) *La sorcellerie au pays de Quingey, op. cit.; Hantises et diableries dans la terre abbatiale de Luxeuil; d'un procès de l'Inquisition* (*1529*) *à l'épidémie démoniaque de 1628–1630*, Monaco, 1956. およびフランシュ＝コンテ地方の悪魔学者ボゲに関する彼の二つの研究 (Besançon, 1956 et Dijon, 1958).

(16) まずもってエティエンヌ・デルカンブル。とくに彼のきわめて古典的な次の書を参照。Etienne DELCAMBRE, *Concept de Sorcellerie dans le duché de Lorraine au XVIe et au XVIIe siècle*, Nancy, 1948–1951, 3 vol., in-8°.

(17) R. MANDROU, *op. cit.*, p. 76.

(18) *Ibid.*, p. 76.

(19) *Ibid.*, p. 163.

(20) *Ibid.*, p. 163.

(21) *Ibid.*, p. 163.

(22) *Ibid.*, p. 173.

(23) *Ibid.*, p. 215.

(24) *Ibid.*, p. 437.

(25) *Ibid.*, p. 467.

(26) *Ibid.*, p. 479.

(27) *Ibid.*, pp. 513–514.

(28) *Ibid.*, p. 518.

(29) *Ibid.*, p. 528.

(30) Jean ORCIBAL, *Jean Duvergier de Hauranne, abbé de Saint-Cyran*, Louvain-Paris, 1947, t. II, p. 141.

(31) まず司法官を識り、その後でかれらから魔術使いを引き離さねばならなかった。したがって、われわれは慎重に採用された順序にいささかの批判をも加えるものではない。われわれは、第二段階についてのみ希望を述べているにすぎない。

(32) E. LE ROY LADURIE, *Les paysans de Languedoc*, S. E. V. P. E. N., 1966. 2 vol., 1035 p., pp. 391–413, pp. 493–506. およびP・ショニュの論文 *Revue historique*, t. 237, n° 482, avril-juin 1967, pp. 359–380.

(33) F・ブローデルの例に想を得たもの。cf. P. CHAUNU, 'Pesée globale en histoire', in *Cahiers Vilfredo Pareto*, Genève, 1968, t. XV. pp. 135–164.

(34) Jose TORIBIO MEDINA, *El Tribunal del Santo Oficio de la Inquisición en la provincia de la Plata*, Santiago, 1894; *de Cartagena*, Santiago, 1899; *en Chile*, Santiago, 2e éd., 1952. 2 vol.; ... *en Perú*,

Santiago, 2e éd., 1956, 2 vol.; *La primitiva inquisición americana* (*1493–1569*), Santiago, 1900, 2 vol.

(35) P. CHAUNU, 'Inquisition et vie quotidienne dans l'Amérique espagnole au XVIIe siècle', in *Annales E. S. C.*, 1956, n° 2, pp. 228–236.

(36) R. MANDROU, *op. cit.*, p. 498.

(37) *Ibid.*, p. 479.

(38) *Ibid.*, p. 116.

(39) P. CHAUNU, *Civilisation de l'Europe classique, op. cit.*, pp. 457–510; 'Le XVIIe siècle religieux et Réflexions préalables', in *Annales E. S. C.* 1967, n° 2, pp. 279–302.

(40) P. CHAUNU, 'Une histoire religieuse sérielle. A propos du diocèse de la Rochelle (1648–1724) et sur quelques exemples normands', in *Rev. hist. mod. et cont.*, 1965, n° 1, pp. 5–34.

(41) F. BRAUDEL, *La Civilisation matérielle*, Paris, A. Colin, 1967, 470 p.

(42) R. MANDROU, *op. cit.*, p. 82.

(43) 西部フランスの結婚に関するJ・M・グエス（J. M. Gouesse）の進行中の研究による。

(44) Bernadette BOUTELET, 'Etude par sondage de la criminalité dans le bailliage du Pont de l'Arche (XVIIe–XVIIIe siècles): de la violence au vol, en marche vers l'escroquerie', in *Annales de Normandie*, XII, n° 4, décembre 1962, pp. 235–264; Jean Claude GEGOT, préface de P. CHAUNU, 'Etude par sondage de la criminalité dans le bailliage de Falaise (XVIIe–XVIIIe siècles). Criminalité diffuse ou société criminelle?', in *Annales de Normandie*, XVI, n° 2, avril–juin 1966, pp. 103–164. およびノルマンディ地方の犯罪に関する論文集に収録予定の六編の研究。

(45) Louis PEROUAS, *Le diocèse de la Rochelle de 1648 à 1724*, *Sociologie et Pastorale*, Paris, S. E. V. P. E. N., 1964, 532 p.

(46) Pierre CHAUNU, *Civilisation de l'Europe classique*, *op. cit.*, p. 457 et suiv.

原題 Pierre CHAUNU, 'Sur la fin des sorciers au XVIIe siècle. Rapports sociaux et répressions dans la société d'Ancien Régime' in *Annales E. S. C.*, 1969, pp. 895–911.

Ⅱ

十六世紀における魔術、民衆文化、キリスト教

――フランドルとアルトワを中心に――

ロベール・ミュシャンブレ

魔術、社会的犯罪か、排斥された文化の要素か？

十六、十七世紀の魔術をありのままの状態において研究しようとする者にとって、主たる困難は、資料がその目的に適していないところにある。[1] 魔術使いたちは、裁判官によって翻案されたかたちでしか陳述を残していないのである。しかもそれらは、先輩たちが中世末以来入念に整えてきた書式にしたがって、裁判官の手で、自由に操られ、配置し直されている。また、われわれが知っているのが主として抑圧されていた魔術であることから、われわれは、魔術を社会に対する「犯罪」として分析してしまいがちである。[2] ある著者たちはジュール・ミシュレのあとをうけ、相変わらず魔女を「貧困の娘」として描き、社会に反抗した者としている。[3] 別の研究者たちは、魔術使いたちを社会的に抑圧された者と定義することで、ミシュレ以来の見解を修正しようとしている。[4] けれども私は、十六世紀の最後の三十年より前には、魔術は、ヨーロッパ社会にとって異質なものでも、また、そこに無理やり闖入したものでもなかった、と考えている。それどころではない。魔術は、人びとの心性に深く根ざしたものであり、あるレヴェルの文化、すなわち、今日の人びとの心性よりは民族学者の言う「野性の思考」により近い、世界への順応のしかたを表現するものであった。その文化は、キリスト教以前の異教の蘇生と、エリート、すなわち聖職者が「迷信」と名付けたところのものを、伴っていた。そのように私は考えている。このような観点から、魔術という現象を、一定程度自律的なものとして捉えるために、私は民俗学の専門家が提供してくれるさまざまな教示と、[5] フランス北部の二つの説教集から得られる情報とを手がかりにして、[6] 十六世紀前半についてこれを分析し、弾圧以前における、そのありようを検討しようと思う。

だが、さらに、これらの証人にありうる偏見を、やはり警戒せねばならないのだ！ 無意識のうちに情報提供者のものの見方を採用してしまうような事態を避けるために、私は三段階に分けて、分析を行なう。まず第一に、私は、魔術の発展の土壌となる心性の「風土」の叙述を可能にするような個所を、資料から摘出しておく。この風土をJ・トゥセルは「神のまします世界」と呼んだのであるが、私としては、むしろ「呪術的世界」と呼びたいと思う。ついで私は、魔術の二重の側面の定義を試みる。すなわち、魔術は、裁判官や異端審問官が尊重し、みずからその擁護者たらんとした諸価値との関係においては、逸脱とされた現象であるが、それはまた、そうした諸価値とは異質の、われわれが失ってしまった心性の世界に、完璧に組みこまれていた要素でもあった。私は最後に、魔術の二重の機能を明らかにする。魔術は、その時代の社会の強迫観念を凝集させ、魔女は、そこで、生贄とされたのであった。だが、同時にそれは、民衆の日常的な生活体験の中の重要な要素でもあった。この両義性は、十六世紀を通じてますます明瞭になっていく。そして、これこそが魔術に、心性の根本的な変化に関する指標としての価値を与えるのである。

呪術的世界

今日、われわれは、ヨーロッパにおけるキリスト教エリートの信仰については、比較的よく知っている。そしてまた、一九三〇年代以降、宗教史家たちは、ガブリエル・ル＝ブラのあとを継いで、大衆の信仰生活についても、その正確なイメージを復元しようと試みている。[7] だが、この作業は難しい。なぜならば、記述された証言が、ことに農村世界に関しては稀少だからである。それに幾多のキリスト教についての史書も、相変わらず民衆における信仰の表現には、大きなスペースを与えていない。[8] とはいうものの、大衆のキリスト教の信仰のしかたをよりよく知ろうとする、近年の、とくにフランスで行なわれた努力を無視することは、不当であろう。[9]

ここでは、私は、「呪術的世界」を定義するに必要な諸要素のみに限って取り上げることとする。そこでこそ魔術が生まれた、と考えられるからである。

キリスト教についての無知

民衆の信仰生活におけるキリスト教の著しい特徴は、まず何よりも無知であった。人びとは教義について何も知らず、典礼には、秘蹟やミサの意味をまるで理解しないまま参加していた。だが、大多数の聖職者も同じく、すこぶる無知でいたことが明らかである。[10] これについて、十六世紀前半、ベテューヌ地方で巡回説教をしていた、名の知れぬある聖職者は次のように述べている。「いまやキリスト教徒は堕落のきわみにある。なんとなれば、司祭も聴問僧も、おのれの知るべきことを知らず、あまつさえ、それを学ぶことすら怠っているからである。[11]」かれは、高位聖職者や一般の司祭の状態を述べながら、「かれらは他人に教えるべきことがらを学ぶ必要がある。なんとなれば、私自身が知らないことを、どのようにして、私は他人に教えることができるだろう?」と付け加えている。[12] 一五二〇年にジャン・グラピオンが、ナンシーでロレーヌ公を前にして表明した見解によれば、「私ども（司祭）の大部分は、信仰箇条を知らないのでございます[13]」、といった具合であった。

多くの教会関係者は、この聖職者の無知が信徒の無知を招いている、と考えた。グラピオンは、この点を断言している。[14] そして、例のベテューヌの説教師も、「聖体の秘蹟」に関して語るなかで、このことに言及している。かれによれば、初期のキリスト教徒は、毎日、聖体拝領をしていた。だが、人びとはそれを日曜日だけにしてしまった。「その後、なお悪いことに、人は足繁く教会に赴くことをさえいとうようになった。それは、秘蹟の御業《ミワザ》をとり行なう人びとの怠りのゆえであり、あるいはまた、秘蹟を受ける者たちの罪、もしくは信仰の浅さと弱さのゆえである。[15]」この罪という言葉は、おそらく下級聖職者のうしろめたさを包み隠すものであろう。このベテューヌの説教師は、若干の人びととの場合、「十年ないし十二年もの間、ただの一度も聖体拝領をしない」ほどに、この秘蹟が軽んじられている、と指摘しながら、少なくとも年に一度は聖体拝領をさせるよう、教区付き司祭に勧めている。「なんとなれば、教区司祭は魂を導く責任を負っているのであるし、またかれらは、そのことについて最後に釈明できるようにしておかなければならないのであるから。[16]」

すなわち、大衆の信仰生活は、貧血状態にあったらしい。これはまた、十六世紀初頭までのフランドル海岸部、およびフランドル語でいう「ウェストフック」地方に関する、ジャック・トゥセルの見解でもある。かれによれば、都市部もまた、この宗教的貧血状態を経験していた。ブリュージュの町のサン＝ジャック教区には、「ほとんど異教徒のようになってしまった者が一〇％おり、復活祭のミサにのみ、比較的規則正しく参加する者が四〇％いる。[17]」グラピオンも同じように、一五二〇年に次のような悲鳴をあげている。「ヴォージュとサヴォワの山地には、教区司祭の説教を一度も聴いたことがないほど無明な人びとがたくさんいる。[18]」

例のベテューヌの説教師はと言えば、聴衆たちの宗教上の形式主義に気付いており、諦めの口調で「その上、説教を聴くことなど、まるで問題にならない。なんとなれば、人びとは復活祭の後には、もはや古い鰊のことしか頭にない[19]」と言っている。とは言え、復活祭には、溢れんばかりの人ごみがあったことも、かれは記している。キリスト教の健全さの証明と言えようか？　おそらく違う。「なんとなれば、そのときには、あまりにひどい雑踏となり、信仰の心や崇敬の念を抱くなど、とても困難」なのである。[20]かれとともに、この宗教的形式主義を不毛なものと結論づけることができよう。「かれらは日曜日に教会に行き、『天にましますわれらの父』を唱え、祈りの文句を口にし、あるいは何か他のことをしておけば、それで十分だと思っているらしい。私はあなたがたに言いたい。とんでもない、と……。[21]」

J・ル＝ブランが、十七世紀以前について、「フランスの農村部が、真にキリスト教化されたことは、かつて一度もなかったのではあるまいか」と自問するとき[22]、かれの示す悲観論は、おそらく誇張されている。にもかかわらず、十六世紀初頭における大衆の信仰生活の主たる特徴が弛緩にあったらしいことには変わりがない。

おそれ

だが、たぶん北西ヨーロッパの狭い地域についてのみ妥当する、ここまでの粗いスケッチを、もう少し生き生きしたものにするためには、もう一つ、異なる側面を加えなければならない。このキリスト教の相対的無知の世界は、同時におそれの支配する世界でもあった。神による劫罰へのおそれ、さらに拡大されて、悪魔と地獄へのおそれ[23]、そして死に対するおそれ[24]。

司祭も説教師も、死へのおそれと悪魔に対するおそれを同一視していた。ジャン・ティンクトリス（タンクテュル）は十五世紀末、『ワルド派弾劾』と題する著作を記しているが、そのなかで、かれは悪魔の邪悪さを、力をこめて非難し、「悪魔の邪念によって、死がこの世に入ってくる。そして悪魔の側に立つ者どもは、死につき従う」と書いている[25]。十五世紀の終わり頃、聖職者もキリスト教信徒大衆も、死を自然現象とは思わなかった。禍いや災害は悪魔のしわざであるとされたが、同時に神の行為であるとも考えられた。神は、そうしたやり方で、罪びとを罰すると思ったのである。たとえば梅毒は、「放埒な肉欲に身を委ねた人間を罰するために、天から送られた懲罰」であった[26]。ペストは、といえば、「神の与えたもうた罰」「懲めの猛々しき怪獣」であった[27]。ある匿名の年代記作者は、一四〇〇年のトゥルネのペストについて、「これらのことがかく行なわれたとて、神に御手を引き給うよう祈ることはなかった。なんと、それにもまして、その同じペストなる咎から、試練によって、かのトゥルネの町の人びとが、以前にあったよりも強く鍛えられ、つくり上げられんことを。人びとが全き心から神に背くことなかりしように[28]」と書いている。

リールでは、一四八九年、神の怒りを鎮めるために、ダンスが禁止された。(29)

シゾワンの教区司祭は、この種の考えを明快に表明している。「わが友よ。病いというものは、多くの場合われらの罪を罰するために、神が与え給うたものなのである。だからこそ、あなたがたは神の御旨にかない、神の愛を再び取り戻すために、告解によって、罪を身体の外に追い出さなければならない。(30)」こういう類の司祭たちは、「煉獄の灼熱の劫火(31)」を語ることによって、あるいは死の危機にある病人に告解を強要し、「さもなければ、動物を天国に入れることができないように、私はあなたがたを天国に入れることはできない(32)」というぐあいに、おそらく大衆を恐れおののかせようと努めているのであった。かれらの説教は、悪魔に関する用語に満ち充ちている。簡単な抽出調査でそれは証明される。ベテューヌの説教師の一〇の説教の中には、「悪魔」（ディアブル）という言葉が三八回、「悪魔の業《ワザ》」（ディアブルリ）が四回現われる。(33)

悪魔というテーマは、十戒のうちの第一戒（「あなたがたには、私のほかに神々があってはならない。あなたがたは偶像を造ってはならない。」出エジプト記、第二〇章二―一二節＊）をめぐる説教において、なかんずく展開される。事実、「悪魔（たち）」という言葉が二五回、そして、「悪魔の業《ワザ》」が、四回このなかに出現する。「悪魔」という言葉の含意も、この際豊富になる。これ以前、「悪魔」という言葉は、ただ劫罰の観念にのみ結びつけられていた。たとえば、「悪魔は私たちを戦《イク》さに導く」（第八八葉）、人は「悪魔にそそのかされる」（第九二葉）、「数千の悪魔が、かれらを運び去るであろう」（第九六葉）。そして著者は、「悪魔への隷従」から解き放つものとしての洗礼を力説する（第一〇六葉裏面、第一〇七葉）。続けて、かれは長ながと第一戒を説くにあたって、「悪魔の業」と異教を同一視し（「悪魔、あるいは偶像に向かって」第一一七葉裏面）、さらに「悪魔の業」と迷信とを同一視する（第一二三葉裏面、第一三二葉、第一三九葉、第一四〇葉）。悪魔の力は巨大なものとして描かれる。かれらは「自然と超自然の事物」について完璧な知識を備えており（第一三八葉裏面）、だからこそ、悪魔は自然や超自然に働きかけることができる。たとえば「天空の模様を変えたり、風が起こり、雨が降るのを妨げる」(第一三八葉裏面)。悪魔はまた、神が人間に隠していることを、「悪魔の奇跡によって」露わにすることができる(第一三八葉)。悪魔にとって、自分自身が人間に送りつけておいた病気を癒すなどは、簡単なことである(第一二六葉)。というのも、サタンは「神の第一の敵」であるから(第一三一葉裏面)である。そして悪魔は、「ワルド派教徒、占い師、魔術使い、魔女」(第一三七葉裏面)のような、自分に仕える者を探しており、契約により、あるいは口約束をもって自分と手を結ばせようとする(第一三八葉、第一三九葉)。だからキリスト教徒は、このような罠を避けるために、「悪魔が、その盟約者との間に結ぶ密約」やあらゆる契約を拒否しなければならないのである(第一三九葉裏面)。

いたるところに感じられる魔性のものへのおそれに支配された、このような雰囲気のなかで、無知な下級聖職者が、さらにいっそう無知な民衆を首尾よく安堵させられるはずもなかった。おそらく民衆は、呪術を行なうことによって安心感を求めたのではないだろうか。きまり文句[34]を口にして、あるいは語りかけることによって、神を「いいなりにする」とか、もしくは神の好意をかち得るとかの類である。実際、もし、われわれが利用する史料が、そろって聖職者の側に由来するものであることを斟酌するならば、これらの証人が「迷信」と名付けたものは、何よりも効験があるとされていた、だからといって必然的に反キリスト教的と言うわけではない、さまざまな行為の組み合わされたもの、と考えることができる。われわれ観察者は、したがって、論議なしに証人の思考のなかに押し流されてしまうような事態を避けながら、「迷信」とされた行為、「魔術」とされた行為の検討を試みなければならない。これについて民族学者は、われわれに慎重であるべきことを教えており、証人に対しても、行為者に対して

*原文ではこう指示してあるが、十戒にあたる部分は、出エジプト記の第二〇章第二節より第一七節まで。ここでの引用部分のみは、第三、四節にあたる。また第一戒は第三節にあたり、ここで引用されている第四節にあたる部分は第二戒である。

も、外から眺める視点をとるよう勧めている。

魔術の内容と意味（十六世紀中葉まで）

聖職者と裁判官の魔術

十五世紀の末期および十六世紀の前半、「魔術」と「迷信」という二つの言葉は、かなり近い現象を指し示すものであったらしい。だが、この二つを完全に同一視することはできない。と言うのは、「魔術」はきわだって侮蔑的な調子をもっていたのに対して、[35]一方の「迷信」という言葉は、キリスト教との関係において、軽微な逸脱であると聖職者が判定する行為に適用されることもあるからである。

これら二つは、中世を通じて徐々に区別されるようになったらしい。ある程度の比重をもつに至った最初の用語は、「迷信」である。エノー地方のレプティーヌで七四三—七四四年頃開催された聖職者の会議は、なかんずく吉凶の占い、聖人に対する捧げ物、異教の祭典、聖画布、まじない、「妖術《ソルティレージュ》」等を、「迷信、異教徒の慣行」と要約している。[36]「迷信」は、その当時、異教の同義語であったらしい。十一世紀のヴォルムスの司教ブルハルトの悔悛の手引き『病いを癒す人、あるいは医師』（一〇〇八—一〇一二年頃）は、古今の迷信を長ながと列挙し、魔術について強調している。[37]だが、魔術の行ないを裁く際の悔悛の貢納金が値上げされることはほとんどなかったらしく、十六世紀の火刑にあたるようなものはみあたらない。この時代には、魔術はたぶん、キリスト教に対抗するものではなく、[38]異教の残滓、そして新しい迷信の一部とみなされていたように思われる。[39]

十一世紀から十三世紀までの間、魔術を非難する文書は減少し、ついで十三世紀から十五世紀にかけて増大する。[40]このとき、異端審問が鎖から解き放たれる。[41]異端はすさまじい勢いで追糾され、司法の機構と、そこで編み出された審問の方法は、魔術に対してもただちに利用される。アラスでは一四六〇年に魔術師たちが裁かれ、ついで処刑された。かれらはワルド派と呼ばれたが、ワルドの一派とは何の関係もなかった。[42]とは言え、言葉の上でのこうした混同は、異端すなわち魔術、という新しい図式の成立を意味していた。十五世紀後半になると悪魔に関する論述が競って刊行され、シュプレンガーとクラマーの『魔女の槌』（一四八六年）が、これに関する通念を体系化した。[43]

要するに、「魔術」という言葉とその意味内容は、異教から異端へ、そしてさらにキリスト教に反するものへ、と発展していったとみえるかもしれない。だが、そこにみられる魔術のダイナミスムとは、みせかけにすぎないのではないだろうか？　すなわち、観察の対象としての魔術の発展、というよりはむしろ観察する側の発展ではなかろうか。もちろん、魔術の実施や迷信に基づく行為が発展したことは、疑いがない。だが、それはたぶん緩慢なものだったであろう。それに対して、中世において魔術の揺籃であった農村世界と、もうひとつの世界、すなわち、十二ないし十三世紀以降、純化されたキリスト教をもち、ますますキリスト教が人びとの生活を左右するようになった都市の世界とのずれは、否定しがたいまでに大きくなっていた。

十三世紀から十六世紀中葉までの間、大衆の無知は聖職者たちにとって、ますます目に付くものとなる。そしてこの間、西ヨーロッパにおいては、おそれが昂進する。さらに異端の繁殖。これらすべてが、異端審問官とキリスト教エリートの目に、神が送る不興のしるしであるかのように映った。[44]異端と魔術狩りの現象の宗教的要素を軽視しようとするわけではないが、次のように断言することはできるであろう。すなわち、十六世紀中葉以降における異端と魔術使いの狩り込みはまた、宗教的不安や個人的なおそれを把捉し、自己の外部に投影することによって、それらを克服する一つの手段でもあった、と。

とは言え、この程度では魔術の歴史は完全なものとは言えない。いまや、可能なかぎり、魔術使い自身に尋ねるべきであろう。少なくとも、かれらの敵であった人びとの言説に挿入されている、かれらの残した痕跡を吟味すべきであろう。いまでは失われた、もう一つ別の言説のパズルを復元するために、バフチーンが、ラブレーの作品を通して民衆文化について試みた手法を念頭に置きながら[45]、それらの痕跡を摘出し、他のものから切り離し、独立したものとして検討する必要がある。

民衆の魔術と生きられた現実

おそれによって支配されていた十五・六世紀の西ヨーロッパにおいて、「魔術」は何よりも、世界についての直截な把握を人間に可能ならしめる、物ごとの処し方や通念の総体として現われた。この場合、マルセル・モースの、「組織された祭祀には関与しない一切の儀礼」という意味における「呪術」が問題となるだろう[46]。「深く秘められた力、神秘的な力の性格を示す」マナの観念は、かれによれば、「呪術的な信仰」に、また「あらゆる曖昧な観念、実体のないあらゆる希望や不安がただよっている、社会的な不安や鋭い感性のかかる状態[47]」に、肉づけを与える。民俗学の概論に記された民衆の無数の処方は、マルセル・モースの述べる呪術の「法則」を手がかりにして、検討することができると思われる。より多くの牛乳を得るために、牛乳を溜める容器を聖ヨハネの名のついた草でこする、というような十五世紀のピカルディ地方の習俗は[48]、世界が根柢において一つだという信念によって説明することができる。「一切のものは互いに類似し、一切のものは互いに触れ合っている」というのだ。ある特定の状況のもとで集められた草と、間もなく牛乳と接触することになる容器の間には、近縁性が存在する。「類似物は類似物を生む」から、呪術の思考は、牝牛の食糧としての草から、その牝牛によってもたらされる牛乳へと直接に進んでいく。聖人に病気を治してもらう、という考え方も、たぶん同じように「共感の呪術」の概念によって説明される。モースは対照の法則を次のように記している。すなわち、「類似物は類似物を動かして対立物を招来させる[49]」と。ところでわれわれは、十六世紀前半、病気は一般に神の罰と理解されていたことを知っている。病気を治してくれる聖人や聖別された物体への呼びかけは、たぶん最善の治癒の方法と考えられた。こうして、この種のやり方は、ものごとの通常の経過を変更させるよう、神に強いることを狙ったのである。だが聖職者たち、たとえばベテューヌの説教師のような人物は、そこに悪魔の罠を見てとった。「サン＝テロワの槌＊になんらかの病気を治してもらえると信じていくならば、あなたがたは偶像崇拝の罪を犯すことになる。そのうえ、もし病気が治るようなことがあるとしても、病気を治したのは絶対にサン＝テロワの槌ではない。それは悪魔なのだ。(50)」

かれは、「医術についての迷信」の増加していることを付け加えている。「天にましますわれらの父、の祈りを唱えること、護符をつけること、石のくぼみに指を入れることや、その他もろもろの愚かな行ないが、いまキリスト教徒の間でなされている。……これらはすべて悪魔の業《ワザ》にほかならない。(51)」さらに先に進んで「いま、多くの人びとの間で偶像崇拝が行なわれている。ある者は護符を携えることに信を置き、別の者は蠟燭をつけたり、またカクカク聖人やシカジカ聖人をたたえて九日祈禱をすることに信を置いている。そのうえ、それをまず二つ食べ、つぎに一つ食べ、最後のプロワイエ＊を水の中に入れ、その水を飲んでから、チンプンカンプン聖人に奉ることになっている。すべて、こうした種類の行ないは悪魔の迷信である。このような悪魔の業は、神に対して信仰と希望を持っていないところから起きるのである。(52)」この迷信とキリスト教の混在は、世界の編成を理解しようとする試み、あるいはものごとを分類整理しようとする努力が、どのようなものであったかを明らかにしていると思われる。その分類は、いまのわれわれにとっては非合理なものであり、そこでは超自然と現実とが、絶え間なく干渉し合い、区別なく入り混っている。敵の側に立つ人びとの言う、侮蔑的な意味での、悪魔の業《ワザ》なる「魔術」への転化は容易である。(53)同様に、病気治癒のまじない師や村の魔術使いたちにしても、おそらくはただ呪術の秘密や処方を心得ていたにすぎ

＊ Saint Eloi とは、もともと鍛冶職人など馬具に関係した村の職人の守護聖で、一般に農民の守護聖となる。ただここでのサン＝テロワの槌が具体的に何を指すのかは不詳。プロワイエも同じく意味不詳。

なかったのであるが、J・グラピオンのごとき人物や、[54]ベテューヌの説教師においては猛烈な攻撃の的となった。「誰が盗んだか、誰があれやこれやのことをしたか、というような隠されたことに首を突っ込んで知ろうとする者、これから起こることを知ろうとする者、それらはワルド派教徒、占い師、魔術使い、魔女である。こういうことのために、かれらは、私が盗んだのかどうかを教えてもらおうと、悪魔と契約や口約束をする。……また悪魔に何か役立つことをするといって契約や口約束をするならば、悪魔は隠された物をかれに教えるのだ……。[55]」これらの攻撃は、農村共同体における、占い師の社会的機能を明らかにしている。占い師は役に立ち、たぶん司祭とさえ「競合」し、助言を与え、安堵を与える。かれはタブーを熟知しており、さまざまな「禍」を回避する。たとえばグラピオンが報告する、「この女と結婚したのは、これこれの月だったから、と言って、女や子供を殴ることの言いわけにする[56]」ような類のことを。神に対するおそれに満ち充ちた農村共同体で、聖なる物ごとに参与し、私なりの言い方をすれば、吉凶それぞれを弁別した占い師は、文化的伝統を代表し、処方を伝達したのである。

これらの占い師を前にして、司祭たちは邪魔者、もしくはライヴァルと判断した。司祭たちは、邪魔者にバチが当たるように、これを悪魔に引き渡す。「悪魔は自然界の出来事を変え、邪魔だてすることができる。あるとき、悪魔は風を吹かせ、またあるとき、地を震わせ、さらに多くのことをなすであろう。これらのことを悪魔がなすのは、かれが能うるかぎり神の力を奪い、それをわがものとするがためである。なんとなれば、悪魔は、神の通常の力を超えることをしたがるからであって、それというのも、神よりも栄光を与えられ、神よりも篤く崇拝され、神よりも頼り甲斐あるものとされたいがためなのである。情ないことながら、いま、そのようなことが多くの人によって行なわれている。神の御名によってものありようを知ることがかなわぬとき、人は悪魔の名によってそれを知ろうとし、占い師やワルド派教徒のもとへ赴くのである。[57]」

こうして、魔術は、ほぼ全面的に痕跡が失われてしまった民衆文化に属していたのではないか、と問うことができよう。それは記述されたものを残さず、また、それを魔術、異教の残骸と決め付ける非難のなかで汚染されてしまった、そのような文化であった。だが、もしこの考えが認められるとすれば、その文化は十六世紀中葉までは、人びとに馴染みのある、開放的なものであったに違いない。それは、非常にゆっくりと、何世紀かの幅の中で、キリスト教にとって危険に見えるまでに発展していく。というのも、この文化は、いくつかの要素をキリスト教から吸収同化しうると同時に、またいくつかの点ではキリスト教を逸脱させることができるからである。しかもそれは、しばしば司祭たちの無意識の援助によるものであった。たとえばシゾワンの教区司祭は、こう言っている。「わが友よ、ここに聖別された水があります。信仰と心の悔い改めのために、あなたがたは、ときおり、これを身体に振りかけあいなさい。そうしておけば、それが身体から敵を追い払ってくれるのです」[58]と。そのとき、かれは、教区の信徒たちが、この説教の末尾の文句のうちに呪術的な意味を読み取りうることに、たぶん気付かなかったのである。十七世紀の悪魔祓いから、どれほどの距離があったであろうか。また聖水、聖体のパン、聖遺物などの聖なるものを治癒や厄よけの効験を目的として使用することから、どれほど隔てられていたであろうか。さらに、その変形としての媚薬、香薬の使用からはどうであっただろうか。

魔術・エリートの文化・民衆文化

魔女＝生贄の山羊?

一五五〇年から一五七〇年にかけての頃、魔術に対する教会の態度は急激に旋回する。ヨーロッパにおいて、真の迫害の嵐が、聖俗双方の裁判官を駆り立てる[59]。この事実は、ヨーロッパ文明の展開のうちに生じた底の深い断層を明らかにしているように、私には思える。すなわちそれは、プロテスタントならびにカトリック改革運動の人びとの競合的な努力によって、社会構造全体に浸透しつつあった、「エリート」のキリスト教文化と、押さえ込まれてゆく民衆文化との隔絶の動きが、ますます速くなったことを意味するものであったに違いない。私の見解では、この「呪術的」風土のなかに浸っていた民衆の世界観が押さえ込まれていくありさまは、魔術の弾圧と消滅の過程のうちに集約されており、また、それらの過程のなかでゆがめられていくのである。

プロテスタントによる宗教改革以来、激動のうちにあった世界で、魔女はあらゆる罪を負わされ、生贄の山羊とされる。十六世紀、誰が身の安心を信じていたであろうか。十五世紀にすでにはっきりしていた、死へのおそれが、ルターとカルヴァンの時代に、ヨーロッパで昂進するように見える。千年王国への待望と、間近に迫った偽キリスト出現へのおそれが、増大する。ある者たちは、一五三四年のミュンスターの再洗礼派のように、この世の終末を待つべく結集しようとする。他の者たちは、終末へのこうした強迫観念に、たとえ相対的な勝利ではあっても、打ち克つべき道を、別のところに求めようとした。ミシェル・フーコーは、集団による心理的代償作用のメカニズムを明快に描いている。かれによれば、「狂気は、すでに到来している死の姿である。だが狂気は征服された死の現存でもある。[60]」さらにこの著者が明らかにするところでは、儀礼的な排除の形態である狂気は[61]、癩病のあとがまをひきうけたのであり[62]、「世界の最終的な破局が近いことを示すものなのである[63]」。魔術使いを迫害した人びとが考えたことも、これと同じだったのではないだろうか。すなわち、かれらが魔術使いの身体の上に悪魔の刻印を探し求めたのは、悪魔を祓うため、というよりもむしろ、間近に迫った悪魔の勝利を自己に納得せしめるためだったのではなかっただろうか。十六世紀の末に、ヨーロッパが狂気を「保護し収容」するようになるとき[64]、魔術は、排除の儀礼的形態としてと同時に、また黙示録の世界の接近の意識として、狂気に取って代わるのではなかろうか。この見解に反駁する証拠は何もない。迫害者たちの熱狂は、かれら自身をおそれから逃れさせ、常に恐しいものとして君臨する神の眼下で、来たるべき時の終りに備えることを可能にするのである。このように見た場合、かれらの攻撃がなかんづく女性に向けられたことに、驚くべきであろうか。ミシュレの言うところでは、「ひとりの男の魔術使いにたいして一万の魔女がいる」(65)。なぜならば、女性は、ことにキリスト教エリートにとって、原罪そのものであり、民衆にとってもまたそうであったから。その民衆に対して、例のベテューヌの説教師は、女性が肉欲の化身である旨を説いていた(66)。われわれが確認するところでは、グラピオンは一五二〇年に、女性に対する非難に心をくだき、「女性に対する軽蔑」を語っている(67)。すでに十三世紀のフランドルでは、ハーデヴァイクなる女性が、唯一の許された愛は神への愛であり、もしそれ以外に愛情を抱くならば地獄へ行く、という主旨の唱歌第十六番を遺している。

地獄、そこではどれほどの責苦を受けようか。
あらゆる者が、そこに堕とされ、吸い込まれる。
誰もそこから、出られはしない。誰も、出口を見出す恵みすら与えられない(68)。

彼女は行き届いた教育を受けており、修道女にはならなかったが、ベギン会*の神秘主義的影響を受けていた。

罪びととされるかもしれないというコンプレクスが、理知的な女性においてすら見られた！　やがて女性の地位を高めようとする流れが、明らかに出現し始めてもなお、十六世紀にはこの種の意識が、聖職者と俗人の双方によってはぐくまれていた(69)。たとえば『スシェの領主、フランソワ・ド・ボッフルの秘密の台帳』のなかに、つぎのように読むことができる。「女のなすところほど死に似ているものはない。まるで死のように、女は追おうとすればするほど逃げるのに、関わりをもとうとしない者は追いかける」(70)。マルセル・モースも、「女とは死である」というバラモン教の古い文書を引用して、あらゆる魔術において女性が果たす本源的な役割を説明している(71)。またロベール＝レオン・ワグネルも、ヨーロッパにおいて魔女は、「一種の卑しさと侮蔑」の役をあてがわれているが、男の魔術使いの場合にはそうではない、と指摘している(72)。

*ベギン会。十二世紀に、いまのベルギーにあたる地域に起こされた修道会。この会の修道女は終生俗人の権利を保有していたことで知られる。

したがって魔女狩りとは、聖職者の満足、つまり、教会の禁止によって拘束されている性的衝動の解放というものに、還元されうるものではない。しかも、聖職者たちが内縁の妻をもつことは、トリエント公会議の決定が適用される以前には、しばしばみられたことである。[73]

この点について結論を下すならば、おそれを抱いているあらゆる社会は、みずからの生贄の山羊を見出す、と言ってもいいであろう。二十世紀においても相変わらず、社会的排除という形態によって攻撃が行なわれている。このことをP・フライシュマンの映画「バイエルンの狩の情景」が示している。この映画は、村全体によってホモ・セクシュアルの男が排除されるさまを描いているが、監督自身によれば、これは一九六八年におけるドイツの「根深い不安定」をあらわしている。他方、一九七〇年代末のフランスにおける新左翼や青年層を分析した二人の執筆者は、われわれの社会が「青年たちに対して敵対的」になっているのではないか、と自問している。[74]

さて、十六世紀後半と十七世紀について言えば、歴史家にとって問題になるのは、このおそれの諸結果をただ記述することではなく、その源泉をたどることである。この手続きによって、少なくとも部分的には、魔女狩りに精を出した悪魔学者たちの無意識の動機を理解できるであろう。もっともこの手続きは、裁判官たちの、魔術についての言語学的な意味における言説と、魔術使いたち自身の本来の言説《ディスクール》の間の関係という問題を解明するものではほとんどない。

しかも後者の、魔術使いたちの言説《ディスクール》については、われわれは断片的な残骸という形態でしか知らない。しかもそれらは、収集した著述家たちの、まったく異なるタイプの思考の枠組みのなかに固定されてしまっている。したがってわれわれは、これらの断片を抽出し、ついでそこに含まれる主体的なものの役割をはっきりさせて、それらを組み立てなおし、心性の常に変わることのないレベルに、ないし、不完全にしかキリスト教化されることのなかった農村社会の世界観のきわめて緩慢な変化というレベルに、到達しなければならない。こうした作業を通じてわれわれは、農村の魔術を定義しうるであろう。魔術が発展したのは、この農村社会のかたすみにおいてではなく、そのただなかにおいてであった。それは何よりも、ジャン・ドリュモーがながらく研究してきた、「土俗化された」民衆のキリスト教の、一つの要素であった(75)。異教への回帰や非キリスト教的な要素と抗争しながら、苦渋の果てに農村の世界に浸透した、このうわべだけのキリスト教は、だが「無知」な大衆の生活の中に生きていた(76)。しかしそれを目にしたとき、司教や説教者、その他キリスト教のエリートたちは、それを魔術として考えた。西ヨーロッパを舞台に争いを重ねるなかで、農村の「呪術的世界」に接触したプロテスタント、カトリック双方はともに、ますますそれを魔術と考えるようになった。エラスムスもルターも、「呪術的世界」のもつ迷信的な傾向にもかかわらず、あるいはまたイエズス会士たちも、「呪術的世界」には震えあがったのである。

比較

アフリカにおける異教とキリスト教の混淆現象と比較することによって、エリートの反応と大衆の反応は、よりはっきりしてくることに注目しよう。たとえば、ジョルジュ・バランディエの研究した、昔のコンゴ王国には、キリスト教は十五世紀末にポルトガル人によって導入された。アルフォンソ一世（一五〇六—一五四三）の時代においては、「ごく僅かの」原住民がキリスト教に心動かされてはいたものの、大多数の住民にとって、キリスト教の「典礼、象徴、教会および信徒組織は、模倣の機会を提供するものではあっても、参加の動機をさして与えるものではなかった。キリスト教は、伝統的な慣行と結合しうるかぎりにおいてのみ、持続的な痕跡を留めることができた」。混淆の状態は徐々に洗練されていく。だが、もしコンゴの住民の日常生活が、十六世紀の初頭からキリスト教の刻印を帯びていたとしても、それは、人びとがキリスト教を「みずからの必要、みずからの論理の規準に従って同化しうる」かぎりにおいてであった。十字架にかけられたキリストの像や聖人の影像は、多産と豊饒をもたらすものとして使われ、十字架は住居と個人の安全をはかる呪術に用いられた。「十分には根づかず、常に脅威にさらされていたキリスト教のかたわらで、伝統的な宗教的多元性と礼拝の混淆が、十六世紀以降のコンゴの人びとの宗教生活を支配した」。民衆の知は、直接的な効験という側面を保存するのである。その点で、G・バランディエは、「ンガンガ」すなわち、治癒の秘術を有し、天然の薬物についての心得があり、なかんずく、それらを、不幸の原因となる正体不明の力を排除する儀礼のなかに統合することのできる、「司祭、医師、外科医、女司祭」の重要性を指摘している。「崇拝される物神《フェティシュ》」が、日常生活のなかで大きな役割を果たす。かくかくしかじかの、ごく小さな局部にそれを用いて、かれらは「喀血、背中の痛み、痙攣、神経系統の疾病そして狂気」を治癒する。[77] これは、同じ時代のヨーロッパでの、村の魔術使いや聖遺物、そして治癒の聖人像の流行を想い起こさせずにはおかない。だが類似は、たぶん表面的なものにすぎないであろう。この点を明らかにしうるものは、十六世紀のヨーロッパ人と、他の、たとえばコンゴの人びとの、それぞれの心性の表象行為に関する比較研究のみであろう。[78] そしてその研究は、もち込まれたキリスト教と、それを受け取った「伝統的」文化の、それぞれが蒙った、相互的な変形作用を明らかにするであろう。ヨーロッパに限っていえば、その研究はおそらく、人間存在とその世界との関わりについて民衆が抱いた、自然と超自然に関する諸観念の分析を、可能にするはずである。

魔術と民衆文化

十六世紀ヨーロッパにおける魔術は、たぶん農村の民衆諸階層の日常的な生活体験の一要素として考えたほうがよいに違いない。これに関する研究の第一歩を踏み出したのは、一五七五年から一六五〇年までのフリウーリ地方の「ベナンダンティ」を研究した、カルロ・ギンツブルグであった。かれは主として裁判記録を利用したのだが、この一帯は、一六二〇年以降でさえ、魔術使いに対する拷問が行なわれなかったところであった。したがって被告は、自発的に自己の行為を語っていると考えられるのである。さて、ジンツブルグの記述する魔術は、たぶんキリスト教以前の多産の儀礼として要約できるものである。それは、夜間、モロコシの棒を携えた魔術使いの一団と、ウイキョウの笞を持った「ベナンダンティ」との間で行なわれる、現実の、あるいは空想上の儀礼的戦闘である。(79)われわれにとって本源的であると思われるのは、「ベナンダンティ」すなわち誕生のときの羊膜を保存し、それを護符のように首からぶら下げて持っている人びとが、魔術使いに移行するという記述である。なんと一六三四年には、「ベナンダンティ」の一人が魔術使いの夜宴《サバト》に参加した旨を「告白」する！

宗教裁判所は、これらの、十分にキリスト教化されていなかった農民をうまくしむけて、魔術使いであると自認させた、ということだったのではないだろうか。この仮説は、私には正しく思える。だが魔術と土俗化されたキリスト教、そして異教の関係を明確にするためには、なお多くの研究が必要である。(80)現在のわれわれの知見からすれば、十六世紀初頭の農村の魔術について調べてみても、歴史家にできることといえば、せいぜいのところ、呪術とうわべだけのキリスト教の浸み込んだ「民衆文化」の基本的な若干の特徴を定義すること程度にすぎない。しかも、そうできるのは、征服者たるキリスト教の文化との対比においてにすぎない。実際、十六世紀前半のフランス社会に、あるいはもっと簡単にフランドルとアルトワの社会に、ただひとつの価値体系だけが、すなわち、ただひとつの「エトス」だけが存在したとすべきか否か、われわれは考えてみてもよいのである。あるいは逆に、なお漠然としたものであったとしても、対抗する二つの世界観が向かいあっていたのではないだろうか、と。

この問いに対して、ひとつの社会内部の諸価値に関するクラックホーンとストロトベックの、あるいはタルコット・パースンズの分析の枠組みを用いて解答することは困難であろう。これらの枠組みはあまりに理論的でありすぎるし、また一つの社会内部に存在する二つの系列の微妙な差異を把握するには、あまりに一般的でありすぎる。(81)この結果、私としては、歴史家と社会学者の接触があまりにもなさすぎることを嘆きながら、「伝道師」の世界観と、十分にキリスト教化されていない大衆の世界観との、対抗的な諸特徴を経験的に明らかにするだけで満足せざるをえない。この対抗的関係は、民衆の慣行と行動を否定し、論駁し、断罪するために聖職者が記した報告から、引き出しうるであろう。

八世紀に、聖ボニファティウスは、以下を悪魔の業《ワザ》として列挙している。すなわち、「媚薬を使ってまじなうこと。呪文。妖術。吸血鬼や狼男を信じること。堕胎。自分の領主に服従しないこと。護符を携えること」(82)。

一四五四年頃のアミアン司教区会議の条令も、これに近い禁止項目を定めている。「第七項。占い、のろい、妖術は、それらが、夢、卜占、もしくは、これに類する如何なる迷信的な手段によるものであれ、あるいはまた祈禱によるものであれ、はたまた、まじない、または護符と呼ばれる誓いによるものであれ、さらになお、それらが如何なる帰依者、もしくは信奉者のうちにあるものであれ、それらはわれらの都市および教区のすべての信徒によって、断罪されるものであって、それらが遵奉され、あるいは実施され、さらには信を受けるがごときは、われらの断然、禁ずるところである」(83)。

これらの文書や、さらに多くの類似の文書は、悪という観念に対置して、キリスト教的価値を定義している。もしわれわれが、それ自体キリスト教的なものである悪というこの概念から逃れでて、教会が排除しようとしたものを、非キリスト教的な価値、すなわち異質の世界観の要素とみなすならば、すでにキリスト教の世界観によって相当に汚染されたものであったとしても、独自の「民衆文化」を概略的な相貌において捉えることが可能となるであろう。

さて、ジャン・ティンクトリスは『ワルド派弾劾』と題する著作のなかで、「悪魔が現実に、まことのところ、なしうることがらとなしえないことがら」を列挙しているが、これによってかれはたぶん、この時代の人びとの基本的な通念のいくつかをわれわれに示してくれる(84)。

「悪魔がなしうること」

―蛇を出現させること、
―雨、風、雷鳴、嵐を起こすこと、
―人を空中に持ち上げ、「空を翔ぶがごとくする」こと、
―錠前をはじきとばし、箱のうちに容れられたるものを持ち出すこと、
―人をそそのかすこと。

「悪魔がなしえぬこと」

―「季節の移り変わり」に手を出すこと、
―人を動物に変え、またある動物を他の動物に変えること、
―「閉じ込められたところにある」身体を運び出すこと、
―「身体に生命を吹き込む」こと。

ジャン・ティンクトリスは、正しいと思われる通念と誤まった通念とを対置させることによって、十五世紀の民衆の通念の集積のなかで、おそらく選別作業を行なったのである。かれが斥けた事項は、どれも呪術の世界観に属するものであったと考えることができる。それは、神の息吹きに満ちた自然に、人間を服従させようとする精神に特徴づけられたものであり、合理主義が持ち込まれていない世界においては、なんら異常とは言えないものである。あらゆるものが、神あるいは悪魔という、自然を超えた力の介在によって説明可能とされる。ティンクトリス自身にしても、こうした呪術的な観念から全面的にかけ離れていたとは思われない。というのも、この観念は部分的には、二十世紀のキリスト教とはまったく比較しようがないような類の、ある種のキリスト教のなかに、組み込まれていたのである。

結局、魔術が民衆の世界観の組成物の一つであることは判明したのであるが、その民衆の世界観の輪郭を正確につかむことは難しく、若干の大雑把な特徴がわかるにすぎない。それはすなわち、農村世界における民衆的な心性の存続とその重さ、そしてその変化の緩慢さである。十六世紀の初め、西ヨーロッパの大多数の人びとは、修道士

や神学者、はては都市の住民のキリスト教とは別のキリスト教のうちに生きていた。この多数派のなかには、農村部の司祭たちも含まれている。かれらは、おのれの牧する信徒たちと同じ程度に無学であり、また何よりも同じ環境によって烙印を押されていた。キリスト教的信仰の諸要素は、こうした位相の文明に生じた渦のなかを、緩やかに浸透していく。だが、この文明は、キリスト教的信仰を自分のイメージに合わせもしたのであって、たとえば、十五世紀の人びとは聖母マリアへの信仰のなかでとりわけ保護者としての側面を強調したが、それは、ペストの攻撃を阻止する大いなるマントとしての役割を期待するものであった。このモティフは、エリートの位相にすら伝播した。たとえば、絵画のうちにこれを見ることができる。

生活のリズムは、この世界では非常に緩慢であった。そして、キリスト教、古代の異教、魔術がともに、このるつぼのなかで溶け合っていた。ところが一五五〇年から一五七〇年頃にかけて、この世界とキリスト教エリートの世界の歯車のずれは、以前にもまして明瞭になる。再構築され、再編成され征服の途についた、教会の伝道への熱意は、二つの文化の荒々しい衝突と不断の接触をもたらした。この衝撃に対して、民衆文化は、巨大な力を発揮して受け身の抵抗を行なう以外にはなかった。だが、神の世が近づいた、との信念のもとに、自己の任務の重要性に燃え立ったカトリック、プロテスタント両教会の伝道者は、この抵抗になおさら激昂したのであった。十六世紀末から十七世紀いっぱい、ことにフランスでは、人びとを一定の枠のなかに導こうとする、両教会のすさまじい努力が見られた。そこで問題とされたのは、大衆の文化的水準を引き上げ、大衆の「粗雑な」宗教感情を、ますます洗練されつつあったエリートのそれに合致させることであった。

にもかかわらず、その努力も、魔術、もしくは民衆文化の、すべての痕跡を消し去るに十分なものではなかった。根本を絶ち切られ、民衆のうちですら意味の忘れられた民俗的な生き残りとしてであれ、今日においてなお、たとえばパ＝ド＝カレ県でのように、存在している。すなわちそこでは、不思議な話や占いが流行し、あるいは雷鳴を聞いて、「悪魔が、その妻を殴っている」のだと信ずること……が続いている。たしかに今日、われわれはこうした位相の文化——文化という言葉は文字をもつ文明のためにだけ使われるわけではない——からも、そしてまた原初的な世界観からも遠く隔たったところにいる。その文化は、過去においてであれ、現代においてであれ、伝道者の観点からは原始的なものであろう。だが、それは十六世紀の民衆の環境の中で生きていたのである！

魔術狩り＝心性の変化の指標？

以上のような理由から、魔術に関する、というよりもむしろ、魔術という諸現象に関する、あらゆる判断には、微妙なニュアンスが与えられなければならない。聖職者や裁判官、あるいはおそらく端的に言って都市の人びとの見た魔術使いは、貧困と無知、言うまでもなく聖書に関する無知、の子であった(85)。魔術使いたちは、ひと気のない場所や山のなか、教会から離れた集落や小村落を徘徊するものであった(86)。だが、十六、十七世紀の証人の手による誹謗に満ちた記述から、可能なかぎり汲み取った魔術は、二十世紀の歴史家にとって、これとは違う次元に位置づけられる。それは「何人といえども覆すことのできない、長期的持続のうちにある慣行」のなかに組み込まれたものであった(87)。事実、村の魔術使いは「里の名士」であり、病いを癒し、「あまり多くの霊感を受けていない悪魔の手先の行為に対して」共同体を保護した、とロベール・マンドルーは言っている(88)。もっと簡単に言えば、その世界に満ち充ちていた、現実の、あるいは空想上の危険に対して、ということになろう。そしてこの点から言えば、十六世紀には、農村部では、そしてしばしば都市部においてすら、誰もがいささかは魔術使いなのであった。誰もが「逃避」や「不安に対する代償行為」を求め、自分を安心させ、世界を意のままにする白昼夢を追い求めた。こうしてみると、われわれは、十七世紀、メルキュール・フランセが「薔薇十字団」に関して感嘆をこめて言った、

「かれらは飢え、渇き、老衰、病い、その他の不愉快から免れている」という定式を、魔術使いとその一党にあてはめてもいいのではないだろうか。実際、私には、魔術とは、日常生活のなかのおそれを克服しようとする努力の表象であったように思われる。そして魔術使《サ》い《バ》の夜宴《ト》の儀式は、——だが、十六世紀に本当に行なわれていたのだろうか?——「壮大な幻覚の手段」であった。[89]

「おそれと苦悩の厳粛性」[90]に満ちた世界は、こうして克服され、たぶん異議を申し立てられ、否定されさえした。その理由は、ル=ロワ=ラデュリによれば、夢は、蜂起と魔術の特徴である「転倒の図式」によって持続されうるからである。すなわち、ここで問題になるのは、「世界をさかしまにする」[91]ことであり、したがって、サバトの儀式の間続く、ミサのパロディは、そこから由来するのである。中世における民俗慣行では、道化祭りや阿呆祭り、あるいはロバ祭りが、夢想状態のなかで、抑圧から感情を解放させ爆発させるこうした作用を果たしていたことを、記しておこう。公的な禁止やタブーは、祭典のなかでは消え失せる。そして笑いが支配し、神秘的な恐怖や、とくに日常生活のなかの、教会から押し付けられた道徳的な恐怖を克服させる。[92]

だが、なおこれらのすべての説明も、一五五〇年から一五七〇年にかけて、突然の断絶がやってくるということを納得させるわけではない。このとき、魔術使いに対する迫害は、酸鼻をきわめたものとなる。「歳月の底深くから、また魂の奥深くから湧き出る、正真正銘の田園的イデオロギーの精気」[93]によって育まれた魔術が、十六世紀の半ばに、根本的に変質した、とはほとんど考えられない。これに反して、裁判官と教会の側の魔術使いの扱い方は、この頃変化したように思われる。魔術使いに対する憎悪の爆発は、個人的なレベルでは、たぶん次のように説明されるであろう。すなわち、裁判官における潜在的な攻撃性の存在。そして、若干の心理学者が、生についての本能的直観と死に対する本能的直観の間の不断の動揺という言いかたで説明する、病的というより、むしろ正常な、あらゆる人間のうちに見出だされる不安の存在[94]によって。だが、この攻撃性の社会的な表現、すなわち、それがある一つの生贄の山羊に向けられた、という事実は、集団心性の変容を推測させる。

魔女狩りと、十六世紀の個人主義の進展を、たぶん関連づけることができるのではないだろうか。ジョン・ギリセン(95)は、昔のベルギー法体系における、慣習から法律へと優劣が転換する時点を、十六世紀においている。かれの説明によれば、十六世紀における個人の解放によって、新たに安全の保障という要請が生まれ、これによって慣習の衰退と法律の発達がもたらされたのである。この点はロベール・マンドルーの観察に結びつく。すなわち、ありとあらゆる形態のもとに、あまねく存在するおそれは、神経過敏な気質に働きかけ、「共同体全員による儀礼的犯罪行為」にまで導く(96)。まして教養ある人士、ジャン・ボダンのような、――そして異端審問官たちのような――農村社会の基本的な連帯関係との接触をあらかた失った人びとは、偏執狂的な悪魔マニアとなることで、心理的抑圧から解放され、おそれを除去したのである。

というのは、田園の世界は、悪魔マニアの人びとにとって別の世界となりつつあり、そこにある民衆の文化は目に入らず、それを斟酌することなしに、自己の心性に基づく諸範疇をあてはめようとしたのであった。バフチーンは正当にも、プレイアード派の時代*にはもはや民衆の笑いが見られず、ラブレー風の笑い、すなわちおそれと公式の厳粛さに対する勝利としての、「社会的・全民衆的感覚」(97)を理解しなくなった、と記している。民衆の笑い、祭りにおける笑いの地位の低下は、まごうかたなく、古い世界の崩壊と民衆の集団的心性の崩壊に対応するものであった(98)。実のところ、この崩壊現象は、十六世紀中葉を分水嶺として、今日までゆるやかに続いている。たしかに民衆の民俗慣行のなかには、硬直化させられた伝統の、脈絡を欠いた痕跡や、消え失せた「野性の思考」の残骸が、表わされている。十六世紀に生まれつつあった、そしてさまざまの領域に人類の「進歩」を搬入した、新しい世界――キリスト教化、資本主義、国家、等々……――は、もはや魔術に対して好意的ではない。というのは、魔術

*Pléiade. 十六世紀後半、フランス・ルネサンス期に活躍したロンサールらを中心とした詩人たちをさす。

は、動かざる、ないしはほとんど動かざる世界を前提とするものであり、呪術的信仰を基礎とする民衆の心性、また多様な形態のもとに常に存在するおそれの支配する、そのような世界への根づき、これらを前提とするものだからなのである。魔術使いに対する迫害、すなわち大衆のキリスト教化という仕事も、この一側面だけに収斂しうるものではないとしても、このおそれを克服するための手段であったことは、明らかであろう。

図式的要約

数ページにわたって延々と書くよりは、大雑把で不完全な図式的要約のほうが、十六世紀の魔術に関する私の考えを、最終的には適確に示しうるかもしれない。すなわち、一方には、悪魔マニアたちの考える、そしてしばしばかれらがグロテスクな脚色によって飾り立てた魔術がある。他方には、十六世紀半ばまでの、大衆が生きるなかにあった魔術、その後、発展の環境から切り離され、「脈絡の欠落した」習俗という状態で、部分的にはまだ大衆の生きるなかにある魔術、だが徐々に大衆によってすら悪魔マニアたちの教え込んだ罪悪感をもって、考えられるものとなってしまった魔術がある。

一五五〇年から一五七〇年にかけての時期以前においては、大衆のキリスト教と「民衆の」魔術は、同一の「呪術的世界」に属するものであり、これらを区別したのはキリスト教エリートのレベルにおいてだけであった。キリスト教エリートは、大衆にとっては生きられる現実であるものを、思考の対象とし、そうすることによってこれを歪曲するのだが、かれらは民衆のキリスト教を、非常に不完全ではあるが、完全な状態にまで導きうるものとみなし、(迷信や、とくに異端と並んで断罪しなければならない)魔術とは明らかに異なるもの、と考えていた。

十六世紀半ば以降、とくに十七世紀、エリートと大衆、それぞれのキリスト教のイメージは、各々にとって、二つの別の位相に分離してしまう。(一方にとっては聖人や信心深い人びとのそれであり、他方にとっては、ごく普通のキリスト教徒大衆のそれである。）それらは、かくあらんときわめてはっきりと考えられたキリスト教となる。迷信や異端そして不完全なキリスト教は、魂の征服というすさまじい努力によって撃退され、根本的に卑しいものとされてしまう。

キリスト教エリートは、しだいにキリスト教化された大衆をみずからの側に引き寄せ、大衆が持っていた独自の民衆文化の深い根との接触を失わせ、そして、その文化を検閲し、否認する。魔術は、大衆にとっても徐々に生きるものではなくなり、悪魔マニアから提供された心性の装置を用いて、しだいに否定的に考えるべき対象になり、そしてますます、外部から入り込んできた有害なものとして、排除されてゆく。「専門家」としてのまじない師——治癒師、すなわち父子相伝による秘術の所有者のみが、民衆の魔術を生き続け、農民大衆を相手に実行し続ける。とはいえ、その農民も、もはやその魔術に内在する脈絡を理解しない。だから、そこに緊張状態があるとしても、農民大衆によって、それと明白に知覚されることはなくなった。農民たちは、ありがたみの少なくなった呪術の実施に相変わらず救いを求めはしたが、それは退潮にあったとはいえ、民衆文化の千年の重みのゆえであった。他方、悪魔マニアの人びとと聖職者たちは、いまや民俗慣行と化した、この文化の痕跡や残骸を悪魔の罠の最悪のものであるとみなすことを、農民大衆に教え込んだ。戦争や飢饉のとき、あるいは人であれ動物であれ、奇妙な死を遂げたときには、魔術使いを火刑に処すること、それはもはや裁判官のみのものではなく、共同体全体にとっての心理的解放にほかならなかった。

さしあたりの結論

緩慢なリズムをもって、たえず「変容しながらも、完成されきってしまうことのない世界」、すなわち、「完成さ

れ、権威主義的で、ドグマティックな時代[99]」を迎えることのない、ある世界が、こうして、十六世紀なかば以降、ゆっくりと消滅していったように思われる。それは要するに西ヨーロッパの民衆文化の世界であった。あるいは、それはただフランスだけのものであったかもしれず、さらに、もっと狭くフランドルとアルトワだけのものであったのかもしれないが……。

私が主張してきたように、魔術を民衆文化の一構成要素として研究するには、すでに確認したように、方法論上の多大の配慮が必要である。もっとも、配慮したからといって、歴史家の側の主観的解釈という危険を、たいして除去することにはならないのだが。であるから私は、結論の代わりとして、一五二五年に一揆を起こしたシュヴァーベンの農民たちの言葉を借りてこようと思う。これらの農民は、私がここに記そうとしてきた、未完成で力強さに充ち、開放的な、要するに型にはまらない世界に属していることを、意識していた。それはつぎのような言葉である。「(私たちの作った十二カ条のうち)、(神の)御言葉とうまく合わないことが判明する条項は、捨てさることを、私たちはよろこんで受け入れましょう。[100]」

私は、あまりにもわずかな痕跡だけしか残されていない一つの世界を、部分的に描こうと試みたわけだが、それがおそらく偏りのあるものとなったであろうことに、私自身気が付いている。私はこれまでに記した見解が決定的なものであるなどとは思っていないから、いまあげた農民たちとまったく同じように、いつでも書き直しを承諾するつもりでいる。[101]

原注

*この論文は、リール第三大学中世史担当助手ベルナール・デルメール、および同大学学長ピエール・デイヨンに多くを負っている。両氏は草稿に目を通し、多くの批判と助言を与えてくれた。これにより、本論文は幾多の点について修正されることになった。両氏の寄せられた激励に厚く感謝する。私はまた、リール第三大学現代史担当助手ジャン＝ピエール・クレティアンにも謝意を表したい。氏は、アフリカの魔

術についての知識によって援助を与えてくれた。最後に、私は、パリ第一大学教授、兼高等学術研究院第六部門（＝現・社会科学高等研究院＝訳者注）研究指導員ジャン・ドリュモーを忘れるわけにはいかない。氏は三年前より、私が本論文で扱う諸問題に注意を喚起してくれた。ことに本論文第一部は、氏によって示唆されたいくつかの項目に関する調査を、一地域の規模で行なったものである。

しかしいうまでもなく、以下に表明される諸見解について、全責任は私が負うものである。

（1） *Le Nouveau Commerce*, n° 17, automne 1970, pp. 107–133. は、「異端審問官提要」を掲載している。これは、ニコラ・エメリックの提要（十四世紀）を一七六二年に仏訳したものである。

（2） このテーマに関する最近の業績は以下の通り。Robert MANDROU, *Magistrats et sorciers en France au XVIIe siècle : Une analyse de psychologie historique*, Paris, 1968. Carlo GINZBURG, *I beneandanti. Ricerche sulla stregoneria e sui culti agrari tra Cinquecento e Seicento*, Turin, 1966. ヒュー・トレヴァ＝ローパーの *Encounter* 誌、一九六七年、六、七月に掲載された論文は *Religion, the Reformation and Social Change*, London, 1967. の中に再録され、さらに、以下の題名で再刊された。*The European Witch-Craze of the XVIth and XVIIth Centuries*, 1969.（索引付き）ペンギン・ブックス。私が参照したのは、この版である。E. William MONTER, *European Witchcraft*, New York, 1969.（魔術に関する最近の諸著作の抜粋に解説を付したアンソロジー）。Michel de CERTEAU, *La possession de Loudun*, Paris, 1970.（索引なし。文献目録、序文、註釈を付した、このテーマに関する資料集）。Maurice CAVEING, 'La fin des bûchers de sorcellerie : une révolution mentale', in *Raison Présente*, n° 10, avril-juin 1969, pp. 83–99. これは、ロベール・マンドルーの推察にかなり近い見解を述べ、十七世紀における「世界の観念の変化」（九七ページ）を論じているが、「この（魔術という）流行は説明しえないままである」ことを、認めざるをえない（九八ページ）としている。Pierre CHAUNU, 'Sur la fin des sorciers au XVIIe siècle'.（本訳書所収）は、農村の魔術に関する調査の手がかりを確立することを試みている。E. William MONTER, 'Trois historiens actuels de la sorcellerie', in *Bibl. d'Humanisme et Renaissance*, t. XXI, n° 1, 1969, pp. 205–213. は、ロベール・マンドル

ーが、魔術の現実という問題を避けていることに、遺憾の意を表明している（二一一ページ）。かれは、この現象を「内部から、すなわち農民の観点から」（二〇七ページ）検討する研究を期待している。

（3） J. PALOU, *La sorcellerie*, Paris, 1957. (Coll. Que sais-je?) は、ジュール・ミシュレの見解を採用している。J. MICHELET, *La Sorcière*. については、私はロベール・マンドルーが校訂した版を使用した。Paris, 1964, 356 p.

（4） Pierre CHAUNU, *art. cité.*, p. 905.

（5） Arnold VAN GENNEP, *Manuel de folklore français contemporain*, Paris. この記念碑的大作の第四巻（一九三八年刊）は、魔術および迷信にあてられている。（巻頭に文献目録、第三〇六〇番―第三七一九番）。
Paul SÉBILLOT, *Le folk-lore de France*, Paris, 4 vol., 1904-1907. この種の、貴重なデータを集録した――だが、稀にしか時代は記されていない――作品は、いまのところ、ほとんど近代史家の利用するところとなっていない。ジャン・ドリュモーが考えたのは、これを大幅に利用することであった。

（6） リール市立図書館（以下 B.M. Lille と略記）所蔵の二つの手稿本。(a)『シゾワン（ノール県、リール郡、シゾワン）の教区司祭説教集』登録番号、手稿本の部一四八番、（公共図書館綜合目録、各県の部、八ッ折本の部、第二十六巻、一八九七年刊、七八―七九ページ、第一〇五番）。四ッ折本、ページ番号二一五―四一四、目次の部分はページ番号B―G。B面に「修道士マテュ・デュ・クロケ、この書を記せり」の記載あり。この人物はシゾワン死亡者台帳（公共図書館綜合目録、二十六巻、手稿本の部第七〇番）に記載あり。五一―五二ページ「我らの上長、修道会会士、司祭マテュ・デュ・クロケ一五三三年みまかれり。」および、(b)『フランス語説教集』。匿名の作品。登録番号、手稿本の部、第一三一番（公共図書館綜合目録、二十六巻、七八―七九ページ、第一〇六番。この目録は、作者が、おそらくベテューヌ――パ＝ド＝カレ県、郡庁所在地――の住人であったとしている）。四ッ折本、一六四葉、ページ番号記載なし。美麗なゴチック書体で記されている。十六世紀前半のもの。数カ所にわたる言及（fos 37 v°, 43, 61 v°, 121……）から、作者はベテューヌの地方をよく知っており、ここで巡回説教を行なっていたことが判明する。集録されている説教は、この土地の人びとに向けられたのであろうか？
DE LA FONS-MELICOCQ, 'Les médecins et chirurgiens de la ville de Lille aux XVe et XVIe siècles'. in *Archives historiques et littéraires du Nord de la France et du Midi de la Belgique*, 3e série, tome 6,

1857, pp. 197–221. の考察では、この作者をフランシスコ会修道士エティエンヌ・ダラスと同定している。かれは何の典拠も示していないので、私は確認することができなかった。——実用的な観点から、私はこの論文の中に引用した、これらの文書の抜粋には、理解するうえに必要な、句読点およびアクセント符号を付しておいた。——この種の資料は方法論上の問題を喚起する。まさしくこの場合、民衆に向けられた説教が問題となっているにもかかわらず、それが民衆のキリスト教的体質の生理状態を完璧に示すとは言いきれない。実のところ、この文書が歴史家に示唆するのは、逸脱、迷信に関して、信徒に課せられた「最低限」の条件だったのではないか。だが、ベルナール・デルメールが、根拠をもって教示するところでは、「説教には、ある種のレトリックがあって、聴衆の信仰生活の中のもっとも好ましからざる側面を、しばしば強調することによって悔悛させようとした。」かれは、中世には、説教の例文集成があり、説教師はこの中から、主題と逸話を選んだ、と付け加える。とすれば、説教は、魔術に関して裁判官が記した文書と同じ弱点を示していよう。つまりこの場合、かれらは現実のできごとからまったく目をそらし、以前から存在する手本に頼っているということがありうるのである。B・デルメールはこの点について A. LECOY DE LA MARCHE, *La chaire française au Moyen Age, spécialement au XIIIe siècle*, Paris, 2e éd., 1866. および、優れた著作である、G. R. OWST, *Literature and Pulpit in Medieval England*, Oxford, 1966. を参照している。私はさらに以下を追加したい。J. BATANY, 'Paradigmes lexicaux et structures littéraires au Moyen Age', in *Revue d'Histoire littéraire de la France*, n° 5–6, 1970, pp. 819–835. この論文は、八一九ページで「説教は、文章作法の訓練をする、ほとんど唯一の作品であった」ことを明らかにしている。十四世紀に遡る、説教の主題の集成が存在することから、この点は裏付けられる。これはリール市立図書館に収蔵されている。(公立図書館綜合目録、第二十六巻、七九ページ、第一〇七番)。

(7) ガブリエル・ル＝ブラの後を継ぐ、宗教社会学「派」の一連の作業。ジャン・ドリュモーの諸著作、とくに、*Le catholicisme entre Luther et Voltaire*, Paris, 1972. この本の主要なポイントは、数年前から、高等学術研究院、第六部門のかれの演習で展開された。J・トゥセルの学位論文、*Le sentiment religieux en Flandre à la fin du Moyen Age*, Paris, 1963. など。

(8) 一例として、スイユ社から、一九六八年に出版の *Nouvelle Histoire de l'Eglise* の第三巻。本書は十六世紀に二五四ページを充てている。十六世紀末期に関する、

J・ル＝ブランの、こまやかなひだのある、非常に内容豊富な個所、二十二ページ分（二三二―二五四ページ）およびH・テュシュレの担当した、宗教改革以前の俗人の信仰に関する部分（四一―四二ページ）を別として、民衆レベルの宗教生活は、ほとんど何も書かれていない。この結果、テュシュレの担当した、最初の五章を読むかぎり、エリートのキリスト教以外は研究されておらず、また宗教改革は、もっぱらこのレベルにおいて達成されたかのごとき印象をもつことになる。もちろん、これはどうみても誤まっている。

（9）E. DELARUELLE, E. R. RABANDE, Paul OURLIAC, ***L'Eglise au temps du Grand Schisme et de la crise conciliaire*** (1378–1449), Paris, 1964, pp. 495–1231. (t. XIV. 2e partie de l'*Histoire de l'Eglise* de FLICHE et MARTIN) ドラリュエル師の担当した信仰生活に関する章はトゥセルの研究よりも含みがあり、優れている。J. DELUMEAU, *Naissance et affirmation de la Réforme*, Paris, 2e éd., 1968.

（10）Jean CHELINI, *Histoire religieuse de l'Occident médiéval*, Paris, 1968. を参照。この著者は民衆のレベルにまで迫ることを試み、ガブリエル・ル＝ブラの言う「宗教的側面から見たヨーロッパ中世の歴史社会学」的素描を行なっている。ル＝ブラは、著者に対して、作品にふさわしい賞讃の言葉を呈している。*Archives de Sociologie des religions*, n° 26, juil.-déc. 1968, pp. 151-156.

（11）B. M. LILLE, Ms. 131, fos 40 v° et 41. 聖職者の無知というテーマは、ほとんど独創的なものではない。デルメールが指摘してくれたところでは、このテーマは十五世紀の偉大な宗教改革者たち、たとえばジェルソン（一三六三年―一四六九年）、あるいはオリヴィエ・マイヤール（一四三〇年頃―一五〇二年頃）、ミシェル・ムノ（一四四〇年頃―一五一八年頃）などの説教師たちにとって、馴染みの深いものであった。ところで、これらの人びとの活動領域は、なかんづく都市部にかぎられていた。ということは、この現象のうちに、宗教面での都市と農村の乖離の端緒があったのではないだろうか。つまり農村は十六世紀の初頭まで、ある程度まで切り離された小宇宙を形成しており、他方、都市では、人びとはキリスト教的道徳に対し、また罪の観念に対し、そして神学に対してすら、より一層の感受性を持つに至っていたのではなかろうか。（きわめて確実なところ、この感受性にも、多様な段階がともなわれていたのであるが）。これらの問題を、部分的にであれ、解明するのに役立ちうる、ほとんど利用されていない資料がある。すなわち聖職者会議決議集である。この論文を作成するにあたって、これは利用していない。 cf. André ARTONNE et al., *Répertoire des statuts synodaux des diocèses de l'ancienne France du XIIIe à la fin du XVIIIe siècle*, Paris, 1963.

(12) *Ibid.*, f° 76 v°.

(13) André GODIN, 'La société au XVIe siècle, vue par J. Glapion (1460?–1522), frère mineur, confesseur de Charles Quint', in *Revue du Nord*, juil.-sept. 1964, pp. 341–370 ; p. 365.

(14) *Ibid.*, p. 365.

(15) B. M. Lille, Ms. 131, f°s 58 v° et 59.

(16) *Ibid.*, f° 59.

(17) J. TOUSSAERT, *op. cit.*, p. 172. ただし、一般化することは不当であろう。フランドルについてもある程度の差異が考慮されなければならず、いわんや、ヨーロッパについては、言うまでもない。

(18) A. GODIN, *art. cit.*, p. 265. に引用されている。

(19) B. M. Lille, Ms. 131, f° 156.

(20) *Ibid.*, f° 59 v°.

(21) *Ibid.*, f° 128.

(22) *Nouvelle Histoire de l'Eglise*, t. III, *Réforme et Contre-Réforme* 'op. cit., p. 246.

(23) Léopold GÉNICOT, *Le XIIIe siècle européen*, Paris, 1968. の二八三—二八四ページ参照。「天国よりは地獄に関心の向けられた」宗教（二八四ページ）。また *Satan*, Etudes Carmélitaines, Paris 1948. 三五二—三八五ページ所収のE・ブルーストの論考 Civilisation chrétienne du XVIe siècle devant le problème satanique. および前掲のJ・ドリュモー、ル＝ブランの研究 (in *Nouvelle Histoire de l'Eglise*, t. III) も参照。

(24) A. TENENTI, *La vie et la mort à travers l'art du XVIe siècle*, Paris, 1952. および Jean PALOU, *La peur dans l'histoire*, Paris, 1958. André CORVISIER, 'La représentation de la société dans les danses des morts du XVe au XVIIIe siècle', in *R. H. M. C.*, oct.–déc. 1969, pp. 489–539. 死の舞踏に関する文書および絵画（十五—十八世紀）の主要出版目録あり（五三九ページ）。

(25) Paul FREDERICQ, *Corpus documentorum Inquisitionis haereticae pravitatis Neerlandicae*, Gand—La Haye, 3 tomes : t. II (*1077–1518*), 1896. 二七一ページ、資料一六五番（一四七七年、パリ国立図書館 Z 一三六五）から引用。

(26) H. BRABANT, 'L'homme malade dans la société de la Renaissance,' in *Individu et société à la Renaissance*, Paris, 1967, p. 260.

(27) *Ibid.*, p. 264.

(28) ‘Chroniques des Pays-Bas, de France, d’Angleterre et de Tournai’ (anonymes), in DE SMET, *Corpus Chronicorum Flandriue* t. III, Bruxelles, 1856, pp. 115–569 et p. 333 ; L. TORFS, *Fastes des calamités publiques survenues dans les Pays-Bas et particulièrement en Belgique depuis les temps les plus reculés*, Tournai-Paris, 1859, 2 vol.

(29) E. CAPLET, *La peste à Lille au XVII*^{e} *siècle*, Lille, 1898, p. 39. リール市当局は「われらの寛大なる創造主なる神の怒りを鎮めるために」ダンスを禁止した。

(30) B. M. Lille, Ms. 148, f° 217 v°

(31) *Ibid.*, f° 223 v°

(32) *Ibid.*, f° 217 v°

(33) B. M. Lille, Ms. 131. 抽出調査は、後半の十の説教(f°s 87–162)について行なった。「悪魔」は以下の各葉に記されている。f°s 88, 92, 106 v°(二回)、107(二回)、126(二回)、129 v°, 131 v°, 132(二回)、133, 137 v°(二回)、138(五回)、138 v°(五回)、「悪魔たち」f^{os} **96, 97, 98 v°**, 106 v°, 107, 117 v°, 118 v°, 131, 134.「悪魔の業《ワザ》」f°s 123 v°, 132, 139, 140. 著者はまず、神の掟についての無知、および洗礼について語り(f°s 87–112 v°)ついで、第一戒について説く(f°s 113–149 v°)。最後の二つの説教では第二戒を扱う(f°s 150–162 v°)。この簡単な調査で、私は満足しているわけではない。これは単なる、小手試しにすぎない。あらゆる種類の主観的判断を回避するためには、ひとつのあるテーマを選択するのではなく、コンピュータのたすけをかりて、文章についての予見をもたずに、言葉の網羅的な索引を作成して調査すべきであろう。ついで、コンピュータによって、アルファベット順の語彙表をもとに、語の使用箇所、使用頻度、相関関係を提示する。「悪魔」というテーマが、あるいは主要なものではなかったとしたら、どうであろうか。その場合、研究者の立てた予想は、むしろ、研究者本人の心理状態に関する、何らかの手がかりを与えるものであるに違いない。

意味論的方法の歴史学への応用は、多くの論文が扱っている。そのうち、M. TOURNIER et al., ‘Le vocabulaire de la Révolution, pour un inventaire systématique des textes’, in *Annales historiques de la Révolution française*, n° 195, janv.–mars 1969, pp. 109–124. また A. DUPRONT, *Langage et histoire*, Rapport au XIIIe Congrès international des sciences historiques, Moscou, 1970. さらに、*Revue d’Histoire littéraire de la France* の特集号『方法論』一九七〇年十一十二月、五一六号所収J・プルーストのコンピュータの用法に関する論考(七九八一八〇九ページ)およびC・デュシェ

とM・ローネーの、歴史学および文学批評への語彙論の応用に関する論考（八一〇―八一八ページ）を参照。

（34） cf. Raoul ALLIER, *Magie et religion*, Paris.

（35） Robert-Léon WAGNER, *“Sorcier” et “magicien”. Contribution à l'histoire du vocabulaire de la magie*, Paris, 1939.（学位論文への補助論文）。この言葉と「年寄り、意地の悪さ、汚らしさ」との結びつき（一四六ページ）は、おそらく十三世紀以降のものであろうか。ワグネルは「マジー」（この言葉は、かれによれば、十五世紀末に出現する。二六ページ）の観念を確定しようと試みるが、実際には、錬金術、占星術などを中心とする、より高級な、思考の形態が扱われる。だが、「マジー」という言葉の元祖にあたる「ソルセルリー」（＝魔術）という言葉を研究することによって、かれはわれわれの領域に入ってくる。かれの著書は、洗練されている点において、また教養と知性という点において模範的であり、魔術と宗教に関する貴重な情報に満ちている。

（36） ラテン語原文及び訳文は、Ch. M. de LA RONCIÈRE, Robert DELORT, Michel ROUCHE, *L'Europe au Moyen Age*, t. I, *395–888*, Paris, doc. 49, pp. 110–111.

（37） 訳文は、Cyrille VOGEL, *Le pécheur et la pénitence au Moyen Age*, Paris, 1969, pp. 87–113.

（38） R.-L. WAGNER, *op. cit.*, p. 57.

（39） 新しい迷信の一例として、新生児に棒杭をむすぶこと。C. VOGEL, *op. cit.*, p. 110.

（40） R.-L. WAGNER, *op. cit.*, p. 62.

（41） Paul FREDERICQ, *Corpus*, *op. cit.*, 3 tomes : t. I (1025–1520), 1899 ; t. II (1077–1518), 1896 ; t. III (1236–1513), 1906.（オランダ語による註解つき）。

（42） Paul BEUZART, *Les hérésies pendant le Moyen Age et la Réforme, jusqu'à la mort de Philippe II (1598) dans la région de Douai, d'Arras et au pays de l'Alleu*, Paris, 1912. これは、プロテスタントの観点から書かれている。著者は、多くの証拠書類を提示しているが、この種の異端の歴史、なかんづくアラスのワルド派については、いまのところ、フランスでは厳密な研究が行なわれていない。

（43） H. C. LEA, *Histoire de l'Inquisition au Moyen Age*, Paris, 3 vol., 1901–1902. を参照（索引あり。英語からの仏訳）。ことに第三巻五八九ページ以降。および H. TREVOR-ROPER, *op. cit.*, pp. 24 et ss.

（44） とくに社会の上層のレベルにおける宗教上の危機については、ホイジンガが記している。HUIZINGA, *Le déclin du Moyen Age*, Paris, rééd. en 1967. また、J. DELUMEAU, *La Civilisation de la Renaissance*, Paris,

1967. を参照。著者は、事実上、一三二〇年から一六二〇年に至る期間について、感嘆すべき綜合を行なっている。だが、むしろ西ヨーロッパのエリート知識人レベルについて、また、この時代のダイナミズムを中心に扱っている。

(45) Mikhaïl BAKHTINE, *L'œuvre de François Rabelais et la culture populaire au Moyen Age et sous la Renaissance*, Paris, 1970.（ロシア語よりの仏訳）ラブレーが、民衆文化の表出に対してすこぶる好意的であったことを、いまさら記しておく必要があろうか。かれは、魔術使いについて語る司祭の厳しさをもって民衆文化を判断するようなことは、しなかった。

(46) Marcel MAUSS, *Sociologie et anthropologie*, Paris, 1950, p. 16. 同書は、クロード・レヴィ＝ストロースの序文付き。この論集は、一九〇二年から一九三四年までの論文を含んでいる。「呪術の一般理論の素描」は一九〇二―一九〇三年にH・ユベールの協力を得て執筆された。

(47) *Ibid*., introduction, p. XLV et p. 131.

(48) 紡錘竿の福音書、VAN GENNEP, *op. cit*., t. I-4, p. 1991. からの引用。

(49) MAUSS, *op. cit*., pp. 66, 64 et 63 からの抜粋引用。

(50) B. M. Lille, Ms. 131, f° 126.

(51) *Ibid*., f° 123 v°.

(52) *Ibid*., f°s 131 v° et 132.「それ」（それをまず二つ食べ……）が何を意味するか、不詳（ミュシャンブレ）。

(53) Roger BERGER, *Le nécrologe de la confrérie des jongleurs d'Arras* (1194-1361), *Introduction*, Arras, 1970. 証拠資料、地図、図表、挿絵入り。（パ＝ド＝カレ県歴史記念物委員会報告集、第十三巻）同書は、アラスにおける以下の如き通念を報告している。すなわち、聖壇のロウソクの蜜蝋もしくは宝石を水の中に入れ、聖霊降臨の祝日に燃やすことによって壊疽性麦角中毒が治癒する。これは伝承によれば一一〇五年に遡るとされているが、間違いなく、これよりも遅く、十二世紀の末期ないし十三世紀初頭のものである（三九―四一ページ）。

(54) A. GODIN, *art. cit*., p. 353. による引用。「魔術使い、魔女に対して、また、占い師、女占い師のもとへ赴く者に対して」。

(55) B. M. Lille, Ms. 131, f°s 137 v° et 138.

(56) A. GODIN, *art. cit*., p.354. による引用。

(57) B. M. Lille, Ms. 131, f°s 138 v° et 139.

(58) B. M. Lille, Ms. 148, f° 225 v°. 傍点はミュシャンブレのもの。

(59) フランドルおよびアルトワに関しては、P. VILETTE,

La sorcellerie dans le Nord de la France du milieu du XVe siècle à la fin du XVIIIe siècle, Lille, Faculté Catholique, 1956. (これについて、トゥセルの書評、*Revue du Nord*, 1957, pp. 87–88.) およびトレナールの指導のもとに作成された修業論文(タイプ版)、Michelle PROTIN, *La sorcellerie en Flandre gallicane, 1581–1708*, Lille, 1963. (文献目録、索引、図表、挿絵付き) に譲る。十六世紀・十七世紀ヨーロッパの魔術に関する最良のまとめは、多くの点で異論はありうるが、トレヴァ=ローパーの前掲書である(これについての書評は、E. William MONTER, in *Bibl. d'Hum. et Renaissance*, 1969, n° 1, pp. 207–210.)

(60) M. FOUCAULT, *Histoire de la folie à l'âge classique*, éd. abrégée, Paris, 1964. (Coll. 10/18), p. 28.

(61) *Ibid.*, p. 22.

(62) *Ibid.*, pp. 13 et ss.

(63) *Ibid.*, p. 29.

(64) *Ibid.*, p. 53.

(65) MICHELET, *op. cit.*, p. 21.

(66) B.M. Lille, Ms. 131, f° 102 v°.

(67) A. GODIN, *art. cit.*, pp. 367 et 369. に引用。

(68) Lilane WOUTERS, *Belles heures de Flandre. Anthologie de la poésie flamande du XIIe au XVIe siècle*, Paris, 1961. (挿絵入り)。「地獄」という言葉に付された傍点は原文から(一〇三ページ)。

(69) 女性、フェミニズム、女性の敵などに関する論争については、A. CIORANESCO, *Bibliographie de la littérature française au XVIe siècle*, Paris, 1959, pp. 8, 60–61.

(70) Bibl. mun. Arras (Pas-de-Calais), Manuscrit 186, f° 67 v°. (十六世紀後半) スシェは、アラス郡の中の村。

(71) M. MAUSS, *op. cit.*, p. 113.

(72) R.L. WAGNER, *op. cit.*, p. 145.

(73) この例として、ノール県文書館(リール) B 1741, fos 196–197 v° この文書は、アントワーヌ・ド・ビアク殿と称せられる一司祭の殺害者に対する追放を要請している。争いは一五三〇年、リールで、「ムフレットと呼ばれる、ジュアンヌ・デ・ロゼット、すなわち、放埓な生活をおくり、上述アントワーヌ殿と同棲していた娘」と殺人者との間に起きた。

(74) R. BADINTER et J.-D. BREDIN, 'Un exorcisme collectif' in *Le Monde*, 4 nov. 1970 pp. 1 et 16.

(75) 高等学術研究院第六部門でのかれの演習。十六世紀から十八世紀までのカトリックに関するかれの著作が待望される。(註7参照)。

(76) ベルナール・デルメールは、私のこの主張に、多少の含みを持たせるよう助言してくれた。極端な図式化を排するためである。かれが考えている疑問は、民衆のキリスト教が、迷信を受け容れるものであったとはいえ、エリート（聖職者、ブルジョワ、貴族など）の一部の、より知的な、だが、しばしば生活から乖離したキリスト教に比較して、劣ったものであったか、否か、ということである。十六世紀初頭の「キリスト教エリート」は、文字の読めない羊飼い女を受け入れても、教皇は排除した！ キリスト教エリートと大衆の定義については、Francis RAPP, *L'Eglise et la vie religieuse à la fin du Moyen Age*, Paris, 1971. の三〇七―三一四ページを、そして、十六世紀以前のキリスト教の衰弱と歪曲に関する論議に関しては、三一五―三三一ページを参照のこと。

(77) Georges BALANDIER, *La vie quotidienne au royaume de Kongo du XVIe au XVIIIe siècle*, Paris, 1965. 引用は、二三〇―二三三ページ、二五八ページ、二四三ページ、二六〇ページより。傍点はミュシャンブレによる。

(78) だが、コンゴ王国の場合が相当に例外的なものであることは指摘しておかなくてはならない。まず、キリスト教の導入が早い時期のものであった点において。そして、なかんづく十六世紀に関する記述資料が豊富である点において。（バランディエの著書、二八三ページを参照）。アフリカ史研究者は、しばしば文書資料を欠いているので、今日になって収集されている口承をも利用している。これについては、J.-P. CHRETIEN, 'Les tombeaux des 《bami》 du Burundi : Un aspect de la monarchie sacrée en Afrique orientale', in *Cahiers d'Etudes africaines*, 1970, vol. 10, 1er cahier, pp. 40–79. を参照。

(79) Carlo GINZBURG, *op. cit.* （これに関する書評 E. William MONTER in *Bibl. d'Hum. et Renaissance, art. cit.*, pp. 205–207.

(80) Cf. Margaret MURRAY, *The Witch-Cult in Western Europe*, Oxford, 1921, rééd. 1962. （E・W・モンター前出論文、二〇六ページの引用による）。

(81) Guy ROCHER, *Introduction à la sociologie générale, I. L'Action sociale*, Paris, 1970, pp. 77 ss.

(82) 'Sancti Bonifacii sermones', Sermo 15, *Patrogie latine*, t. 89 col 870 ss.

(83) Mgr. GOUSSET, *Actes de la province ecclésiastique de Reims*, 1842–1844, 4 vol., t. II, p. 700, col. I.

(84) P. FREDERICQ, *op. cit.*, t. II, p. 271. （註25参照）。

(85) E. LE ROY LADURIE, *Paysans de Languedoc*, Paris, éd. abrégée, 1969, pp. 242–243. （一五九五年におけるトーマス・プラターの証言が、二四三ページで与

えられている)。
(86) *Ibid.*, p. 242.
(87) Robert MANDROU, *Introduction à la France moderne. Essai de psychologie historique (1500–1640)*, Paris, 1961, p. 325.
(88) *Ibid.*, p. 325.
(89) *Ibid.*, pp. 298, 34 et 323.
(90) M. BAKHTINE, *op. cit.*, p. 102. (傍点は著者)。
(91) E. LE ROY LADURIE. *op. cit.*, pp. 244–245.
(92) バフチーンの示唆に富む指摘を参照。 BAKHTINE, *op. cit.*, pp. 96–98, 102, 103, 108.
(93) E. LE ROY LADURIE, *op. cit.*, p. 244.
(94) Juliette BOUTONIER, *Contribution à la psychologie et à la métaphysique de l'angoisse*, Paris, 1945, p. 269.
(95) John GILISSEN, 'Individualisme et sécurité' juridique', in *Individu et société*, *op. cit.*, pp. 33–58.
(96) R. MANDROU, *op. cit.*, p. 338.
(97) M. BAKHTINE, *op. cit.*, p. 99.
(98) *Ibid.*, p. 87. 大齊の断食の後の、民衆の陽気な再生としての「復活祭の笑い」。
(99) *Ibid.*, p. 132.
(100) Henri PEYRE, *Les Douze Articles de la Guerre des Paysans*, Montauban, 1905, Article 12, p. 34.
(101) この論文は、一九七一年二月に作成した。

原題 Robert MUCHEMBLED, 'Sorcellerie, culture populaire et christianisme au XVIe siècle, principalement en Flandre et en Artois' in *Annales E. S. C.*, 1973, pp. 264-284.

Ⅲ

「ラフ・ミュージック」——イギリスのシャリヴァリ——

エドワード・P・トムスン

一

「ラフ・ミュージック **Rough music**」とは、共同体のある種の規範に違反した人びとに対し、儀式化した形態で行なわれる敵対行為を指すために、一般的に用いられる用語である。[1] フランス語のシャリヴァリ **charivari** とか、イタリア語のスカンパナーテ **scampanate** とか、同じような慣習を指し示す次のようないくつかのドイツ語、すなわち、ハバーフェルト・トライベン **haberfeld treiben**, ティーアヤーゲン **thierjagen**, カッツェンムジーク **katzenmusik** といった語によって表わされるのも、だいたいにおいて、同様の考え方である。[2] 本論は、基本的に、イングランドとウェールズの史料に基づくものであり、比較考察に必要な素材を提出するといったものでないことは、承知のうえである。しかしながら、それが、ヨーロッパの他地域の民衆文化についてより深い知見をもつ研究者たちを、そうした比較(そして対比)の確立へと導き、そして意見交換への端緒を開くなら、本論の目的は達成させられるのである。ところで、そうした意見交換は、次のような事情があればこそ、よりいっそう必要なものなのである。すなわち、シャリヴァリの問題はそれ自身、共同体的規範や成文化されていないあらゆる形態の法規に関わる、ある理論的関心にそった、その他の諸問題を提出するからである。研究者にとって、きわめて限定的で没批判的な実証にとりあえず満足したのち、対決せねばならないような、そういう諸問題をである。

二

「ラフ・ミュージック」とは、「シャリヴァリ」と同じように、一つの類概念を示す語である。だがしかし、ブリテン諸島の内部においてすら、それぞれを個別の形態とみなしうるほど多種多様の、儀式的諸形態が存在する。念入りに練られたそれらの儀式すべての基礎には、人間による基本的な示威行為を見出すことができる。すなわち、しわがれ声の鋭い叫び、きしるような仮借ない笑い、そして猥雑な物まねの身振り。それらすべては、トマス・ハーディの描写によれば、「大庖丁や、かなばさみや、タンバリン、鍵の束、安バイオリン、口でブンブンならす弦楽器、蛇形管楽器《セルパン》*、牡羊の角笛、その他の歴史的な類の楽器」によってたてられる「どんちゃん騒ぎ」を伴っている。[3] しかし、もしそうした「歴史的な類の」楽器が手もとにない場合には、ブリキの湯わかしのなかで小石をころがしたり、あるいは、缶詰だのスコップだのでとにかく即興的にやることで、用が足されていたのであった。

程度が弱いものであれ野卑なものであれ、人を嘲笑するような騒ぎは常に伴われたが、しかしながら、騒ぎのみが問題なのではない。騒ぎは、儀式化された敵意の表明の一部分にしかすぎない。それは、十九世紀末の記述によって報告されている（たぶん変容を蒙った？）諸形態において、儀式が、幾晩か続く「音楽」の繰り返しや、あるいはあし笛を鳴らすといった断片的状態にまで簡略化されていた場合においてすら、そうなのである。別の場合には、儀式は、より複雑なこともあった。つまり、丸太やろばの上に攻撃相手（ないしその代替物）をのせてひき廻すこと、変装と踊り、念入りに作られた朗唱、儀式化された狩猟の真似、あるいは（きわめてひんぱんに）行列と似すがたを燃やすこと、あるいはもちろん、こうしたすべての要素が、いろいろな具合に組み合わされていることがありえたのである。まさにここで問題となっているのは、儀式的諸形態のうちの、あるカテゴリーのものである。そのカテゴリーが、ヨーロッパ全体に共通で、きわめて古い起源をもつことは、確かである。[4] イギリスでは、儀式は、陽気なからかいから、もっともひどく粗暴ないやみにいたるまでの、あらゆる段階のものを形づくっていた。陽気なものの極には、イングランド南西部、コーンウォールの「シャラル shallals」がある。おそらくそれは、婚約者たちとかれらの以前の性的な評判について、そしてかれらの組み合わせが良いとみなされるか悪いとみなされるかについての、共同体のひかえめな論評以外のものではなかった。(5) この慣習は、ザクセン地方のポルター＝アーベンツ polter-abends(6) や、おそらくアンダルシア地方のセンセラーダ cencerrada(7) と比較することができるが、大西洋の向こう側へ渡って、たぶん、アメリカ合衆国のいくつかのところにおいて、「シヴァリー shivarees」という形態のもとに、まだ生き続けているものである。(8)

段階のもう一方の極では、デヴォンシャの「鹿狩り」が、心理的にみてもっとも粗暴な儀式の一つであった。その儀式では、角（そして、ときには皮と）をまとった若い男が、攻撃対象の代役をつとめたものだった。あらかじめ打ち合わされたとおり、かれは、村の近くの森の中で「発見」され、そして「猟犬の群」（村の若者たち）によって、通りや庭を追いまわされ、かぎ出され、そして路地や家畜小屋の外へ無理やり追いたてられる。狩りは一時間以上も続き、しかも心理的に加虐的なように巧妙に、「鹿」は、最終的に死に至らしめられるまで、指定された攻撃対象の家にあまり近づきすぎないようにされたのである。そして最後に、ゆっくりと、粗暴に、そして現実そっくりに、殺害された。「鹿」は、攻撃対象の家の玄関先まで追いたてられ、そして、かれが胸に持っていた牛の血の入った革袋が、ひとりの狩人のナイフで切り裂かれ、家の前の石の上に血が流されるのであった。(9) ここでは、儀式的な狩猟、角がはえ追いたてられる野獣が悪魔としての含意をもっていること、が注目される。(10) 十九世紀にウィルトシャでまだ行なわれていた「ウーセット＝ハンティング wooset-hunting」の行為は、同じようなシンボリズムを示していた。ウィルトシャのある村で、一八三〇年代に、ある目撃者が、次のような行列に立ち会っていた。その行列は、フライ鍋をうちならし、小石を茶わかしのなかでガチャガチャやり、羊飼いのラッパを鳴らし、鈴をチリンチリン鳴らしていた。参列者のなかの四名のものが、くりぬかれたなかにろうそくをたてた蕪《かぶら》を、長い棒の先につけて持っていた。この目撃者は次のように記している。

＊木製で、表面を皮で覆われた、二メートル半ほどもある、低音の吹奏楽器（オクスフォード辞典）〔原文欄外注〕

「かれらのあとに、木でできた……高さ七メートルほどの十字架を持った別の男が続いた。十字架の横木にはシャツがかけられ、てっぺんには馬の頭骸骨がおかれ、その両脇には、あたかもそこに生えたかのように、鹿の角が据えられてあった。そして馬の頭骸骨には下顎の骨が取り付けられており、ちょうど頭骸骨が轡をかんでいるかのように上下の顎骨をうちあわせるためには、ひもを引けば十分なようにされてあった。それは、音楽がやんでいる間、カタカタという音をたてるためのものであった。[11]」

「村の若者たちによって組織された」行列は、それぞれの間にある期間をおいて、三回にわたって連続三晩、すなわち合計九夜にわたって、攻撃対象の家ないしその複数の家々の前を通過するものであった。(目撃者によれば)それは、「夫婦間の不義」に対するものであった。

その他の洗練された地域的儀式の例を引くこともできよう。だがしかし、われわれは、その他の諸形態の大部分を、四つのグループに分類することができる。とはいえ、それらのグループは、ときに部分的に重なりあったり、互いに共通の側面をもつものであることは、確認しての上でだが。それらのグループとは、以下のようなものである。(a)セフィル・プレン **ceffyl pren**(ウェールズ語で「木馬」を意味する)。それは、ウェールズのいくつかのところで、「レベッカの叛乱」と結びついている。(b)「厚板のり **riding the stang**」、これはスコットランド低地地方とイングランド北部で普通に行なわれていた。(c)「スキミントン **skimmington**」ないし「スキムティ **skimmety**」の行列。南部のある地域や西部において、十九世紀にもまだ存続していたもの。(d)「ラフ・ミュージック」そのもの。どんな行列も伴わないが、しばしば攻撃対象の似すがたを燃やした。これはほぼ全域に、しかし、ことにミドランドと南部とにみられる。実のところ、この洗練さを欠いたシャリヴァリは、個別の一形態であ

るのか、それとも、より古くに念入りに作りあげられていた儀式的なものの消滅後、十九世紀と二十世紀初頭に生き残っていた名残りにすぎないものなのかについては、まだ不明である。ケンブリッジシャでは、今世紀初めの十年間において、湯わかしとか、なべとかを打ち鳴らす騒ぎが、存続している儀式的なもののすべてであったが、その場合にも事情は同様である。[12]

セフィル・プレン ceffyl pren（a）については、後段で扱うことにする。単純なシャリヴァリ（d）の諸形態は、個別の場合を複数描けば、十分に明らかになっていくであろう。「厚板のり riding the stang」（b）と「スキミントン」（c）については、正確な叙述を必要とする。

「厚板のり」においては、攻撃対象となる違反者、ないしそれに扮した代替者（ときに近隣の者であり、ときに若者）は、長い厚板 stang の上にのせて運ばれ、それに、嘲弄的なラッパの吹奏や、あるいは「喚声をあげ、あらゆる類のごみを投げつける子供たちの群れ」が続いた。[13] こうした扱いをうけるのが、攻撃対象その人であった場合には、行列のおしまいに、その人は、沼とかぬかるんだ溝とかに、投げこまれることもあった。[14] ときどき、はしごやろばが、「厚板」の代わりをした。また、よりしばしば、荷車にのせられた似すがたが代わりを務めた。[15] 行列で連れ廻されるのが代替者であった場合には、町や村のいくつかの地点で、伝統的なきまり文句が大声で叫ばれた。これには、攻撃対象や状況に応じて、即興的なものが付け加えられることもあった。儀式は、ときにはいくつかの教区にわたって、またときには幾晩ものあいだ、繰り返された。似すがたがひき廻された場合には、その似すがたは「銃殺され」、「埋葬され」、あるいはもっとも多くの場合、燃やされた。

この形態は、「スキミントン」とほとんど変わらない。そしてミドランドにおいては、両者の区別は、実際、無

本論文関連諸州所在略図

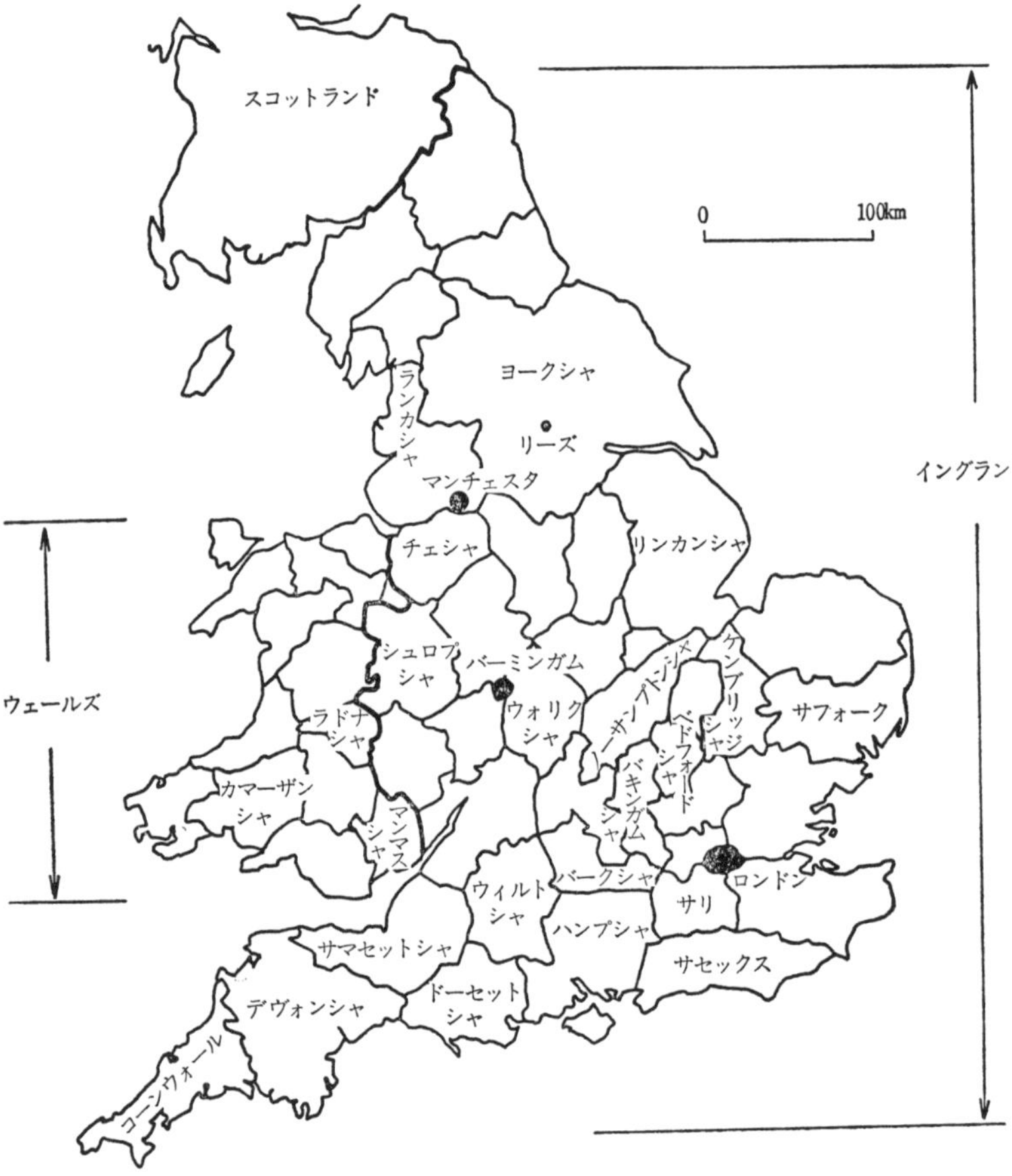

用である。しかし、十九世紀に西部地方にまだ残っていたような「スキミントン」は、次のようなふたつの側面で区別される。すなわち、儀式的なもののよく練られた性格と、そして、嘲弄されひき廻されるのは、まだ（二、三世紀以前と同様に）、家父長的社会の価値に対立するものとしての女性であることの頻度が高かった、ということである。つまり、じゃじゃ馬のような女とか、がみがみ気むずかしい妻、あるいは夫を殴りつけた妻のような。ウィルトシャの、三カ月に一度開かれる重罪裁判所の一六一八年の議事録は、儀式化された敵対行為がどの程度練られたものにまで達していたかを、次のように、われわれに示している。

「……正午ごろ、もうひとり別の太鼓奏者が、カーンからアイウェマフォードへ、また到着した……そしてかれとともに、二、三百の男たちが、あるものたちは兵士のように、銃やその他の武器で武装し、ひとりの男が馬にまたがり、頭には白いナイトキャップをかぶり、両耳には光輝く角をつけ、そして鹿の尻尾でできたニセのひげをつけ、衣服の上にシャツをまとっている。そしてかれは、赤毛の馬にのって進んだ……」

攻撃対象の家に近づくと、武装した男たちは銃を撃ちならし、「フルートや角笛を、そしてまた同時に、カウ・ベルやら……また牡羊の角笛やら子羊の角笛やらを、人びとは鳴らした。」戸や窓には石が投げつけられ、家に力ずくでなだれ込むと、妻を寝室からひっぱり出し、沼の中へ投げ込み、うちすえたあげく、カーンへ連れていき、不義を働いた妻のための椅子である「カキング＝ストゥール cucking-stool」に据えたのであった。(16)さらに二世紀以上ものちになってもまだ、西部地方では、同様の規模の、そして同様の準備を必要とする「スキミントン」の組織化が、報告されている。それはときには、嘲弄的な冗談といったやり方に基づき、ときには、報復的な残忍な敵意をもって、行なわれたものである。嘲弄のなかをひき廻される犠牲者が、居丈高な妻とか、あるいは夫を殴りつけた妻であった場合には、ふたりの人物が、ろばの背で向きあい、あるいは荷車のなかに座り、おたがいに激怒して、台所道具でもって叩きあうということもあった。(17)原因が妻の不義である場合には、スカートとか他の婦人用の衣類の何かが、行列によってかかげられるということもあった(18)。

形態に関しては、以上である。それについてさらに語ることもできよう。事実、それについて、よりいっそうのことが語られてきた。しかし、われわれがそれらの儀式についての最良の記述の大部分を負うている、十九世紀のこれら民俗学者たちは、不幸なことに、基本的に形態そのものに関心をもっていた。そして、かれらがより深くつっこもうとした場合には、それは一般に、それら諸形態の起源や関係について空論をめぐらすためだったり、一種の植物学の人間版にしたがって、それらを分類するためであった。儀式的形態の素晴らしく正確な記述でも、しばしば、そのできごとの状況、すなわち、犠牲者たちの身分地位とか、犯したとみなされたかれらの違反やシャリヴァリの結果に対しては、もっとも茫漠とした偶然的なほのめかししか、含んでいない。

議論を進めていく前に、しかし、形態そのものがわれわれに与える情報について、考えておこう。数多くの考察が可能であるが、そのなかでも以下のことを、あげておこう。

一、形態はドラマのかたちをとる。すなわち、一種の「大道芝居」なのである。そういうものとして、それはただちに、公的な告発という機能に適合させられている。さらにそれらドラマの形態は一般に、行列を成す。実のところ、さらに進んで、それは、反=行列的でもありうる。というのは、騎士とか、太鼓、提燈をかかげた人びと、荷車の中の似すがたなどなどは、わざと一種の冗長さを付与されることによって、軍隊や、裁判、教会の式典的な行列を嘲弄することになる、そういう意味あいにおいてである。シャリヴァリの諷刺的な形態と、それらが行なわれる社会での式典の形態との間には、ある関係があるのだと推定しうる。そうして、プロテスタントのイギリスでは、行列を伴う儀式が衰退するにつれ、同じ比率でもって、反行列的な諷刺の要素も衰退した。そして、教会や国家の祭礼や行列が、よりながいこと続いていたカトリックの社会では、シャリヴァリもまたよりながいこと、よく練られた反行列的性格を保っていたのではないだろうか。

二、形態は柔軟である。同じ地域において、きわめて近似した諸形態が、陽気なからかいを表わすためにも、また、共同体におけるもっとも鋭い対立関係を表明するためにも、用いられうる。しかし、その場合でも、敵対行為は、儀式的なものが課する諸制約を承け継ぐことによって、回路づけられている。それは、リンチの一歩手前でとどまるのであって、物理的な暴力に至るのは稀なことにすぎない。それは、共同体内の紛争の動因を表わすばかりではなく、また、その紛争の規範をも定め、その表現形態を、民衆的な正当性に基づいたものとしているのでもある。(19)

三、鹿が、革袋を破られ、戸口に血を流しながら崩れおちるとき、似すがたが藁ぶきの家の前で焼かれるとき、また、犠牲者が自分の家できき耳をたてているあいだ、毎晩、愚弄的なパレードが行進するとき、そこで意味されていること、それは、恥辱を完全に公開のものにしてしまうということである。確かに、シャリヴァリの形態が、匿名性と非人格性の外観を与えるような具合に儀式化されることもありうる。すなわち、演者たちは往々、仮面をつけ、あるいは変装するし、もっともしばしば、かれらは夜の間にやってくる。しかし、それは、なんら告発を弱めるものではない。事実そのようにして、告発は、隣人どうしの偶然的喧嘩ではなくして、共同体の裁きとして、はっきりした姿をとるのである。以前は敵意のこもった噂やまなざしでしかなかったものが、明白な、共同のものとなり、そして、いかに実質のないわざとらしいものであれ、日常的諸関係の流れのなかに属している偽装が、はぎとられるのである。

シャリヴァリとは、以前には私的にしか語られなかったことが、公に明らかにされるということなのである。そののちには、もはや霧は存在しない。攻撃対象となったものは、すべての隣人や子供たちの目に自分は軽蔑さるべきものとしてあることを知りながら、翌日の朝、共同体の中に再び姿を見せねばならない。

四、したがって、シャリヴァリは、もっとも軽い形態の場合ですら、その犠牲者に継続的な刻印を残すということは、おどろくべきことではない。目撃者たちは、しばしばそのことに注目していた。シャリヴァリの目的は、ことにそれが毎晩繰り返される場合には、まさに、「太鼓やトランペットの鳴りもの入りで、」その犠牲者（ないしその複数）を近所から追い払う、ということにあった。「スキミントンの行列は、大いに笑わせる」と、ある目撃者は記していた。「だが、狙われた者たちは、かれらに付与される滑稽さとか恥辱から、決して解放されることはない。[20]」「厚板のり」を目撃した別の者は、次のように記していた。「一般に、罪あるとされた者たちは、かれらにこのように向けられた憎悪を、それ以後耐えることはできなかった。そして……ひそかに、その土地を離れたものであった。[21]」ウォウキング（サリ）のシャリヴァリについては、次のように言われた。それは、「地域的な陶片追放《オストラシズム》を伴っていた。」すなわち、「一度ならず、有罪の者に対して正規の仕事が拒否され、そして、商人や何かは、かれらの商売を放棄することが普通であった。[22]」

ある場合には、シャリヴァリは、（ハーディが『カスタブリッジの町長』のなかで示唆しているように）屈辱がもとになった死とか、あるいは自殺による死へと達することがあった。[23]

大多数の場合、シャリヴァリは、そのような残酷な段階までは達しなかった。そうして、喧嘩ばかりする夫婦とか、あるいは、十九世紀によくある標的であった、妻を殴る夫とかは、一般に、もっと手柔らかに扱われたものであった。しかし、ある種の性的な違反者たちは、そうではなかった。つまり、かれらに関しては、次のように推論せねばならない。かれらは、呪術《マジーク》的な次元の敵対行為、儀式的な狩りたてに、遭わねばならなかった、と。人びとが守ろうとしていた道徳的規範がどんなものであれ、それらのシャリヴァリの犠牲者たちは、みずからその規範の外へ出たものであり、したがって、共同体の保護からも外へ出たのである。そして、それと並行して共同体は、排除の手続きによって、許容される行為の限界を定めたのであった。贖罪の山羊《スケープ・ゴート》、すなわち「他者」の存在によって、共同体の諸価値の同質性が保たれていたのである。

五、いくつかの証言は、シャリヴァリが、地域共同体のなかでの、いかに内密裡のものであれ、実質的討論ののちに下された判決を執行するものであったことを、示唆している。シャリヴァリが常ならぬ強さをもって制度化されていたように思われるウォウキング(サリ)では、村の「裁判所」のあることが、知られていた。それは、「居酒屋《キャバレ》で開かれ……しかし、いつ、だれによって、そしてどのようにということは、もっとも深い秘密のなかに保たれていた。[24]」トマス・ハーディは、「ピーターの指 Peter's Finger」というはたご屋での、このような裁判を示唆している。そこでは、「地主たちに不当に迫害された、もとの密猟者たちともとの密猟監視人たちとが、ひじをつきあわせて腰掛けていた。」より形式ばらないやり方で、共同体の支援が明らかにされた。すなわち、女たちは台所道具を提供し、男たちは、音楽家たちにビールを買うための共同の費用を出しあったのである。[25]

たとえ「裁判所」がない場合でも、ここで考察されているイギリスのあり方における、シャリヴァリの主たる特徴は、それが、次のように機能した場合にのみ成功する、ということであるように思われる。すなわち、第一には、犠牲者が、軽蔑され傷つけられ、シャリヴァリを受けしのぶために十分なほど、共同体「内部」のものであること。第二には、ある程度犠牲者たちを非難しながらもまたたぶん儀式をも非難していた人びとをおびえさせ、あるいはだまらせるために、「音楽」が、共同体の意見を、あるいは少なくとも、共同体のうちの十分に勢力もあり攻撃的な部分の意見を、実際に表わすものであること。(そうした部分は、ほとんど常にそうであったように、若者たちや子供たちに支持されていた。かれらは、大人に対する反抗行為に替わるものを正当に発散させうる絶好の機会を、そこに見出していたのであった。)

ハーディは、『カスタブリッジの町長』のなかで、この側面を完璧に明らかにしている。ロンウェイズのような、その登場人物たちのあるものは、「スキムティ」が切迫していることを聞いて、「冗談があまりにきつすぎるし、町々では騒擾がひきおこされるかもしれない」と考えている。しかし、それを妨げるためのどんな精力的な手段もとられない。そして、その日がやってくると、当局はつんぼ桟敷におかれ、憲兵は路地で群衆から身を隠して、警棒をドブに捨て、また、慎重な市民たちは家にとどまっている。最後に体制側の実力部隊がその場に到着するときには、誰も「スキムティ」を見なかったし、誰もそれに参加した人びとについての情報を与えないであろう。わずか数分前にはすさまじいラッパの音を行列がひびきわたらせていた通りには、「ランプの炎がゆらめき、広場の木々は葉ずれの音をたて、ぶらぶら散歩をする何人かの人びとが、ポケットに両手をつっこんでそこにたたずんでいた。……似すがたも、ろばも、提燈も、音楽家たちも、みなすべて姿を消してしまっていた。あたかもコーモス*の行列のように。」

三

同じように、それらは、われわれの歴史からも姿を消してしまった。みずからの知性あふるるポケットに両手を実に深くつっこんだ散歩人たち、「何もおこるのをみなかった」人びと、それは、単に社会経済史の専門家たちばかりではなく、また、著名な一、二の例外を除いて、人類学者たちや社会学者たちでもあった。

それらは、おそらく、フランスの歴史研究以上にイギリスの歴史研究から、より完璧に姿を消してしまった。民俗に関する、（ことにその慣習的な表現行為に関する）イギリスの研究は、十九世紀には盛んであったのが、二十世紀には稀となり、ヴァン＝ジェネップのような広大な学殖と経験をもったどんな専門家も、そこには現われなかった。民俗学的な慣習に関する関心はおそらく、ジェイムズ・フレイザ卿とかれの作品の誇張された評判ののちに生じた、知識人のあいだのゆり戻しの衝撃が尾をひいたのち、やんでしまった。イギリスの大学の世界では、民俗に関する軽蔑はいまや根をおろしており、それは揺ぎない先見という程度にまで達している。[26] 歴史家も人類学者も一般に、民俗に関する素材をまじめな検討に付してはこなかった。そして、こうしたテーマ（ことに魔術現象）に関する関心は、いまや何人かの歴史家たちによって表明されているが、それは、イギリスの伝統的民俗からよりも、アフリカ＝アジア的なものとの比較から、よりいっそうの考えを借りてきているのである。[27]

民俗学者たちによって集められた素材が利用されるには、大きな注意が払われねばならないことは、相変わらず確かなことに変わりない。十八世紀あるいは十九世紀の家父長主義者は、上から「民衆の守旧さ」を分析したのであり、かれにとって外界のものである文化を検討したのであった。しかもかれは、この領域の研究のいかなる厳密な方法でも、武装していなかった。[28] そして、より重大なことに、十九世紀の民俗学者たちは、機能よりむしろ形態とか起源に関心を示していた。それがかれらの分析の価値に重大な限界を与えている。かれらの素材が純粋に形態に関するものである程度に応じて、民衆的儀式の研究のために比較の方法を採用することに固有の危険が、増大する。形態がその前後の脈絡のなかに再挿入されるときにのみ、初めて、その社会的意味が明らかにされうるし、機能の類似ないしは相異が、よりいっそうの解明をもたらしうるのである。

十九世紀の民俗学者たちに（そしてまた二十世紀のある研究者たちにも）、幅広く広まっていた進化主義的立場は、慣習を、（実質をもつものであれ残滓的なものであれ）機能の関係としてではなく、起源に関する指標として研究した。しかも原初的なインド＝ヨーロッパ的起源であろうような、共通の起源についておそらく研究するものであった。だからこの立場は、機能の観察に対する強力なブレーキとなった。たとえば、タイラーが起源の共同性を明らかにすることを唯一の目的としていたことは、次のような程度にまでおよんでいる。つまりかれは、異なる

＊コーモスは、ギリシャ神話での祝祭の陽気な騒ぎの擬人化で、後期古代では有翼の若者の姿で表わされる。（高津春繁『ギリシア・ローマ神話辞典』参照）

ふたつの土地で観察されるある慣習が、それらふたつの社会に存在する「同様の種類のことがら」によって、もし説明されるなら、「その慣習が人類の原初の歴史に対してもたらす寄与は、ごくわずかかゼロである」といいうるというのである。[29] マルクスやマリノウスキ、あるいはレヴィ＝ストロースばかりではなく、ジャンバッティスタ・ヴィーコをも、[30] 眉をひそめさせそうな判決ではある。

問題は以下のようになる。すなわち、異なる諸社会において慣習が類似していることを、社会的機能あるいは精神的《マンタル》組織化に関する理念的な一類型のための要素であるとみなす、まったく異なる概念、つまり構造主義的概念は、それ自身、他の類概念《ジャンル》の「停止」を含む方法論である、ということがありうるかどうかである。歴史家は、次のことを示すことができる。もっとも人類学者は、自分たちの素材にしたがって、それがさほど明白なことではないと、たぶんみなすではあろうが。すなわちそれは、いくつかの形式や儀式（シャリヴァリもそのひとつである）は、機能ないしは構造について、唯一の類型を提出するものではない、ということである。形式が一定したものとみなされる場合であれ、（多くの民俗的慣習が衰退の途にあるように）変容の過程にあるとみなされる場合であれ、機能が形式に大きく負うことがない、ということがありうるのである。

であるから、ある「未開」社会で一形式に適合させられるある機能は、封建社会や近代社会において同様の形式に適合させられる異なる機能について、どんな特別な重要性にも、またどんな類型論的ないし理論的優先性にも、値しないのである。「未開」社会は、データとそれらデータ相互の関係について、より読み取りやすいモデルを提供しうるし、したがって、近代社会においては弱められ、あるいは覆い隠されてきた相互干渉作用について、新しい光を投げかけうる。しかし、それが常にそうだとは、いかなる具合であれ言えないのであって、そう仮定するならば重大な誤謬に至ることが起こりうる。「次にくるもの」が常に「先行するもの」の練られたもの、あるいはそこから引き出されたものとみなすことは、非連続性を無視し、社会過程における前進と後退の弁証法を無視するものである。

四

以上の必要な注意を忘れずに、シャリヴァリについての証言のなかで、その機能の検討をわれわれに可能にすることがらをみていこう。目撃者たちの論評は、しばしば、言葉少なでしかも相互に矛盾している。たとえば、ある目撃者は、デヴォンシャの「鹿狩り」に関して、それが、「ふたりの既婚の人物が違反を犯したと認められた場合のみ」行なわれた、と語っている。デヴォンシャの他のところでは、それは、「既婚者には適用されず」、「道徳的に重大な違反を犯した」若者たちに適用されていた。また他のところでは、攻撃対象は「倒錯的な男」であった。のちの時期の目撃者は、次のようなまた別の定義を与えている。

「鹿狩りは、尻軽な若い娘を妻にした男の新婚の夜であるとか、ある妻が夫をだまして不義を働いた疑いをもたれたときに、行なわれた」(31)

「スキミントン」と「厚板のり」も、まったく矛盾する証言をひき起こさせている。ある観察者たちは、「スキミントン」が唯一の目標しか持っていないとしている。すなわち、「妻が夫を尻にしいていた家庭に恥辱を投げつけること」である。他のものたちは、口実としての姦通に固執している。さらに別のものたちは、「スキミントン」と「スキマートン」とのふたつの形態を、それぞれ別の目的に適用させられたものとして区別している。(32)

おそらくもっとも有用な定義とは、より精密さが低く、そして機能のある程度の流動性を示唆するようなものであろう。そのようにしてロバーツは、「スキマートン」のいくつかの場合を見極めている。すなわち、(1)男がその妻と喧嘩をし、男が妻に譲っているとき、(2)妻が不義を犯し、夫はそれを責めもせず耐え忍んでいるとき、(3)

既婚者による過度に放縦な行為のすべて、である。(33)「厚板のり」もまた矛盾的な観察の機会となっているが、それに関しては、ブロケットの証言が有用である。すなわちそれは、儀式が、「姦淫者、姦通者、専制的な夫、そして、特別な祭とか休暇の間、あるいは労働者たちの間に決定や同盟があって労働が禁じられているときに、仕事をし続けるような人物、これらに課せられていた」(34)というものである。

別の、やはり柔軟な定義がある。すなわち儀式は、「姦淫の罪、女に対して冷酷なこと、ことに夫による妻の虐待、スト破りをする労働者の裏切り行為、そして不正直な仕事のいんちき手段といった、あるスキャンダラスな行為の公的な弾劾を表わすものである。(35)」

それらの行為の機会をふたつのグループに分けることが、専断的ながら、有用である。つまり、「家庭内的」な場合と「公的」な場合とに分け、各々を別個に検討することができよう。「公的」な場合については後述する。「家庭内的」な場合においては、シャリヴァリをひき起こさせた諸行為について、あらかじめ次のような内部分類を、数多くの状況に基づいて行なうことができる。

(1) とくに夫婦の役割の父権的シェーマに対する侵害。それには次のような場合が含まれる。夫を殴ったり攻撃する妻、つまり、男まさりの、あるいはじゃじゃ馬のような妻、あるいは「権威的」で、ないし喧嘩早い妻、そしてそれに従順な夫。また夫妻間の顕著な仲たがい。そして妻を寝とられてもそれを甘受している夫、ないし妻のごきげんをとる夫。それらのすべての場合、たとえ妻のみが違反者であっても、夫もまた父権的権威を尊重させるのに失敗したものとして、当事者双方が、公的な軽蔑によって嘲弄されたのであった。

(2) ときにもう少し軽い性格をもつものであったとは言え、シャリヴァリは、もっとも一般的には寡婦の再婚に対して、そしてときには寡夫の再婚に対して、行なわれることがあった。また、なんらか不釣り合いなところがあるとか、グロテスクだとか、もっぱら金銭に基づいているとか、年齢が離れすぎているとか、場合によっては背丈が違いすぎるとかのことすらあったが、そう共同体がみなすような結婚に対しても、あるいは、結婚するものの片方が少なくとも、婚前において乱れた性生活で評判だったような結婚に対しても。

(3) 性的な逸脱行為が、しばしばシャリヴァリの機会であった。残念ながら、「違反」についての同時代の定義は、一般に、逃げ腰であり、非特定的である。もっともしばしば、既婚者どうしの姦通が問題であるように思われる。若い妻を誘惑することで有名な、(一般には結婚している)男も、犠牲者に選ばれることがあった。同性愛、あるいは性的倒錯とみなされるその他の「名状しがたい」すべての行為も、ときおり標的であった。結婚の解消、妻の売却[36]が、シャリヴァリをひき起こすこともあった。(が、一般的にはこれはそうではなかった。)

(4) 夫によってなんらかのしかたで殴られたり、ひどい扱いを受けている妻。そして子供たちに対する虐待。

これらさまざまな口実の検討は後段にするとして、フランスとヨーロッパのデータに関する別の研究の結果を考察することが、興味深いであろう。二五〇件のシャリヴァリの事例を「手中に」おいているというヴァイオレット・オルフォードは、次のような明細を与えている。

寡婦ないし寡夫の再婚七七例、夫をなぐった妻四九例、姦通三五例、最近結婚したものたちに対するもの二四例、「その他の理由」六五例。(その他のうちいくつかは、私のいう「公的」なカテゴリーにおそらく入るであろう。)

オルフォードのその後の研究成果の公刊が興味をもって待たれる。しかし、かの女の事例は西部、中部、南部ヨーロッパでとられ、しかもほぼ八世紀間を覆うものであるから、必然的に、発生状況の個別性はほとんど考慮されていない。[37]

ヴァン＝ジェネップは、かれの発掘の統計を行なおうとはしていないが、かれの仕事からは、フランスにおけるシャリヴァリの主たる口実は、数世紀にわたって、寡婦ないし寡夫の結婚であったと考えられる。シャリヴァリは、また、次のような人びとにも適用されていた。

「妻に殴られた夫たち。守銭奴、ことに子供の頃からのそれ。お祝の砂糖菓子《ドラジェ》や心づけをけちる名付け父や名付け母。住みにやってきて、あるいは通りすがりの場合すらあったが、仲間入りの金を払わないよそもの。自分の身体にうっとりしている娘。姦通した妻。慢性の、乱暴で騒ぎを起こす酔っぱらい。告げ口をしたり中傷を流す人。いかがわしい場所にあまりに出入りする夫。要するに、なんらかのやり方で、地域共同体の世論を自分に反するように刺激するすべての人びとに対して」[38]である。

性的な性質をもつ口実に関しては、次のようなものを付け加えることができる。共同体から良い眼でみられている結婚候補者よりも、より金持ちの別のもの、あまりに年老いたもの、あるいはよそものの方を好む娘たち。妊娠しているのに白衣裳で結婚する婚約者。金のために女に「身売り」する青年。禁じられている親族の等親を無視する結婚。既婚の男を愛人とする娘。「妻のごきげんをとる夫」ないし「家庭において男性的というよりむしろ女性的なやり方で行動する」[39]夫。(「公的」なカテゴリーに並べうるものは例外として)、これらすべての場合は、私の細分項目の(1)、(2)、(3)のなかに入ることが証明される。事例の見落しをわれわれがしなかったとしてであるが[40]、ヴァン＝ジェネップは、カテゴリー(4)、すなわち殴られた妻にあたる例は、ひとつしか引いていないようである。

レヴィ＝ストロースは、P・フォルティエ＝ボリュの未公刊の研究を基礎に、次のように確言している。つまり、検討された場合の九二・五％は、年齢や財産のかけ離れた再婚、あるいは老人どうしの、あるいは寡婦（夫）であるあいだのスキャンダラスな行動ののちの再婚を、その口実としていると言うのである[41]。そのより完璧な註解がな

されていたならばよかったのだが、と言うことができよう。と言うのも、ことに、その主張を提出するに際してレヴィ＝ストロースは、われわれが上に引用したヴァン＝ジェネップの最初のくだりのなかで数えあげられているシャリヴァリの場合の大部分を、無視しているからである。そうしてシャリヴァリを、「結婚による姻族関係の連鎖の理念的継続性」[42]のなかでの分裂のしるしとみなそうという、かれの理論的作業を、単純化しているからである。ある重要な研究のなかで、ナタリ・デイヴィスは、十六世紀のフランスにおけるシャリヴァリの、いくつかの側面を検討した。かの女が提出している成果は、事例の大多数はカテゴリーの(1)と(2)に入ること、そして再婚がこの儀式の本源的な標的であったこと、を明らかにしている。村々におけるシャリヴァリのもっとも頻度の高い機会は、（とかの女は書いている）二度目の結婚と結びついていた。ことに婚約者どうしの年齢差が大きかったときにそうであった。そのとき、仮面をつけ、なべ、長太鼓、鐘、がらがら、角笛をもった若者たちのどんちゃん騒ぎが、かれらの犠牲者の家の前で、それら犠牲者が罰金を認めて支払うまで、一週間の間続くこともあった。都市的な脈絡のなかではひとつの違いがあることに、かの女デイヴィスは注目している。すなわち都市では、二度目の結婚に対してはより少ない注意しか払われず、逆に、夫を殴った妻に対してより多くの注意が払われた。そしてそれは、「神の、また俗世の、法の諸措置に従って、妻は夫の従属下にあるからであり、もし夫たちが妻によって支配されることに忍従しているならば、かれらもまた牧場にひっぱり出されるであろう。」姦通とか、種々の「邪悪な行ない」、盗み、殺人、奇妙な結婚、誘惑なども考慮に入っていたであろうとみなされる。しかし、妻を殴るという行為は、実際上、入っていない。[43]十六、十七世紀イギリスにおけるシャリヴァリのどんな詳細な研究もないので、いかなる厳密な比較も提出されえない。われわれが手にすることができる証言著作は、同時に相異と類似とを示唆している。ナタリ・デイヴィスによって語られている、なかば制度化した若者たちの役割（あるいは「若者たちの修道院」）は、イギリスでは観察されない。イギリスのシャリヴァリは、数世紀にわたり、フランスのシャリヴァリよりいっそう、人の心を傷つけ復讐的であったような印象がもたれる。とはいえ、フランスの民俗的伝統のなかではシャリヴァリが、軽く甘味をつけられ絵のようなものにされていた、などということはありえないが。(44) 十六、十七世紀イギリスの著作に述べられたなかでは、シャリヴァリの機会として再婚に言及されていることはほとんどない。しかし、同時期の都市部フランスと同じく、イギリスの村や町では、シャリヴァリ、ことに「スキミントン」が、父権的規範に抵触した妻に対して向けられた（グループ(1)）と考えさせるような指標が存在する。(45)

「スキミントン」の機会は、十八、十九世紀を通じて、数多かった。不釣り合いな結婚もそれであった。七十歳を越える男と十八歳の娘との結婚は、「荷かつぎ人とかそれと同列の人びとからなる諷刺滑稽な（Hudibrastic）一大スキミントン」(46)を、一七三七年に、チャリング・クロス（ロンドン）でひき起こした。十九世紀でもまだときどき、じゃじゃ馬女房(47)とか、夫をなぐった妻とか(48)に対するシャリヴァリが、報告されている。そしてもちろん、姦通者、若い娘の誘惑者、そして（一般に名前はあげられていないが）その他の性的な非行者が常にねらわれている。(49) しかしながら、シャリヴァリの原因の分布には変化が起こっている。すなわち、犠牲者の第四グループ、つまり妻をなぐる夫の比重の急速な増大である。フランスにおいても同様な増大があったかもしれないが、ヴァン＝ジェネップやフォルティエ＝ボリュの目にとまることはなかった。

この変化はきわめて重大なものであるので、『調査記録集』の一八五〇年代ないし六〇年代の寄稿者たちの多数は、また同時期の地域民俗集成や方言辞典の出版者とその同時代の論評者たちは、シャリヴァリの本来の機能は、夫たちが妻を殴らないようにさせることにある、と明言しているほどである。数多くの情報は、それが民俗学者たちの頭の産物ではなかったことを、われわれに確認させる。さらに、かれらの記述のあるものは、詳細な観察をもっていることを示している。サリないしサセックスのある村の件（一八四〇年代のことか？）について、次のような記述がある。

「夜になるや、行列が組まれた。先頭に、牛の巨大な角をつけたふたりの男、続いて、大きな古い魚鍋を首からさげた別のひとりの男……そのあとにこの隊列の弁士が続き、さらに、鐘やドラ、牛の角笛、呼子、湯わかし、がらがら、骨、フライ鍋……を持った雑多な一群。号令でかれらは止まり、弁士が、一連の俗悪な歌を朗唱し始めた……それはこう始まる。

ここに男がひとりいる
やつは女房をぶんなぐった!!（強く、そして一呼吸おく）
やつは女房をぶんなぐった!!（きわめて強く）
これゃなんとひどい恥かつらよごし
ここに住んでる皆にとり
これゃほんに俺らが女房に対するものだ!!!

そのとき、行列の道具すべてが、叫びとわめき声とともに、一斉に鳴らされた。『そのとき、歓喜の火が点燈され、一群は皆、そのまわりで気が狂ったように踊った。』騒ぎの音は三キロ先まで聞こえた。三〇分ののち、沈黙が求められ、そして弁士がいま一度家の方へ(50)進み出て、またやってこなければならないことが起きないようにと希望をのべ、件の夫に対して道徳的に立ち直るよう勧めた。」

新聞の報告記事や裁判資料は、こうした事件をより正確に検討することを可能にする。一八七八年、ウォデスドン（バキンガムシャ）で起こった大変なシャリヴァリでは、二〇〇名の男女、子供が、少なくとも二回にわたって、ジョセフ・ファウラという男に対して夜の騒ぎを行なったが、それについてファウラは、裁判において次のように説明した。「私には私生児がひとりおりますが、その子がよい扱いを受けていないと思いましたもんで、女房に三回むちを加えたんですが、それが騒ぎの原因でした」[51]と。この話はただ単にひとつのできごと（殴られた妻）を含意しているのみでなく、共同体に知れわたっているある前歴 histoire を持ったひとつのできごとを含意している点に、注意しておこう。つまり攻撃されたファウラは、一再ならず、しかもいつでも、自分の妻をひどく扱う男とみなされていたことが明らかにされており、妻がかれの私生児を家に受け入れたにもかかわらず、かれは妻を殴り続けていたのであった。

一八三九年のバークシャにおける一例は、われわれにはるかに多くの細部を提供してくれる。できごとの次第は以下の通りである。攻撃されたウィリアム・ゴブルは、一軒のわらぶき家と数エーカーの土地を占める零細借地農であった。かれは、ジョン・ウォルター氏の借地人であったが、その農地は、隣の土地所有者シモンズ氏の土地のまんなかに位置していた。八月十七日、土曜、かれと妻は喧嘩をしたが、それは、「最後にはゲンコツで終えられた。」十九日、月曜、ゴブル夫人は「たいへん具合が悪く、」ウォウキンガムから医者が呼びよせられた。その晩、第一回目のシャリヴァリが行なわれ、一六名ないし一八名の男と少年たちが、旗や角笛などを持ってかれの家の前を行進した。そして、より多くの参加者をもって、それは同じように八回繰り返された。第六回目のときに、ウォルター氏の息子（つまり土地所有者の息子）と、その庭師と、そしてその他の何名かの使用人たちが、ゴブルを助けにやってきた。そこで双方の陣営は腕力に訴え、その結果、事件は裁判にかけられることになったのである。

多くの点でこの事件は、シャリヴァリの特徴的な一例であるように思われる。もっとも頻繁に介入しているおとなたちとは、八名の農業労働者、二名の大工、各一名ずつの木挽き、かじ屋、靴屋、石工、そしてシモンズ氏の馬丁、御者、密猟監視人、粉挽きである。この例での普通とは異なる点は、対抗しているふたりの土地所有者たちの使用人が加わっていることである。そして引き続いた裁判によれば、シモンズ氏は、(ゴブルの土地が自分の所領のなかで邪魔な飛び地になっているので)、ゴブルがその地を去るようにしむけようという目的で、(あまり普通ではないほどの日数続けられた)シャリヴァリを援助し、奨励していたと考えられた。そしてさらにこれらふたりの土地所有者どうしの対抗を越えて、もうひとつ別の層の対抗関係、つまり、ウォルター氏の所領(ベアウッド)とシモンズ氏の所領(エイバフィールド)にそれぞれ関係していた若者たちとそれぞれの家の使用人たちの間での対抗が見出される。(52)

これこそは、理念的類型論を求める人にとって、ほとんど満足できない例である! しかし、われわれがこの例をながいこと述べたのは、たぶん、まったく別の例をとっても、もしそれがよりよく知られたならば、同じようにそれも満足しがたいものであることが明らかになるだろうからである。この例は、発生の脈絡が一般に、表面的分析から考えられるより以上に濃密であり複雑である、ということを示している。妻が殴られたということは、一つの手短な説明にすぎない。つまり、共同体全体において、妻と夫、そしてかれら夫婦にまつわる話は、隣人たちに知られており、事件のうちでももっとも「家庭内的」なものですら、別の緊張関係や依存関係の脈絡のなかに入ってくるのである。かくて、この場合にわれわれが直面しているのは、夫婦間のエピソードが、ある人びとの伝統的反応をひきおこすとともに、他の人びとによっては口実として利用されたという例なのである。この犠牲者は、ある意味で「よそ者」である。と言うのも、かれの土地は、他の者の所有地のなかにあるからである。だからかれの違反は、隣りあうふたりの田舎紳士たちの抗争関係と、そしてまた、隣りどうしのふたつの農村共同体の使用人たちゃ若者たちの間の抗争関係を、作動させるのである。

第三の例をひけば十分であろう。それは一九〇四年、ケンブリッジシャでのことである。この場合にはシャリヴァリは、この地方の村の娘がロンドンで女中奉公しているときに結婚した男に対して向けられていた。結婚はうまくいかず、娘は実家に戻ったが、その少しのち、大酒飲みのこの夫がそこに合流した。この夫が妻をひどく扱っているといううわさが流れ始めた。しばしばかの女は、目にくまをつくり、あるいは顔に切傷をつけて、村にでてきていたのである。それから、ある冬の夜、夫は酔って帰り、かの女を寝台からひきずり出すと、家の外へ投げ出してしまった。

ふたりの隣人がかの女を助けにきて、夫を殴り、ひもで縛りあげた。その後しばらくは、かれも静かになった。それからまた飲み始めると、かれはまた妻をひどく扱いだした。ついにシャリヴァリが行なわれた。湯わかしやフライ鍋をつかって、「でてけ！でてけ！」と叫ぶ大騒ぎが二時間続いた。翌朝、夫はロンドンへ向けて立った。(53) この事件もまた、ここで問題なのが孤立的なエピソードではなく、ことの次第がよく知られたできごとなのであることを、示している。そして、いま一度、「よそ者」に対してブロックを形成する地域共同体という要素を、われわれは見出す。

十分な情報を伴った分析を行なうためには、同じように詳細な事例をよりいっそう多く集める必要がある。だがすでに、次のような解釈の試みを提起することはできる。

(a)若者たちや少年たちがシャリヴァリで活発な役割を、しかも明らかによろこんで演じていたとは言え、十六世紀のフランスや十九世紀のスイスについて確認されたように、十八、十九世紀のイギリスにおいて、シャリヴァリへの手ほどきが、若者たちの文化や諸制度の一部をなしていたと結論づけるに足るどんな史料も、いまのところ存在しない。一般におとなたちが加わっており、しかも煽動者として現われていた。そしてその数もしばしば大勢であった。[54]

(b)証言の全体はわれわれを、定冠詞を付しうるようなシャリヴァリの機能の定義、つまり唯一の、変わることない機能という定義には、すべて反対するよう導く。十八世紀以前の、あるいは南ヨーロッパにおいてはより最近までの、シャリヴァリの諸形態の観察者たちは、それらの儀式が家父長的な価値を擁護するものであることを強調する傾向にあったが、それは理由のあることである。オルフォードは、再婚によってひきおこされたシャリヴァリのうちのかなりの部分において、共同体は、結婚のもつ生殖の役割を強調しているのだ、とみなしている。すなわち再婚は、ことに歳のいった寡婦が若い男と結婚した場合、まだ未婚であったふたりの若いつれあいどうしの結合によるのと同じだけの子供をもうける機会は、ほとんどなかったからである。[55] これに加うるに、再婚の場合には、シャリヴァリの儀式の目的は、死んだつれあいの霊の魔よけをすることであったという仮説がつけ加えられた。[56]

この点ではレヴィ＝ストロースに従っているデイヴィスは、結婚のための「適正条件を備えた若者たちの量」が限定されていたという特徴、ことに農村共同体ではそうであったという特徴を強調している。この主張はここで再びとりあげることができる。すなわち、近親血族の度合からいくつかの男女の結びつきは禁じられており、また社会経済的な規定の度合からも別の限定が存在している小さな共同体においては、ある年齢グループの内部において男女の組みを作りうる数は、きわめて限られていることがありうるのである。実際、両親や隣人たちや、地域の「媒酌好きな人」は、本人たちの表面上の「自由意志」とは関わりなく独立に、社会的に、組み合わされる男女の結合を決定することができる。このような共同体においては、「結婚適齢期の男の若者は、その土地の結婚適齢期の娘たちに対して、感情的なばかりではなく経済的でもある一種の権利を持っている。」寡婦、寡夫、あるいはよそ者は、この限られた共同の資産をおびやかす。だからそれらの者たちは、「二回目も割り込んでうまくせしめる者」とみなされるのである。「もし寡夫がやってきて娘をとるなら、もし寡婦が少年をひっかけて釣りあげるなら、均衡が崩れることになる。[57]」寡夫は若者より豊かで、土地や社会的地位を提供することができる一方、若者たちは兵役や季節労働などで村を遠く離れることもあるのだから、脅威はそれだけ、よりいっそう大きいことがありうるのである。

レヴィ＝ストロースはこの主張を、以下のように、より理念型的な形で提出している。結婚とは常に、諸関係の即時的な断絶を構成するが、それは、連続性のより広い新たな確立のためなのである。シャリヴァリは、「再婚のもつ深層における性格を明らかに……する。すなわち、その性格とは常に、寡夫ないし寡婦になったがゆえに、いわば、回路外へ出てしまったはずの一人物によって、ひとりの配偶者がかすめとられて、その配偶者は一般には自由に処されうるものではなくなり、そうしてひとりの配偶者がかすめとられることによって、結婚による姻族関係の連鎖の理念的連続性がやぶられることになる、[58]ということにあるのである。」

シャリヴァリの目的は、若い娘たちないし若者たちから、男ないし女の独身者をひとりかすめとった寡夫ないし寡婦に対する、報復を行なうことなのである。そのような婚姻関係は、「通常の婚姻関係網のなかでの位置からすれば」おたがいに実質上結びつくはずのなかったふたりの人間の、非難さるべき結合の結果として、断絶を構成する。すなわち、

「あらゆる結婚は、夫婦による家族がいえとしての家族に変容しないかぎりは、社会集団の均衡をおびやかす。（なぜなら、結婚が姻族関係の大ゲームに属しているとするなら、結婚はその駒を、いずれ子孫というかたちで戻すまでは、一時的にひきさげてしまうからである。）したがって、ひとりの男とひとりの女の結合は、象徴的に言って天と地とのかくも恐れおおい結合を想起させずにはいないできごとを表わすものとして、細密画やその他の図

に描かれるのである。」
夫婦の間に子どもが誕生することが新しいサイクルを開き、その子は媒介者として表われる。だが、「媒介されざる夫婦は騒動《ヴァカルム》であり、したがってそれは騒動《ヴァカルム》をひきおこす。新婚の夜の大騒ぎは、それを証明するものにほかならない。(59)」

このような示唆的な、そしてはっきりと正確に述べられた洞察について、レヴィ＝ストロースに感謝することができよう。しかし、かれの諸著作の他のところでと同様に、ここでは、人類学のデータの正確な分析から出発して、論理的ないし隠喩的な形式主義《フォルマリスム》によって、だんだんに抽象的な概念へと向かい、ついには、いまや事実とは遠くかけ離れてしまった理念的形式《フォルム》が、社会過程に対して君主として振る舞い、そして、詩的ないし形式的論理を通じてその社会過程に取って代わるまでに至ってしまうのである。そのとき、シャリヴァリはもはや、どのようなものであれば夫婦の役割として承認しうるかということについての、時間のなかに位置づけられた固有の定義を表わす標識ではなく、「統合の連鎖が展開していくなかでの異常事態《アノマリー》」となるのを、われわれはみることになる。大変魅力的な宇宙的イメージを通じて、この諸関係の連鎖（人的な秩序）における断絶は、日月蝕が示すような自然界の秩序における断絶と比較される。そしていくつかの未開民族は、日月蝕をまた一種の「シャリヴァリ」でもって示すのである。

「われわれの村々では、シャリヴァリの騒ぎは（二次的に違反者に侮辱を与える場合を除いては）、もはや役立ってはいなかったが、しかしシャリヴァリが意味を示し続けていたことは明らかである。では何のか？　ある連鎖の断絶、社会的な非連続性の出現を、である。その非連続性の出現に対する補償作用をする騒音の連続性は、確かに非連続性を防止することはできないであろう。と言うのもその騒音の連続性は、非連続性とは別のレヴェルに位置しているし、異なる記号体系《コード》に属しているからである。だがしかし、それは非連続性を客観的に示し、そして、

それとの平衡をとることができるように、少なくとも、隠喩的にみれば考えられる。」(60)

シャリヴァリについてこのように語ることによって、レヴィ＝ストロースの論題はより広大な展望のなかに位置づけられているのであって、おそらくかれはシャリヴァリそのものに関心をもっているのではない。しかし、かれが行なう諸判断につきまとう権威を考えれば、それらを非神秘化することが必要である。まず第一に、それらは、経験に基づく重要な反対をひきおこす。たとえ、夫婦間の秩序とは何の関係もないシャリヴァリの「公的」な多くの事例を考えに入れないとしても、「家庭内的」な諸事例（そのうちのいくつかをかれは無視した(61)）が、こうした類の単線的な分析のなかに包摂されえないことは、明らかである。夫を殴る妻たち、「いかがわしい場所にあまりに足しげく通う」夫たち、富裕な男たちに身を売る娘たち、悪口を言うもの、姦通するもの、釣り合わないカップル（身長一八〇センチもある女と一五〇センチ以下の男の婚約）など、これらすべての事例は、共同体の価値体系に抵触し、したがって社会学上の道徳秩序のなかに断層をひらくものではあるが、しかしながら、上述したような婚姻秩序に断絶を与えるものではない。そして、そこで生み出される断絶の正確な性質は、それが混乱をひきおこす社会の固有な価値体系のなかに、各々の例を戻してやることによってのみ、明らかにされうるのである。

他方、すでにわれわれがみたように、イギリスにおけるシャリヴァリの機能は、妻を殴ったものがその主たる犠牲者となった十九世紀において、はっきりと変化したことが確証されている。ではここで、たとえ隠喩的にすぎず、また異なる記号《コード》体系をもってにすぎないにせよ、大騒ぎによってどのような社会的非連続性が平衡をとられているというのであろうか？　それがわれわれを、レヴィ＝ストロースの方法に対する第二の反対へと導く。すなわち、かれの方法は、道徳的、精神的そして社会学的な実際の諸現象に対してよりも、精神諸構造に何よりの優位を与えることによって、全体的《グローバル》な分析から外れてしまっている。なぜ、違反者に侮辱を与えることは「二次的に」しか参与しえないのか？　一方で、シャリヴァリの本源的「意味作用」が、隠喩的な記号体系として確認されているのに。

もしシャリヴァリが、ねらった人びとを村から追い出すなら、もしその単純な脅迫がある行為を妨げるのに十分で、そしてある価値体系をもっとも明白に確立するものであるなら、われわれは、その意味作用を求めてより遠くまで行く必要などないのである。われわれとしては、その参加者たちがみずから意識してその行為に与えていた意味作用を、より尊重するであろう。さらにその点を通り越して、より深層的な意味作用をもとめようとするならば、行為者たちの合理性と道徳のありかたを軽んじ、無学文盲の人びとの意識と決定とを過小評価することに帰着する。

シャリヴァリの諸儀式の重要性は、ただ一つの機能、ないし一つの機能グループに存するのではありえないのであって、次のような事実にこそあるのである。すなわち、もしわれわれがその行為者たちの動機や価値を内部から理解するならば、それらの儀式は、性的役割ないし結婚の役割の定義における変化を、きわめて敏感に示すものである、という事実である。それらはまた、もっとも私的で「個人的」な関係ですら、カップルが行動し、喧嘩し、あるいは愛しあう場である社会が課する規範や役割によって、条件づけられている、その条件づけの手段を示すものでもある。社会が主人であって、そこで組みをなす男と女は、その社会の意見の人質なのである。殴られた妻、不義を働く夫の妻、それは、共同体の他の成員たちの姪、娘、妹、いとこでもありうる。夫をひどく扱いこづくような妻、家の財政を握る妻、それが罰せられないならば、それは隣人たちの夫婦生活の均衡に脅威を与えるものである。こうした展望において、われわれは、定冠詞をつけて語られるようなシャリヴァリの一般的機能を問題とするのではなく、それらの諸機能がなぜ変わるのか、そしてそれらの変化は、社会の価値体系におけるどのような深い変化の指標であるのか、を問題とするであろう。儀式的なるものはおそらくそれ自体として興味あるというよりも、その助けをかりてわれわれが、ある共同体の性的な規範《コード》の秘密、もっとも評価されていたものが何か、絶対的に断罪されていたのは何か、を明らかにすることができるその手段として、より興味深いものなのである。

レヴィ＝ストロースやその他の人びとは、再婚によってやぶられるか危機におかれた婚姻秩序の型を、かれらの分析において正確に定義したのであり、したがってこのグループのシャリヴァリを説明したのだと、確かにみなすことはできよう。しかし、その場合においても、村の人口や経済に関するその他の諸条件を考慮した、より精緻で複線的な分析が必要であったといえよう。とはいえ、こうしたシャリヴァリがなぜ衰退していったかを理解することは、やはり興味深いことである。(62) そしてさらにいっそう大きな重要性をもっていることは、私にとっては、それらのシャリヴァリが、より深められた研究ののち、家父長的諸価値とそれらの解体の問題についてもたらしうる光明なのである。

イギリスでのシャリヴァリの主要な標的が、妻を殴る夫のほうへ移行することが、夫婦の役割の定義における大変深い変化の一指標であるということは、私にとっては明らかで、かつきわめて重要なことに思われる。それが必ずしも妻たちにとっての「改善された状態」を示すものではないとしても、それは間違いなく、それ以後時代遅れとなる「スキミントン」の消滅と見合った、家父長的シェーマの確実な後退を含意している。そうしたスキミントンにおいては、不幸な夫は、紡ぎ車か紡錘竿《つむざお》を持ってロバの上に後ろ向きに座らされ、女装をした別の男に黙ってたたかれている男の姿によって表わされ、笑いものにされたものであった。

しかし、この家父長的シェーマについて、われわれは何を知っているであろうか？　このような「スキミントン」や、十六、十七世紀のフランスにおいても同様のシャリヴァリが優勢であったことは、家父長的支配の諸価値が強固であったことを示していたのか、あるいは反対に、女性からの攻勢によってみずからが脅威にさらされていると感じている体制の、防禦的な戦いを示していたのか？　シャリヴァリがこのような価値を防禦し続けていたのは、民衆がプロテスタンティスムの影響下にあった国々よりも、むしろ民衆がカトリックの影響下にあった国々においてではなかったろうか(63)？　そして、十八世紀のイギリスにおいては何が起こっていたのだろうか？　われわれは家父長的社会の外形については知っている。すなわちその社会では、男はラバにのって仕事から帰宅し、一方その妻は、重い荷物を頭にのせて、その後に歩いて従う。夫は、(「尊厳」によって認められた限度においてではあるが)妻を罰し降参させることができる。妻は、夫と歳のいった息子たちに食事を供し、かれらとともに座って食べることはめったにない。女たちは、他から区別される独自の女性的文化を作り、教会の主要な支柱をなしている。司祭たちは独身であり、昼の間人びとの家に近づくことができる。聖処女が、もっとも尊敬すべきシンボルとして認められている。夫の姦通は許される罪であるが、妻のそれは絶対に許されえないものである。結婚する娘たちの純潔が、家族全体の名誉を左右し、父や息子たちは誘惑者を追い払い、場合によってはヴェンデッタ(復讐)にまで訴える。娘たちは、小径で、ポーチの下から、あるいは通り道で、つきまとわれくどかれるが、結婚は往々にして前もって決められており、若い娘の自由選択は、家出によってしかなされえない。

このような印象派の絵を想わせるような情景を前にすれば——そして、これら強調された多くの要素のなかでどれも、必ずしも常に存在するわけではないが——十八、十九世紀のブリテン諸島では、家父長的体制は解体状態が進んでいたように思われる。カトリック教会も、イギリス国教会も——もちろん、メソディスム以前の分派的小セクトも——民衆に対して心理的に拘束力をもつような権威を(大部分の地域においては)行使していない。純潔さは、道徳上の主題であり続けているとしても、もはや前と同じように家族の名誉を問題にすることはない。私生児は母親にとって大きな不幸でありうるとはいえ、一般に家族的あるいは社会的な追放をひきおこしはしないし、母親からどのような結婚の可能性もとりあげはしない。ヴェンデッタ(復讐)は姿を消した。聖処女に捧げられた街道筋の礼拝堂は、もはや存在しない。若者たちは多くの規制にも出会わずに言い寄る。恋人どうしの婚前の関係(「つれ添う」とか「一緒に散策する」とか)は、普通のことである。もっとも、若い娘が妊娠すれば、ふつうは結婚を伴うものではあるが。洗濯女と乳しぼりの女たちだけが、重い荷物を頭に載せて運ぶ。

もし家父長的構造が解体していたのならば、では何がそれに取って代わっていったのか? 粗暴な夫に対するシャリヴァリの増大が、われわれに一つの指標を与えることができる。しかし、われわれが結論に達するためには、その指標は、異なる史料からの別の情報とつきあわされねばならない。女性たちが産業革命に登場してくるときの、その女性たちの状態についての情報は、きわめて矛盾にみちている。殴られた妻の擁護が、一見改善された状態を示しているようにみえるとしても、われわれは、その擁護が男の手に起源をもつものであったこと、そして家父長的慇懃さの表現でありうることを、忘れてはならない。この男たちと少年たちとがわめき騒ぐ行進に、女性が自分で自己を決定することへの何らかの鼓舞を、見出してはならないのである。(64)

またわれわれには、もっとも重要な点に関する見解を推し進めるための情報が、欠けている。すなわち、徹底した産業化の時代にあって、――アルコール中毒や売春や、ある種の形態の犯罪が増大したことが明らかであるように――夫たちが妻を殴る度合や粗暴さが、ほんとうに増大していたのであろうか？（家庭のなかに反映した）経済的紛争や、（「家」と「労働」が分離された部門となっていったことや、女性たちがだんだん工場や作業場《アトリエ》に働きに出るようになったことからくる）役割における変化や、また妊娠に伴う紛争は、果たして、夫の暴力に対するはどめを打ち壊したほどのものだったのであろうか？　夫の暴力は、より狭い家父長的共同体においては、隣人たちの意見によって制禦され、司祭の家庭訪問をひきおこしたものであったのだが。

乱暴な夫に対するシャリヴァリについての情報は、それが他の諸情報とつきあわされなかったならば、意味するところのないままにとどまる。妻たちはより大きな尊敬を享受していたのだと考えることもできるし、あるいは、ある妻たちは、法も教会も、また素朴な伝統的意見もかの女らに提供することができなかった保護を、いまや必要としていたのだと考えることもできる。

この問題についてわれわれが出会うのは、たえず単純な情報であって、それはさらにより深められた研究を必要とするのである。というのもシャリヴァリは、諸問題のなかでももっとも複雑で基本的なものに、われわれを導くからである。すなわち、さまざまな共同体における、女性の女らしさと、男性の男らしさについての、理念的定義がどうだったかという問題である。

(c)姦通と性的違反が非難されている場合については、われわれは、いま一度、よりいっそうの実際的データを必要としている。シャリヴァリがいくつかの姦通を標的としていたがゆえに、そこで問題なのが、夫婦間の忠実さが絶対的条件であったような異教的厳格さを持った人びとの共同体であると考えることは、あまりに単純すぎる。確かに儀式は、産業革命期の労働者たちが、構造もなく偶然に任されたような混淆状態のなかに生きていたのではない、ということを明らかにさせる。――そのことは、社会史の専門家たちすべてが、すでに知っていることである。宗教的な結婚の儀式が無視されていた場合ですら、あるいは、婚前の関係が広く許されていたときにも、社会は、性に関する行為についての明白な約束事と規範とを維持していたのである。

しかしながらそれらの規範は、絶対的なものとみなされてはならない。反対に私は、姦通やその類の違反をしたものに対するシャリヴァリの各事例は、それぞれ周知の前歴があればこそ行なわれた、と考えたいと思っている。そして、さらに補完的な情報があれば、ある違反の特別な重大化条件が明らかになるであろう。もしそうした条件がなかったなら、その違反は取り上げられなかったか――あるいは単に雑談で取り上げられただけだったかもしれなかった。さらに、公的な軽蔑を喚び起こしたのは、実際には姦通そのものだったのではなく、(おそらくは他の理由ですでに不人気であった)特別な個人によってそれが犯されたそのやり方であった、と考えたいと思っている。

姦通が暗示されていることは、十八、十九世紀の古文書ではしばしばあることだが、シャリヴァリは一般に、その結果として記されてはいない。共同体に結びついていた夫婦間の悶着について下された、その共同体の判決によれば、夫による妻の売却は、承認されることもあればされないこともありえた。それがシャリヴァリをひきおこした例は、ほぼ二〇〇件中、二、三例しか見出されなかった。(65) ハーディの小説のなかで、カスタブリッジの町長は、「スキミントン」をかけられたのだが、それは単に、かつての恋愛話が暴露されたからばかりでなく、ながい年月を遡る、町におけるかれの不人気のせいでもあり、またかれが、庶民的なからかいに対して完璧な標的を提供したゆえなのであった。

ずばり姦通が、明らかな標的である場合には、共同体はその事実そのものに激昂したというよりも、結婚制度そのものを脅威にさらしうるようなしかたでそれが犯されたという、「破廉恥さ」に対して激昂したということがありうる。それはちょうど、既婚者どうしの駈け落ちとか、(66) 二組の夫婦（ないしパートナー）が、つれあいを交換してなお同じ狭い共同体のなかに暮らし続けようとする試みとか、あるいはまた、三人の男女が同じ家に暮らすこと(67)、と同様なのである。同じく、夫が妻を殴ったゆえのシャリヴァリの場合でも、必ずしも、土曜の夜のできごとの例外的な暴力が問題だったとは限らない。ここでもまた、特別の前歴が問題なのである。そして、妻たちに対する乱暴が、例外的なものではなく、きわめてひどいもので、生命の危険すらあったものだったことを、十九世紀の警察裁判文書が示していることが、想い起こされねばならない。

こうして、シャリヴァリの異なる諸事例をならべることでは、十分ではない。さらにわれわれは、たとえいくつかのものについてのみであろうとも、個別のできごとの詳細な内部事情を必要としているのである。非難された違反は、昔から続いていたものであったのか？　攻撃の犠牲者たちは、他の理由でもって不人気ではなかったろうか？　それらは、「よそ者」あるいは共同体への新参者ではなかったろうか？　侮辱された当事者——殴られた妻、あざむかれた配偶者——と隣人たちとの関係はどうであったか？　違反はとくに重大で、現行犯で、破廉恥なもの

であったか？　侮辱された当事者（妻を寝とられた男《コキュ》）は唯唯諾諾とそれを受け入れていたかどうか？　われわれが分析をより深めていきうるには、これらの状況に関して歴史家たちが情報を集めることが必要であろう。[68]

五

「家庭内」の場合において柔軟であった諸形態は、「公的」な場合に対しても適用されえたし、おそらく常にそうであった。たとえば、一六二八年から一六三一年にかけての「西部の蜂起」の首謀者たちのひとりは、「レディー・スキミントン」という名で呼ばれていたことが、報告されている。[69]われわれは、異なる場所や時において、異なる目的で行なわれたシャリヴァリの諸儀式を見出すことができる。隣人から盗みを働いた泥棒が、それらの機会のひとつだったことが明らかになっている。[70]しかしシャリヴァリは、まったく異なる目的においても同じように行使されうるのである。たとえば、「司法官の決定を承諾しないことを表わす」[71]ためとか、あるいは過度に厳しい司法の追及に反対の意を表わすために。一八七八年、アイヴァ（バキンガムシャ）で、卵を盗んだ少年を告訴した男は、みずからにシャリヴァリをかけられることになった。かれの似すがたは、「ブーブー」という叫びとともに燃やされた。[72]より深刻で持続的であったのは、一八一七年のアンプトヒル（ベドフォードシャ）での騒擾であった。それは、強姦のかどでそこのひとりの住民が有罪宣告をうけ、処刑されたことから起こった。処刑に続いて幾晩もの間、二〇〇人にものぼる人びとが、告訴した女性の家の前に集まり、かの女とその両親の猥褻な像をひけらかし、家に石を投げつけ、「男をしばり首にした家族を嘲罵し侮辱し」た。騒擾は、参加者の中の四名が投獄されて初めて、終息した。[73]

シャリヴァリはまた、不人気な公的人物に対しても用いられた。またそれが不人気な収税吏、警官、説教師に対して用いられた事例、兵員募集業者に対する事例、家内使用人の不当な解雇、あるいはある家の居住者の排除に反対した事例、そして密猟監視人に対する事例、を挙げることができる。ウォウキング（サリ）では、シャリヴァリは、あまりに度はずれたやり方で泥炭とか薪とかを貯めこんでいた人びとに対して、共同体の権利を守るために基本的に行使された。[74]

十八ないし十九世紀について真面目に研究してきた歴史家ならすべて、自分のノートから自分なりの事例リストを引き出すことが可能である。きわめてしばしば、シャリヴァリの行使は、産業における紛争にも用いられた。西部の織工によって行なわれた、スト破りの「黄色派」に対する「クール＝スタフィング cool-staffing」は、それら黄色派の人びとを厚板の上に馬のりにさせ、隊列を組んで沼地まで連行していくことであった。また北東部の鉱夫や船員たちも、同じようなやり方で、黄色派に対して厚板を使っていた。ロンドンでは、手押車の車輪が厚板の代わりをすることもあった。つまり、一六九六年、協定料金以下で働いたある帽子製造労働者に対して用いられたのが、そのようなやり方であった。[75] 一七七〇年、南部の帽子＝染色職人たちは、

「かれらの同業職人《コンパニョン》のひとりを捕え、無料で超過時間を働き不当に安い労働を引き受けたとして、非難した。帽子職人らはその男をロバの上に無理やり乗せ、かれらが働いていた町の中を、すみずみまで連れ廻した。先頭に、その男の過ちを告発したプラカードをたたせ、一群の少年たちがその男を取り囲み、シャベルでもって『ラフ・ミュージック』をやっていた。かれらは、道々出あった各商店で、より高い賃金を獲得するためにストに入るよう、人びとを強制した。[76]」

似たような「ロバにのせた連行」が、一八一八年、コヴェントリで、リボン用の織布労働者のストの際に起こったが、このときは、連れ廻された犠牲者は、かなり年配のリボン製造業者《ファブリカン》であった。[77] ロンドンではシャリヴァリは、十九世紀末まで——ことにケンティッシュで——さまざまな機会に使用された。そして一八七〇年、ウリッジで行

なわれた、許可されていた以上の乗客を運んだ船頭に対するものは、一大式典風であった。すなわち、その他の船頭たちが、その船頭の似すがたを持ち、いつもながらの耳障りな音をたてながら行進し、テムズ河の波のまにまに放たれるはずの小舟の上にその似すがたを置き、最後にそれに火を放ったのであった。(78)

私は、その他の事例を引くこともできよう。それら諸事例は、本当にそれを探し求めたわけではなく、たまたまの示唆を通じてとか、あるいは同僚たちの注意深い助言のおかげで私の手元に入ったのだが、その偶然的なあり方は、それら諸事例が少なくとも十九世紀初めまでは、産業における紛争でごくありふれたものであったに違いないことを、意味している。しかし、一六二〇年代の「西部の蜂起」が諸事例を供給しうることを別とすれば、儀式的諸形態がかなりの規模の行動と深く結びついていた例は、グレート・ブリテン島においては、ひとつの場合しかなかったように思われる。それは、十九世紀はじめにウェールズ地方で行なわれ、そしてセフィル・プレン **ceffyl pren** と結合していた。この儀式的なものの形態は、「厚板のり」のそれと、たいへん似かよっていた。すなわち、

「その家庭のなかでの行動が隣人たちの非難の的であるような人物、あるいは、他の者を告発したり、法を適用させることに協力したりして不人気となった人物、それらすべての人びとの戸口まで、馬の像が夜の間に、顔を黒くぬって手に燈明を持った一群の人びとに囲まれて、運ばれる。馬の上にはある男が乗せられており、行列が件の家の前で止まると、その男は、人びとに、かれらが集まっている理由を述べたてる……」

この示威行動が、「家庭内」の違反に対して向けられているときには、それには、「もっともひどくみだらな言行」が伴われたものであった。一八二〇年代と三〇年代を通じて、ウェールズのあるいくつかのところにおいては、「セフィル・プレン」はだんだんに、「公的」な違反に対して用いられるようになった。たとえば、農業について

の不公正がある場合とか、ちょっとした盗みについて告訴した人びとに対して、あるいは不人気な町村の役人に対して、などなど。(79)

「セフィル・プレン」は、一八四〇年代のウェールズ南部における、有料道路反対の騒擾（「レベッカの叛乱」）の際に、ことに用いられた。すでに一八二〇年代初めにおいて、（主にマンマスシャの）炭鉱地帯における「スコッチ・キャトル」の騒乱が、儀式化された諸要素を表わしていた。すなわち、顔を黒く塗り女装した男たち、角や皮や仮面を使った動物への変装、黄色派や密告者の家の前での、ラッパの奏鳴、わめき声、鎖のぶつかりあう音、銃声。(80)

一八三〇年代、一八四〇年代において、「セフィル・プレン」の実施は、カマーザンシャ州をこえて拡がり、ついには「大地の諸法」が、（筆名でもあると同時に）農民叛乱の神秘的な首謀者である「レベッカ」の法の制定を導くまでに至るのである。(81) その騒乱の絶頂点において「レベッカ」は、同時に公的な領域にも私的な領域にも、その権力を拡げていた。その信奉者たちは、推定上の父親の家の前にその子どもを置いたり、若者たちが誘惑した娘との結婚を拒んでいれば、それらの若者を脅し、また夫たちには妻をもう殴らぬよう警告を発していたが、またそれと同時に、有料道路に反対する運動を追求し、農民の要求を組織化し、そしてその支配に対立する密告者たちをおびえさせてもいたのである。「レベッカ」の行動のいくつかは奇妙なものであったが、しかしまたきわめて事態を明らかにするものでもあった。三年ほど前のこと、ある若い農業労働者が、ある結婚式から「ぐでんぐでんに酔って」帰る道すがら、ある独身女性の土地所有者に出会い、かの女に抱きついてキスをしたことがあった。この攻撃に関して、かれに二〇シリングの罰金が課せられたが、それはこの婦人の名誉のためというより以上に、その地位のためであった。そこで「レベッカ」一派は、その罰金の返済を要求した。拒絶にあったかれらは、罰金を課した判事と、かの被害者たる婦人のそれぞれの耕作地を荒らした。近隣に住むもうひとりの紳士は、これを次のように評していた。「このことは、正義の観念において公衆の精神が堕落していることを示しているが、政治的な観点からすれば、単なるならず者の掠奪者を罰する以上の、はるかに繊細な扱いを要する一件である」と。

われわれとしては、次のようにつけ加えよう。このことは、民衆の要求の炎がなんでもって燃えさかっていたのか、そしてその炎がいかにしてながいこと燃えることができたのか、を示していると。そしてまた、数カ月の短い間、カマーザンシャの住民たちのうちでもっとも貧しく、もっとも侮蔑されていたものたちですら、真に民衆的な正義を、理想的なものとして期待することができたのだ、ということを。二週ののち、この同じ紳士は次のように書いていた。「あわれな阿呆な娘」が家に物乞いにやってきた。かれは、うけのよくない公共福祉担当員のところへ行きたまえと言って、かの女を送り出したところ、「この娘は落ち着いて、『ベッカ』に言いつけてやると言うではないか。」そこで、

「私がこの女に、もしかの女がしかるべく振る舞わず、この脅迫をし続けるなら、牢に入れられてしまうぞと言うと、かの女の唯一の答は、『ベッカに言いつけてやる』と（ウェールズ語で）ぶつぶつ言うことであった。[82]」

最終的に「レベッカ」はその一時的権力を放棄したが、しかし、その精神上の独裁はよりいっそうながいこと、そしてウェールズ語を話す歴史家のみが明らかにしうるようなあり方で生き残り続けたことは、疑いないことである。一八九八年という遅い時期になっても、ラドナーシャ州のランビスタの報告は、顔を黒く塗った男たちから成る「レベッカ」という一味によって、あるやり方で「道徳についての法に抵触」していたひとりの男とひとりの女の（それぞれ離れた）家が襲われたことを、描いている。これらふたりの人物は、ほとんど裸で（これは一月のことであった）、二〇分の間、水の流れのなかを行ったり来たりさせられ、続いて田園のなかをあらゆる方向に走らされた。そしてその間、人びとはかれらを革帯や棒でたたいた。それからかれらは男の家に連れ戻され、そこで「レベッカ」は裁判を開いた。かれらは、再びむち打たれ、手に手をとって田園を走り廻る刑を宣告された。かれらは

髪を切られ、そしてタールと羽毛をかけるぞと脅された（がそれは、最終的にはなされなかった）[83]。このできごとは、「ラフ・ミュージック」やシャリヴァリの儀式が、大西洋の反対側、アメリカ大陸に移されてどうなったかを、われわれに考えさせる。それらは、陽気な「シヴァリー」の始まりに寄与したばかりではなく、たぶん、リンチやクー・クラックス・クランの掟にも、幾分か責任があったであろう[84]。

六

きわめて複雑な諸問題を提起する「家庭内的」なシャリヴァリと違って、「公的」なシャリヴァリは、あまり分析に関わる問題は提出しないように思われる。たとえば「黄色派」の侮辱のような、産業におけるシャリヴァリの場合、どのような違反が行なわれたのか、なぜ民衆的な「法」が適用されるのか、明白にわかる。だがひとつの問題がある。すなわち、こうした目的で行なわれたシャリヴァリが、なぜある地域とある職業でのみ現われたのか？（農業的なカマーザンシャのような）それが盛んであった社会の特徴とは何であったのか、である。

比較論的データは、間違いなくわれわれを前進させるであろう。地中海域の諸社会におけるばかりではなく、アイルランドにおける公的シャリヴァリの研究も、われわれに多くの情報をもたらすであろうと期待することができる。だがいまのところ、われわれは、否定面での結果しかほとんど提出しえない。イングランドの初期の組織化された労働運動は、こうした類の民衆的儀式をみずからのものとはしない。ラッダイトの成功は、沈黙した男たちの小集団が迅速に移動することにかかっていた。また、非合法的組合の誓約と儀式は、また別の儀式グループに由来するものである。そしてさらに、運動がより経験をつみ、組織化され、政治的に意識化するほど、それが民衆的暴力の伝統的形態に負うところは減っていく、ということは明らかなように思われる。マンマスシャのチャーティストにとって、「スコッチ・キャトル」の慣習は、昔のことであった。

大騒ぎないし行列を伴った、似すがたの焼き払いは、この一般化に対して、一つの例外でありえよう。この慣行は、今世紀においてまで大変広まっており（今日でも完全に姿を消してはいない）、そしてしばしば「急進派《ラディコー》」によって用いられていた。なかでも、一七九〇年代のイギリスの「ジャコバン派」改革論者たちによって、また一八一九年のマンチェスタの虐殺（「ピータールー」）後の反司法官・反「ヨーマンリ」闘争で、また一八三二年の改革法要求運動の期間、そして、一八七〇年代の東部諸州での農民運動の間、不人気な土地所有者や小作人に対して、用いられたのであった。

しかし、似すがたの焼却は、チャーティストにおいて好まれた方法ではないし、組合運動や改革運動における一般的な方法でもない。それはおそらく、それらの形態そのもののなかに、民衆の伝統的な——あるいは先祖帰り的ですらある——精神状態を利するような傾向を、改革論者たちが感じていたからであろう。それは実際、改革論者たちやはずれ者《マルジノー》のグループに対して、伝統主義者によってきわめて意識的に用いられた形態であった。イギリス史の中で似すがたとしてもっともよく焼かれた人物は、ガイ・フォークスの後では、間違いなくトーマス・ペインであった。とくに一七九三年から一七九四年にかけて当局のそそのかしで行なわれた、「教会と国王の」名におけるペインの焼き払いについては、数も分布もいままで明確にされてはこなかった。しかし、その数は莫大である。というのも、イギリスのほぼすべての地方自治体と数多くの村落が、それらの焼却に参加したからである。その多くの場合にシャリヴァリの儀式がよみがえったことは、疑いを入れない。

そうした光景の目撃者であった改革論者たちにしてみれば、おそらく同じ手段を用いる気にはならなかったであ

ろう。そしてこのことは、われわれを、いくつかの最終的な考察へと導く。検討された素材からは、シャリヴァリが、機能的にも類型的にも、多かれ少なかれ「中性的」な形態であることが明らかとなった。それは、異なる脈絡の中で、さまざまな、対立しあったような目的にすら、役立つことがありうる。しかしその諸形態は、また明らかに、産業革命の合理化と「啓蒙《リュミエール》」とに先行する社会発展の段階に、属するものである。したがって、儀式がこの産業革命に伴う変容を生きのびたところでは、それは社会的な面からすれば保守的な性格をだんだんもつようになることが、明らかとなる。

そこからは数多くの結果をひき出すことができる。だがそれらはおそらく、見かけほどたいした意味をもっているわけではない。というのも、シャリヴァリの実行がもっともながいこと生き続けていた、十九世紀の共同体の性質を特徴づけることは、やさしいどころではまったくないからである。儀式的なるもののよく練られた諸形態が、民俗学者たちの歓喜の源をなしていたとき、また、「ウーセット・ハンティング」や鹿狩りのような形態が西部の孤立的な村々で記録され、いわば人類学的な生きた遺物としてあるとき、まさに、それと同じときに、この古き良きシャリヴァリは、都市的かつ産業的な脈絡のなかで、厳格に維持されていたのであった。われわれは、ケンティッシュ・ロンドンにおけるそれを指摘した。またそれは、十九世紀半ばにおいて、ヨークシャの産業ベルト地帯のハダズフィールドやパドジで、大変広まっていた。(85) そして、マンチェスタ近くのゴートンでは、ある患者の妻を誘惑した既婚の医者を標的としたシャリヴァリのときに、複数の木綿製糸工場が、その八〇〇名の労働者がそれに参加しうるように、半日の間閉鎖されたのであった。(86)

こうした場合においてすら、シャリヴァリは一種、町のもっとも「古く」、もっとも「粗野な」地帯に属していたのだという印象がもたれるが、しかし、それをはっきりさせることは難しいし、ただ、「ラフ・ミュージック」が生き残っていたところでは、それは「ラフ」で粗野であったに違いないという、同義反復に達するだけである。トマス・ハーディは、「スキミントン」がミクスン・レーンの地域を起源としていたと、示唆している。

「まわりのあらゆる村々のカナンの地。それは、困窮した人びと、負債を負ったり、あるいは何かうまくないことのある人びとの、巣窟であった。仕事のうえに少々の密猟を加え、さらに密猟のうえに喧嘩や酩酊を加えていた小作人や農夫たち、かれらはいずれ遅かれ早かれ、ミクスン・レーンへの道をたどった。あまりになまけ者な農業労働者、また言いつけに反抗的な作男、すべてがミクスン・レーンへと流され、あるいはひきずり込まれたのだった。」

しかし史料は、ハーディの特徴づけを確証するものではまったくない。私はただ、次のことのみ主張しておこうと思う。すなわち、シャリヴァリの継続性と、地方の方言の継続性との間には、おそらく結びつきがあること。そしてこの儀式は口承文化に属しており、方言の活力が健在だということは、またある型の伝統的意識の活力が健在だということを示していること。そしてこの意識とは、移入者たちの侵蝕を生きぬき、また、きわめて狭い親族の結びつきによって支えられているのである。[87] こうした脈絡において、儀式は、それが慣習を擁護し、すでに存在していた合意に基づき、そして合理的納得にではなく先見に訴えるかぎりで、「社会的に保守的」であった。

このことはまた、法というものについての考察を促す。資本主義の、そして官僚主義的な社会において見出しうる、疎外のもっとも極端な形態の一つは、法というものの疎外である。法の機能のしかたは、共同体をひっぱっている人びとによって担われることをやめる。そして法は、それらの人びとに対して、他者（国家の役人たち）によって代表され、独占され、そして利用される。そのあり方は、もはや共同体内部には、因襲に従うか、さもなくばマークされることの恐怖しか残っていないほどまでに、なのである。そうなると、あらゆる法は必然的に外部からの抑圧的なものであると、誤まって結論を導くことも容易に起こりえよう。

しかし、シャリヴァリは、法というものがまだ完全には疎外されていない、したがって少なくともその一部はまだ共同体に属しており、それを適用するのも共同体であるような、そういう生活様式に属しているのである。そのことは認めうる。しかし、われわれが検討した社会を考慮するならば、これには修正するような言いまわしをつけ加えねばならない。法が人びとに属しており、疎外されていないからといって、法はそれだけより「おだやか」で寛容で、より感じよくかつ民衆的である、というわけではないのだと。それは、民衆の先見と価値体系とが許すかぎりにおいてのみ、おだやかで寛容であるにすぎないのである。

附録

先に記したように（本文九八頁以下参照）、レヴィ＝ストロースは『神話学、第一巻、なまのものと焼かれたもの』において、P・フォルティエ＝ボリュによってなされたシャリヴァリの実行についての未公刊の調査を引用し、そこから、検討された事例の九二・五％において再婚がシャリヴァリの口実であったと、結論している。

フォルティエ＝ボリュの調査のある程度の要約は、『フランス民俗および植民地民俗研究誌 *Revue de Folklore français et de Folklore colonial*』の第十一巻（一九四〇年）に刊行された。かれの質問に対する返答の原本は、国立民衆技芸・伝統博物館に保存されている（MS B 19,1〜620 et MS 44,390 の資料参照）。私がそれらの文書を利用しうるように、多大な世話と助力とを寄せて下さった同博物館の保管責任者の方、文書資料部長の女史、そして係の方々に、感謝の意を表わさねばならない。

この調査は、当時民俗協会の宣伝担当書記であったP・フォルティエ＝ボリュによって、町村役場に一通の質問表をまわすかたちで、一九三七年六月と八月のあいだに行なわれた。質問表は実のところ、シャリヴァリには触れておらず、単に「寡夫ないし寡婦の再婚を機会とする示威行為」と題されている。そして、フォルティエ＝ボリュが、次の国際民俗学大会で「寡夫（婦）と再婚」について報告を提出できるよう、急ぎの回答が求められていた。

であるから、調査は、シャリヴァリの実行についてとくになされたのではなく、再婚によってひきおこされるあらゆる型の示威行為についてのものであった。したがって、回答の九二・五%が、シャリヴァリの機会として再婚をあげていることは、驚くべきことではないのであって、逆にその数が一〇〇%以下であることが、驚きである。しかしながら、いかなる具合においても、それらの回答は、まともな数量的分析を許すような類のものではない。三〇七回答のうち、一二三が、再婚の機会におけるなんらかの形態の示威行為（一般的には一回のシャリヴァリ）を指摘し、一一三は、どのような示威行為も指摘せず、四二は、そのような示威行為はもはや行なわれていないとし、二九が「空白」であった。肯定的な一二三回答のうち、おそらく半分は表面的な性急な（「はい」「いいえ」）ものであって、約三〇ないし四〇が、綿密さと正確さをもってなされたものであった。町村長が質問表を地元の歴史家か民俗研究家に渡したいくつかの場合を例外として、たずねられた人びとは、回答するための何の特別な資格も持ってはいなかった。いくつかの幸いな場合には、町村長が地元についての広い知識と観察者の精神とを持っていて、みずからの日常的なきまった仕事を断ち切る作業を喜んで迎えたこともあったが、他方、しばしば質問表の用紙は、町村役場の書記に渡されてすまされてしまったのである。

こうして、調査の価値は、いかに初歩的なものであろうとも、数量的な情報にあるのではまったくなく、もっとも丹念になされた三〇からの回答によってもたらされる情報にこそ、あるのである。それらを検討する前に、われわれは一つの注意をしておかねばならない。一九三七年において、調査は、現に実施されている慣習についてなされているのではなく、その遺物、残存物についてなのだということである。したがって、その慣習が実施されていた当時にどのような機能を持っていたかについて、これを基礎にして正確に知ることはできない。「農村部にしか現存しないこの慣習は、現在では、若者たちの冗談と楽しみのためのものである。」（ロデス、アヴェロン県）。つまりそれがまだ生き残っていたときでも、それは、一杯やるための何スーかを手に入れようという、愉快な冗談半分のおどしという形態をとってであった。

このような遺物が情報を与えうるかぎりにおいて、本論の注（62）で提出した仮説の各々を支持するための回答が存在している。ブリーヴ（コレーズ県）での回答、「再婚する寡婦は、死んだ夫の記憶に忠実でなくなったものとして、よくみられることはほとんどない。」あるいはまた、「結婚は秘蹟と考えられ、夫婦は死後もそれを破る権利を道徳上もたないゆえに」（カスティヨン、アリエージュ県）である。いくつかの回答はある種のやり方で、死去した配偶者がシャリヴァリの中で思い出されていることを、示している。つまり、「人びとは、夫たちの過ぎ去った生涯、かれらの品行と、かれらの立派な人生とを思い起こすが、ときにはそれは、かなり誇張されている。」と（ドンゼル、ドローム県）。老人たちの性的滑稽さは、ことに年齢差があるときには、しょっちゅう記されている。ただ一例だけ、提出されている説明は、「性根の悪い人びとを追い払うため」とされる（オプス、ヴァール県）。再婚が、「他の者たちにとって選択の可能性をとりあげて小さくする」場合には、「配偶可能者の共同ストック」という考え方もまたあらわれている（セーズ、サヴォワ県）。友人たち、隣人たち、両親（あるいは死去した配偶者の両親）、そして子どもたちの嫉妬は、よりいっそうしばしば言及されている。イエール（ヴァール県）におけるシャリヴァリは、寡夫の、すでに成人した息子によって組織されていた。目的は、「初めの結婚でできた子どもたちの利益」を守ることであった（ルミールモン、ヴォージュ県）。あるいは、「初めの結婚でできた子どもたちはしばしば再婚で苦しまねばならず、そこから、邪険な継母《マラートル》 marâtre という卑語がでてきた」（カオール、ロート県）。

回答の大部分が、シャリヴァリの組織者を「若者たち」と推測している一方、いくつかの回答は、よりいっそうの詳述を与えている。すなわち、ある回答においては、組織者たちは、「敵対する隣人たち、ことにいっそう、その再婚に不満な肉親たち」と記されている（ユゼス、ガール県）。その組織者が誰であろうとも、シャリヴァリは――大部分の回答がそう示すように――、「低い階層のほぼすべての者たち」に支持されていた（ビュルゼ、アルデッシュ県)。もっとも、いくつかのある地域においては、参加者の間で区別が表われているが。「年齢差があまりにもひどかった(若い娘と結婚する老人)ある場合には、女性たちが男性以上に示威行動を起こしている。おそらくは嫌悪感から、そしてその男が財産家の場合には、よりしばしば嫉妬から」(カスティヨン、アリエージュ県)。

再婚がそれとして、シャリヴァリをひきおこすことはめったになかったことは、明らかである。すなわち、一般に、附随した状況が存在せねばならなかった。確かに、あるいくつかの地域では、再婚を非認し、(並行して)寡婦のままであることを賞讃する、はっきりした傾向があった。つまり、「やもめ暮しを守っている寡婦は、村で大変良くみられている。隣人たちはその家事を助け、男たちは、日曜の朝ごとに、かの女のために薪を切ったり、牧草を刈ったり、畑を耕したり、進んでつらい労働をやってあげている」(カスティヨン、アリエージュ県)。

逆に、その他の地域では、洞察力鋭い回答が指摘しているように、再婚は、家族一同の経済状況によって、不可避なものとなっていた。であるから、ニベル=サン=ソヴァール(ロワレ県)では、再婚に反対する示威行為は存在しなかった。その村は、「大部分、みずから耕作している小農土地所有者から成っており、(そこでは)家族単位での生活が必要不可欠である。したがって、寡夫も寡婦も……一般に短期間ののちに再婚している。」

もっとも深くにまで達した回答がおそらくなされたのは、ダクス(ランド県)においてである。[88]「カリバリ Cal-hibari」がしばしば再婚によってひきおこされたが、「しかし、再婚をグロテスクで、醜悪で、あるいは反感を起こさせるようなものにしている状況が、さらに必要である。」そうした状況とは、次のようなものでありえた。すなわち、(1)、カップルにおける年齢差。(2)、「若い百姓娘を嫁にする土地所有者の『だんな《ムッシュー》』」というような、社会的地位の差。(3)、夫婦の片方が利害心から結婚したと思わせるような、財産の差。(4)、寡夫ないし寡婦の不具持病、「それは、おのれ自身を売りにだしたことを常に推測させる。」(5)、当事者のどちらともの再婚前の性行為、たとえば、「先のつれあいが生きているときからかれらができあっていたという疑いがある場合」のような。(これがもっとも重大なシャリヴァリをひきおこす可能性があった)。(6)、配偶者ふたりとも老齢である場合。

重大化させる状況が必要であったという考えは、多くの回答に表われている。たとえば、「年齢の不釣合にそれが加わるとき」(ムラン、アリエ県)とか、「将来の夫婦——寡夫にせよ寡婦にせよ——が、批評や嘲笑にいささかの機会を与えるとき」(ビュルゼ、アルデッシュ県)とか、「むしろ、再婚する寡婦の評判悪い行ないに」(リュフェク、シャラント県)とか、「貧しく若い娘をめとる金持の老人……ことに最初の結婚によってすでに大きな子どもをもっている場合」(ブリウード、オート=ロワール県)、というように。これらの場合以外では、再婚する人物に対してシャリヴァリを避けることが、シャリヴァリが非常に広まっていた地域においてすら、ありえた。ヴィコ(コルシカ)で質問された人物は、常とはちがって、個人的な事情に即して答えている。「むしろ個別の状況を考慮しておこう。これらの情報の提供者は、再婚した寡夫であるが、かれは、その村の教師で、再婚相手も教師だったので、カンパナッチオ(シャリヴァリ)の栄誉を受けずにすんだ」、と。

ひとつの回答が、似たような個別性をもった興味深い事例を提出している。ジロンド県のアブザックでは、もっとも最近のシャリヴァリは、「若い娘を妻にしようとしている中年の男に向けられていた。その娘は妊娠していることが知れわたっており、その品行はあやしげという以上のものであった。ロバにひかれた三台の荷車をもって、行列が行なわれた。最初の荷車には、「安い肉」という札をつけた牝山羊が乗せられ、二台目には「まったく身の不自由な老人」、三台目には、「若い男が乳母に変装して乗り、ライ麦のストローの裂けたもので巨大な赤ん坊に乳をやるまねをし、赤ん坊の泣き声のまねをしていた。」一九三〇年代においてシャリヴァリが、このような大きさに達しえたとするならば、ときに暴力的でもあるその結末が回答の約一六%において指摘されていることは、驚くべきことではない。たとえば、ダクス(ランド県)、テーズ(バス=ピレネ県)、コンク(アヴェロン県)、ルミールモン(ヴォージュ県)などで。そのときわれわれは、一八三七年にはどのようなパーセンテージであったろうかと、問うことができる。

以上が、再婚に関することがらである。では、この再婚というカテゴリーに入らない（と思われる）七・五％の事例はどうなのか？　そこでは単にひと握りの回答だけが問題であり、それらの回答では、尋ねられた人物は、質問が求めているところにかまわず、別の詳報をつけ加えているのである。コンクでは、「ある妻が夫の顔を傷つけたとき、人びとはその地方のロバとラバすべてを連れ出し、その地の通りを行列した。」シャリヴァリがエシール（ドゥ＝セーヴル県）で行なわれたのは、婚約したふたりのうちひとりが、「品行の点で何か違反をしていたり、私生児とか、などなど」の場合であった。

ダンニエ（コレーズ県）では、興味ある事例の話がわれわれに提供されている。「ラ・ジュベルティの村で、父と母と息子から成る一家が、まあまあ楽な暮しをしていた。ある六十歳になる女性がやってきて、この平和な幸せな暮しをかき乱した。父親がその女に夢中になってしまったのだ。しかし自分が『この美女』を嫁にするわけにはいかない父親は、二十六歳になる、少々単純な頭の持ち主である自分の息子に、かの女を妻としてとらせようと望んだ。息子は、この六十女を妻にすることを承諾する。」このシャリヴァリは、暴力的で悲劇的な側面をもった。つまり、父親は水に身投げをしようとし、また（成功しなかったものの）シャリヴァリの組織者のひとりの家に火を放とうとした。この事件は最近起こったことであって、そして、質問表の項目には含まれない事柄であったのに、回答には自動的に記入されている。つまりこの事件は、町役場でかつて多くの面倒をひきおこしていたからである。

もうひとつ別の回答が引用に値する。そのいくつかのくだりは、おそらく、一種の考察として書かれたものであろう。すなわち、『カリバリ』は、ときに、寡夫と寡婦以外の人物にもなされる。たとえば、司祭であるとか、学校の先生、村内に住んでいる役人で、住民がかれらに不満を持たねばならないような場合にである」、と（タルブ、オート＝ピレネ県）。

以上のような批判にさらされれば，「九二・五％」という統計は，もはや維持されるものではありえない。

原　注

（1） *Oxford English Dictionary*, Oxford, 1933. は，「ラフ・ミュージック」という語の，こうした意味での最初の使用を，一七〇八年のこととしている。それ以前には，「スキミントン skimmington」とか「厚板のり riding the stang」というような地域的な用語が，おそらくより一般的に使用されていた。この点については次の書を参照されたい。Joseph WRIGHT, *The English Dialect Dictionary*, London, 1896–1905, 8 vol.

（2） フランスの資料については，のちの注にでてくるさまざまな書を参照。イタリアについては，A. DEL VECCHIO, *Le Seconde Nozze*, Firenze, 1885. esp. pp. 290–301. 'Sugli scherni alle nozze del vedovi'. ドイツについては，E. HOFFMAN-KRAYER & H. BACHTOLD-STAUBLI, *Handworterbuch des Deutschen Aberglaubens*, Berlin, 1931–1932. 所収の短い文献目録，および Katzenmusik, Haberfeldtreiben, Thierjagen などに関する部分，また，George PHILLIPS, *Über den Ursprung der Katzenmusiken*, Freiburg-in-Breisgau, 1849. を参照。スイスについては，L. JUNOD, 'Le charivari au pays de Vaud dans le premier tiers du XIXe siècle', in *Schweizerisches Archiv für Volkskunde*, XLVII, Zurich, 1950, pp. 114–129. が興味深い研究である。

（3） Thomas HARDY, *The Mayor of Casterbridge*, 1884. という，完璧な観察にもとづいた小説を参照されたい。Diderot et D'Alembert, *Encyclopédie*, Paris, éd. de 1753. の二〇八ページ，「ひとを嘲弄する騒ぎで，夜の間，フライパンや金だらいや鍋などでたてられるもの」という記述，A. VAN GENNEP, *Manuel de folklore français contemporain*, Paris, 1946, I, ii, p. 616.「鍋，シチュー鍋，振鈴，カウ・ベル，馬やラバにつける鈴，長柄の鎌，鉄や亜鉛のかたまり，角笛」など，と比較されたい。Cf. G. GABRIELLI, 'La Scampanata o Cocciata nelle nozze della vedova', in *Lares*, II, Roma, 1931, pp. 58–61.

（4） 後記の注（37）にある V. ALFORD, p. 507. を参照。P. SAINTYVES, 'Le charivari de l'adultère et les courses à corps nus' in *L'Ethnographie*, Paris, 1935, pp. 7–36. は，姦通に対する罰と侮辱についての全般的報告をしているが，シャリヴァリの儀式に関しては，その例の大部分が適合的でないことを認めねばならないことは、レヴィ＝ストロースの指摘の通りである。しかしながら、ペルシャと北インドでの儀式（Saintyves, pp. 22 et 28）と、ゴルキがクリミアで観察した粗暴で加虐的な儀式との間には、印象的な相似性がみられる。この点、A. BRICTEUX, 'Le châtiment populaire de l'infidélité conjugale' in *Revue Anthropologique*, XXXII, 1922, pp. 323–328. ハンガリーについては、Tekle DOMSTER, in *Acta Ethnographica Academice Scientarum Hungaricae*, VI, Pest, 1958, pp. 73–89. を参照。

（5） 次のものを参照。M. A. COURTNEY, 'Cornish Folklore', in *Folk-lore Journal*, V, London, 1887, pp. 216–217 ; A. L. ROWSE, *A Cornish Childhood*, London, 1942. pp. 8–9.

（6） この儀式では、結婚した若者たちの家の戸に陶器がぶつけられて壊されたが、そのみごとな描写については、次を参照。Henry MAYHEW, *German Life and Manners as in Saxony at the Present Day*, London, 1864, I, p. 457.

（7） J. A. PITT-RIVERS, *The People of the Sierra*, London, 1954, pp. 169 ss. 参照。

（8） Alice T. CHASE, in *American Notes and Queries*, I, p. 263, Sept. 1888 ; W. S. WALSH, *Curiosities of Popular Custom*, Philadelphia, 1914. 参照。「シヴァリーズ」は、オハイオ、インディアナ、イリノイ、カンサス、ネブラスカの各州で広く拡まっていることが指摘されている。アメリカの同僚たちが私に保証したところでは、この慣習はいまもって生き続けている。結婚したすべてのカップルは、「シヴァリー」の待ちぶせにあう可能性があり、群衆を手厚くもてなし、飲み物を提供してはじめて、それは避けられることができた。しかしおそらく間違いなく、フランスのシャリヴァリの陽気な形態の大部分の場合と同じく、示威行為は「よりエスカレートし……その評判はより悪いものとなる」可能性があった。この点については、cf. VAN GENNEP, ***Manuel***, I, ii, p. 614.

（9） Sabine BARING GOULD, *The Red Spider*, London, 1887, II, pp. 78, 109 ; Theo BROWN, 'The Stag-Hunt in Devon', in *Folklore*, XLIII, June 1952, pp. 104–109.

（10） 角のはえたおそろしい悪魔のような仮面が、こうした儀式で用いられることは、最近までドーセットで続いていた。この点については H. S. L. DEWAR, *The Dorset Ooser*, Dorchester, 1968. 参照。

（11） F. A. CARRINGTON, 'Of Certain Wiltshire Customs', in *Wiltshire Archaeological Magazine*, I, 1854.

（12） Enid PORTER, *Cambridgeshire Customs and Folklore*, London, 1969, pp. 9–10.

(13) J. T. BROCKETT, *A Glossary of North Country Words in Use*, Newcastle-on-Tyne, 1829.

(14) S. O. ADDY, *A Glossary of Words Used in the Neighbourhood of Sheffield*, London, 1888, pp. 185–186 ; Thomas WRIGHT, *The Archaeological Album*, London, 1845, pp. 54–56.

(15) W. E. A. AXON, *Cheshire Gleanings*, Manchester, 1884, pp. 300–301 ; Mrs. GUTCH, *County Folk-lore : East Riding of Yorkshire*, London, 1912, pp. 130–133.

(16) ウィルトシャ州公文書館の原史料（XS 6. 18/168）の写しが次にある。B. H. CUNNINGTON, 'A Skimmington in 1618', in *Folklore*, XLI, 1930, pp. 287–290.

(17) G. ROBERTS, *The History and Antiquities of Lyme Regis and Charmouth*, London, 1834, pp. 256–261.

(18) たとえば下記に引用される *Notes and Queries*, London を参照せよ。ロンドンのバーモンゼイでの「ほぼ三十年前」の場合については，*N. & Q.*, 4th series, xi, 31 May 1873, p. 455.

(19) ここでおそらく，物理的暴力は，だんだんに放棄されていったものと思われる。十九世紀以前のいくつかの場合には，犠牲者は代替物ではなくみずから，厚板や荷車（あるいはロバの背）に乗せられて運ばれることがありえた。それはことに，スト破りの労働者の場合と，性的犯罪の現行犯でつかまったすべてのものの場合とに，そうであった。W. WOODMAN, 'Old Customs of Morpeth', in *Histry of Berwickshire Naturalists' Club*, XIV, 1894, p. 127.

(20) G. ROBERTS, *op. cit.*, p. 260.

(21) *N. & Q.*, 5th series, v, 25 March 1876.

(22) A. C. BICKLEY, 'Some Notes on a Custom at Woking, Surrey', in *Home Counties Magazine*, IV, 1902, p. 28.

(23) 「ラフ・ミュージック」による自殺については，*Caledonian Mercury*, 29 March 1736. の殴られた女房の場合，また，*Northampton Herald*, 16 April 1853. の，独身女性の子供を認知した既婚の農業労働者の自殺の試み，を参照。

(24) A. C. BICKLEY, *op. cit.*, p. 27. 同じ著者は，次の別のもう一書の中で，このようなはたご屋での「裁判」を描くことに，一章をさいている。*Midst Surrey Hills : A Rural Story*, London, 1890.

(25) たとえば次を参照。*N. & Q.*, 2nd series, x, 15 Dec. 1860, p. 477.

(26) たとえば次を参照。'The Study of Folklore', in *Times Literary Supplement*, 16 Sept. 1969.

(27) キース・トマスの重要な著作をことに参照されたい。

Keith THOMAS, *Religion and the Decline of Magic*, London, 1971.

(28) この欠陥は、たとえば小説家トマス・ハーディや、詩人ウィリアム・バーンズ、そして音楽家セシル・シャープらの、想像力にとんだ注目すべき洞察力によって、常に大幅に補われている。

(29) E. B. TYLOR, *Researches into the Early History of Mankind*, London, 1865, p. 273.

(30) 次を参照。Giambattista VICO, *La Scienza Nuova*, éd. F. Nicolini, Bari, 1928, I, p. 113.「氏族の自然法は、諸民族の慣習とともに、それら慣習の間で何の考察もまた互いに例にしあうこともなく生ずる人間の共通感覚における一致によって、成立したものである。」

(31) Theo BROWN, *op. cit.*, pp. 104–107; S. BARING GOULD, *op. cit.*, II, p. 78; S. BARING GOULD, *A Book of Folklore*, London, 1913, pp. 251–252.

(32) *N. & Q.*, 4th series, iii, 26 June 1869, p. 608; *ibid.*, 4th series, xi, 15 March 1873, p. 255; *ibid.*, 4th series, iii, 5 June 1869, p. 529.

(33) G. RORERTS, *op. cit.*, pp. 256–257.

(34) BROCKETT, *op. cit.*,「厚板のり」についてのくだり。

(35) W. HENDERSON, *Notes of the Folk-lore of the Northern Counties of England and the Borders*, London, éd. de 1879, p. 29.

(36) イギリスにおいて、民衆の間での離婚の、儀式化された形態であった妻の売却に関して、私は現在、補完的な研究を行なっている。この慣習はかつてしばしば、フランス人の観察者たちの関心をひきつけたものでもあり、それらの史料に関するどんな情報でも教えていただければ、たいへんありがたい。

(37) Violet ALFORD, 'Rough Music or Charivari', in *Folklore*, LXX, Dec. 1959.

(38) VAN GENNEP, *Manuel*, I, p. 202.

(39) *Ibid.*, I, ii, pp. 614–628.

(40) そのひとつの例はフランシュ＝コンテ地方においてである。*Ibid.*, p. 619, note 2. また、一七五三年版『百科辞典 *Encyclopédie*』の二〇八ページでは、シャリヴァリの原因は、「再婚や三度目の結婚をする人びと、また、年齢がまるで異なる相手と結婚する人びと」であるとされている。

(41) C. LÉVI-STRAUSS, *Mythologiques*, I. *Le Cru et le Cuit*, Paris, 1964, p. 294. および次をも参照。P. FORTIER-BEAULIEU, *Mariages et Noces campagnardes dans ...... le département de la Loire*, Paris, 1937. 本論文附録を参照されたい。

(42) LÉVI-STRAUSS, *op. cit.*, pp. 293–295.

(43)　N. Z. DAVIS, 'The Reasons of Misrule: Youth Groups and Charivaris in Sixteenth-Century France', in *Past and Present*, L, Feb. 1971, pp. 41–75. 同著者は、妻を殴った夫による例は、一五八三年五月のディジョンの一例しか引いていない。この点については、同論文四五ページ注一三参照。

(44)　オルフォードがほのめかしている、シャリヴァリに結びついた自殺とか復讐（ヴェンデッタ）についての注記は、よりロマンチックな民衆作家たちのものと対照的である。ピット＝リヴァース前掲書（注7参照）の一六九ページ以下に描かれている「ビート el vito（アンダルシア特有の舞踏）」の物理的暴力、またジュノ（注2参照）によって引用されている事例と比較されたい。

(45)　「スキミントン」に関するもっとも完璧な文学的貢献は次を参照。Samuel BUTLER, *Hudibras*, second part, Canto II, éd. J. Wilders, Oxford, 1967, pp. 142–149.

(46)　*Read's Weekly Journal*, 16 April 1737.

(47)　*N. & Q.*, 4th series, iv, 31 July 1869, p. 105. 一八二六年、サマセットの例。*Ibid*, 5th series, 25 March 1876, p. 253. 十八世紀末(?)のランカシャの例。じゃじゃ馬女房はまた、法的な懲罰にもかけられていた。(訳注)たとえば、口籠をはめられる罰、「ブランキング branking」および「背なし椅子に座らされてさらされる罰」などである。（訳注　やはり、頭から金網状のものをかぶせられ、口籠をはめた状態にしてしゃべれなくする刑罰。）

(48)　C. HULBERT, *History and description of the County of Salop*, 1838 ed., p. XXXI. じゃじゃ馬女房の代替物をロバの背にのせた行列で、一七九〇年頃の例。*N. & Q.*, 2nd series, x, 10 November 1860, p. 363.

(49)　一八七二年、リンカンシャのマーケット・レイズンで、「夫婦生活で特権を持っているという堕落した考え方」を持っていたある木炭商人に対して行なわれた例。*Stamford Mercury*, 19 Jan. 1872. 一八八七年、ヨークシャのノーザラトンで、若い妻に対して不義を働いていたことが明らかとなった馬丁に対する例。*York Herald*, 1st March 1887. 一八八二年、ハンプシャの村で愛人を見捨てた若い男に対する例。*Hants and Berks Gazette*, 4 Feb. 1882. その他、多くの例。

(50)　*N. & Q.*, 2nd series, x, 15 Dec. 1860, p. 477. この場合、行動を起こした人びとは、火にくべるべき似すがたを準備しようとはしていなかったようである。

(51)　*Bucks Herald*, 27 July 1878. 民間信仰によれば、夫は妻を三回殴って罰する権利をもっており、それ以上殴ってはいけない。

(52)　バークシャ州文書館のさまざまな史料。D/EWI. L. 3.

(53)　E. PORTER, *op. cit.*, pp. 9–10.

(54) 若者たちの修道院については、次を参照。DAVIS, *op. cit.*, passim ; M. AGULHON, *Pénitents et Francs-Maçons de l'ancienne Provence*, Paris, 1968, spéc., pp. 44–48 ; JUNOD, *op. cit.*, passim.

(55) ALFORD, *op. cit.*, pp. 517–518.

(56) VAN GENNEP, *op. cit.*, I, ii, pp. 627–628. これがシャリヴァリの重要な要素だったと考えるフォルティエ＝ボリュに、ヴァン＝ジェネップは賛成していない。Henri LALOU, 'Des charivaris et de leur répression dans le Midi de la France', in *Revue des Pyrénées*, XVI, 1904, pp. 513–514は、Emile POUVILLON, *Les Antibel*, 1892という小説を引用して、ある寡夫の七カ月前に死亡した先妻の霊を表わす白いばけもの、パプ、という、「シャリヴァリの歴史では珍しい」現象を紹介している。

(57) A. VAN GENNEP, *Le Folklore du Dauphiné*, Paris, 1932, I, pp. 169–170. 女性解放論者たちは、この「とるprendre」と「ひっかけて釣り上げる jeter le grappin」という表現の対照を、面白いと思うであろう。

(58) LÉVI-STRAUSS, *op. cit.*, p. 294.

(59) *Ibid.*, pp. 300, 334–335.

(60) *Ibid.*, pp. 295, 343–344.

(61) 本論上述の九九ページ参照。

(62) DAVIS, *op. cit.*, p. 66. デイヴィスはここで、再婚は、町においては農村におけるほど、「しかるべき結婚予備軍」の総量に対する脅威にはなっていなかったが、それは、町への移入人口の大きさと、選択の可能性のより広大なことによっている、と考えている。おそらく、「しかるべき結婚予備軍」の総量は、ある影響力をもっていたであろう。だが、この「しかるべき結婚予備軍」の理論には、（ことに「統合の連鎖」としては）、農村の枠内における、結婚と土地所有ないし小作制との間の関係についての分析がいささか欠落しているように思われる。再婚に対するシャリヴァリを惹起するためには、さまざまな社会的脈絡において、いくつかの要素のうちのただ一つがあれば十分であった、と考えることができる。それら諸要素とは、すなわち次のようなものである。（a）「結婚しうる当事者の総量」による説明。（b）年齢の格差によってひきおこされる性的な滑稽さ。（c）夫婦生活に関する理想からも、また社会学的な条件からももたらされる、外婚の恐怖、「よそ者」に対する嫉妬。（d）（もっとも古い歴史時代において）、夫の死後も夫の所有物であり続ける妻にとって、ことに結婚とは「永久のもの」というきわめて強い感情。これにさらに、死んだばかりの配偶者が人望があった場合、寡夫ないし寡婦のあまりに早急な再婚に対する非難、をつけ加えることができる。それが、（前出注56の）パプを説明する。（さらに、死んだ配偶者の肉親の嫉妬、そしてこれから継母となるひとへの根深い恐怖をつけ加えねばならない。）（e）若い男と寡婦との、あるいは若い娘と寡夫との結婚が、その若者の社会的、また家内的規定に突然の変化をひきおこし、同じ年齢グループの規定からその若者をひき離す場合に明らかとなる、緊張関係。（f）——これがもっとも重要なものであるが——子どもを作りうる年齢の寡夫ないし寡婦が再婚した場合の、土地ないし小作地の相続に関する諸問題。また同じく——新たに子どもができたかどうかにかかわらず——再婚は、土地と姻戚関係に結びついている親族の複雑な体制を、めちゃくちゃにすることがありえた。この問題については附録を参照されたい。

(63) スイスのヴォー州では（ジュノ前掲論文参照）、シャリヴァリは、十九世紀に性格を変えた。すなわちシャリヴァリは、もはや再婚に対してではなく、すべての結婚に、ことに「よそ者」との結婚や、あるいは年齢差の激しいそれに対して行なわれた。ジュノは、乱暴な夫については記していない。しかし、バヴァリアでは、妻が殴られた場合は、カッツェンムジーク Katzenmusik の顕著な機会であった。*N. & Q.*, 2nd series, 8 Sept. 1860, p. 185 も参照されたい。

(64) しかしながら、スコットランドのあるいくつかのところでは、妻たちが、乱暴な夫に対し、かの女らみずからその有罪者を連行して、「厚板のり」の罰に処していたことが報告されている。R. FORSYTH, *The Beauties of Scotland*, Edinburgh, 1806, III, p. 157.

(65) そしてその場合は、特別に重大化した場合であった。たとえば次を参照。*Bury Times*, 12 Nov. 1870.

(66) *N. & Q.*, 6th series, VI, 25 Nov. 1882, pp. 425-426; *ibid.*, 5 th series, V, 25 March 1876.

(67) マンチェスタのゴートンでは、「ある画家がふたりの女とひとつの家に住んでうまくやっていたことが発見された」とき、「厚板のり」が行なわれた。*N. & Q.*, 5th series, V, 25 March 1876, p. 253.

(68) 有用な事例研究としては次を参照せよ。SAINTYVES, *op. cit.*, pp. 7-10（フランス北部、悪しき性行為の例）および PITT-RIVERS, *The People of the Sierra*, pp. 170-178. その一七四ページで、ピット＝リヴァースはこう記している。「ビート vito は……道徳的規範に現行犯で違反した場合にのみ……適用される。村《プエブロ》は、みずからの道徳的規範が無視されている場合にではなく、それが直接挑戦をうけている場合に、反応を起こす。」そうした挑戦は、既婚のふたりの人物がそれぞれ家族を棄て、一緒になお同じ村に住んだ場合に起こった（一七一ページ）。それは、「ラーク・ライズ」のイングランドの村の場合とまったく同じであった。すなわちそこでは、私生児たちは許容されていたが、ある労働者の妻と借間人との間の（まさにその労働者の家での）姦通が、「ラフ・ミュージック」をひきおこし、それら三人とも共同体から追い出されたのであった。Flora THOMPSON, *Lark Rise to Candleford*, Oxford, World's Classics, 1954 ed., pp. 145–146.

(69) 次を参照。D. G. ALLAN, 'The Rising in the West 1628–1631', in *Economic History Review*, 2nd series, V, i (1952–1953); E. KERRIDGE, 'The Revolts in Wiltshire againt Charles I', in *Wiltshire Archaeological Magazine*, LVII (1958–1960); A. W. SMITH, 'Some Folklore Elements in Movements of Social Protest', in *Folklore*, LXXVII, winter 1967, pp. 241–252.

(70) *Warwickshire Quarter-Sessions Proceedings*, ed. H. C. Johnson and N. J. Williams, Warwick, 1964, pp. xiii–xiv.

(71) J. H. BLOOM, *Folklore, Old Customs and Superstitions in Shakespeare Land*, London, 1930, p. 53.

(72) *Bucks Herald*, 13 July 1878.

(73) ベドフォードシャ州文書館 QSR 23, 1817, pp. 230–231.

(74) BICKLEY, *op. cit.*, pp. 26–27.

(75) S. and B. WEBB, *The History of Trade Unionism*, London, 1920 ed., p. 28.

(76) *Annual Register*, 1770, p. 74.

(77) *Parliamentary Papers*, 1835, XXV, p. 1834.

(78) *Greenwich & Deptford Chronicle*, 12 March 1870. 「ケンティッシュ・ロンドン」とは、ロンドンのうちで、テムズ河南西部にあたり、ウリッジ、グリニッジ、デプトフォードを含む一帯であるが、そこでは、海軍工廠と造船所が、十九世紀における最重要の産業であった。

(79) *First Report of the Constabulary Commissioners*, 1839, pp. 83–84; Public Record Office, H. O. 52.35 and 73.4 (memorandum of Sir E. Head); J. C. DAVIES, *Folk-lore of West and Mid-Wales*, Aberystwyth, 1911, p. 85.

(80) 次を参照。D. V. J. JONES, 'Popular Disturbances in Wales, 1792–1832' (Univ. of Wales, Aberystwyth, Ph. D. thesis, 1965), esp. pp. 271, 295 ss.

(81) D. WILLIAMS, *The Rebecca Riots*, Cardiff ,1955. 参照。同教授は、五六ページで書いている。「『レベッカの叛乱』は、『セフィル・プレン』の実施の発展であったと、絶対的な確信をもって言う……ことができる」と。

(82) 私が典拠としているのは、ことに Public Record Office, H. O. 45. 454 (i) & (ii) であり、なかでも、(ii), pp. 521–523, 664 ss. にある上に引用した紳士エドワー

ド・ロイド・ホールの記録である。

(83) *Hull and North Lincs Times*, 15 Jan. 1898.

(84) 「荷車でのひき廻し」、タールと羽毛、そして厚板にのせての連行——シャリヴァリに結びついた諸形態で、ことに最後のものはそうである——は、十八、十九世紀の北アメリカでしょっちゅう行なわれ、ある場合には「公的」な罪人に対して、またある場合には、家庭内的な罪人、ことに乱暴な夫に対して用いられていた。次を参照。J. E. CUTLER, *Lynch-Law : an Investigation into the History of Lynching in the United States*, London, 1905, esp. pp. 46–47, 60–71, 63–67, 92, 103 : R. B. MORRIS, *Government and Labor in Early America*, New York, 1965 ed., p. 147 ; *The History of Violence in America*, ed. by H. D. GRAHAM & T. R. GURR, New York, 1969, p. 70. しかしながらリンチそのものは、また別の起源をもっているように思われる。またそれは、距離をおかれ、儀式化された、そして象徴的な暴力とは対照的に、非媒介的な物理的暴力として、ある意味で、シャリヴァリとはまさに正反対のものなのである。

(85) たとえば次を参照。 A. EASTHER & T. LEES, *A Glossary of the Dialect of Almendbury and Huddersfield*, London, 1883, pp. 128–129 ; J. LAWSON, *Letters to the Young on Progress in Pudsey*, Stanningley, 1887, p. 66.

(86) *N. & Q.*, 5 th series, v, 25 March 1876, p. 253.

(87) 「レベッカの叛乱」が、ウェールズの中の、ウェールズ語が使われていた一地域で、しかもたぶん「外からの」移入者や影響によって脅威にさらされていると感じていた地域で起こったという事実の重要性は、あらためて強調するまでもない。

(88) 「ボルダ」協会幹事長アパリジ＝セール博士による。次を参照。*Revue du folklore*, t. CXI, 1940, pp. 17–19.

原題 E. P. THOMPSON, '《Rough Music》: Le Charivari anglais' in *Annales E. S. C.*, 1972, pp. 285–312.

Ⅳ　中世末期のシャリヴァリ

――喧騒行為とその意味――

クロード・ゴヴァール

アルタン・ゴカルプ

E・P・トムスン氏は、以前、イギリスのシャリヴァリに関する論考を本誌上に発表され（*Annales E. S. C.*, 1972. pp. 285–312〔本訳書収録〕）、年齢組 **classe d'âge** と結びついた慣習の研究から、社会階層についての歴史学が何を抽出しうるかを示された。従来、もっぱら人類学者たちが取り上げてきたそれらの事象が、ようやく歴史家の研究対象領域へ入ってきたのである。われわれが慶賀すべきは、まさにこの点にある。こうした歴史学の拡大と豊饒化のために、クロード・ゴヴァール夫人は、以下の論考で、重要な寄与をなしているのである。

ジャック・ル＝ゴフ

おそらく、シャリヴァリ **charivari** を定義する必要は少しもあるまい。シャリヴァリとは、ある特別な状況に際して、何某の住居の前で奏される騒音である。(1)

筆者はまた、未刊行史料を綿密に検討しようとしたのでもない。筆者が主として利用したのは、R・ヴォティエが初めて分析した赦免状である。(2)

複数の学問領域にまたがる視座から、筆者が明らかにしようとするところは、次の二点である。第一点は、中世末期フランス社会における、シャリヴァリの社会的機能と意味は何であったか。第二点は、シャリヴァリに関するテキストのほとんどが、きわめて短期間のうちに、おおざっぱに言ってシャルル六世の治世期（一三八〇―一四二二年）に、しかも特定の地域に限定されずに――テキストが見出される地域は、事実、広い範囲におよんでいる(3)――書かれた理由は何か。

シャリヴァリという語そのものは、十四世紀以前には、ほとんど記録に表われない。記録に出てくるようになっても、多くの場合、方言のかたちをとっている。**chalivali**（一三一〇年）、**chalvarium, calvali, charavallium, charivarium, charivalli** などがその例である。しかしながら、この語が著述作品に用いられるさいには、フロワサールやユスタシュ・デシャンの作品からも明らかなように、その時代からすでに、**charivari** というかたちをとっている。(4)

民俗学者たちは次のようにシャリヴァリの語源をたずねたが、解答が与えられたとは言えない。たとえば、この語は、ギリシャ語のカリバリオン **chalibarion**（青銅あるいは鉄製の壺をたたくと生じる騒音）に由来しているのであろうか。それとも、イタリア語から、より厳密に言えば、ピエモンテ方言から来ているのであろうか。その方言には、牝山羊や牡山羊に変装することを意味するキアヴラマリト chiavramarito とか、カプラメリト caprameritoという語が、いまなお残っているのだが、と。実際のところは、現在もちあわせている程度の知見では、シャリヴァリという語の研究から、その慣習の実体をつまびらかにすることはできない(5)。

既存のもう一つの研究方向は、この儀礼的慣習の起源を解明しようとすることだったといえよう。ある研究者たちによれば、シャリヴァリなる語が現われる時期と、その語が意味する慣習が出現する時期とは、まったく符合するわけではない。かれらは、シャリヴァリの慣習の方が、実際、はるかに古くから存在していたであろう、とする。たとえば、ヴァン＝ジェネップは、証拠を挙げているわけではないが、次のように主張する。シャリヴァリが行なわれることは、中世初期からすでにあったが、どちらかと言えばときたま行なわれたにすぎないから、はっきりさせるのは困難であろう(6)、と。研究の現段階では、ヴァン＝ジェネップの仮説を否定することも立証することも、まだできない。むしろわれわれとしては、儀礼的慣習の起源を過去の闇にさかのぼらせるという誘惑を、警戒すべきではないだろうか(7)。

シャリヴァリという語の研究も、その儀礼の起源にまでさかのぼって説明しようとする試みも、ともに実際のところ、袋小路に入りこんでいるように思われる。言いうるのは、シャリヴァリが、中世末期、とりわけ一三五〇年から一四二〇年にかけて、非常に頻繁に行なわれた、ということだけである(8)。

したがって、問題を解決しようとするためには、おそらく、従来の分析方法を再検討するのがよかろう。また、シャリヴァリが明らかにする社会の類型と歴史的シークエンスの類型に応じて、シャリヴァリが実行される頻度が異なっていた、という仮説を提唱するのもよかろう。さらに、この儀礼が、より一般的に言えば遊びが、他の基本的な活動と同じく、ある時代の社会の内部構造を明らかにするものであることを認める必要がある。社会関係を秩序づける手段を「ホモ・ルーデンス」が遊びのなかに見出している未開社会や伝統社会において、これは、とくに真実ではないだろうか(9)。

従来の解釈によれば、シャリヴァリは再婚に対するたんなる道徳的な断罪であり、またそのため、教会権力と戦う一つの手立てでもあったとされるが、以上に述べたことからして、われわれはまず、そうした解釈を受け容れるのにはきわめて消極的である。その証拠に、十四世紀を通じて、教会のさまざまな決定機関がシャリヴァリに関する法的規制の整備をくり返したが、いかなる決定機関もそれを適用して効果をあげることはできなかったのである(10)。

未開社会や伝統社会、さらには近代社会においてさえ、喧騒に与えられる役割は、ある象徴的な枠組みのなかに位置づけられる。その枠組は、儀礼の総体と神話を通して、人間が自分の帰属する社会や自然界と対話することを可能にする(11)。大多数の未開社会や伝統社会では、男性と女性の対立と、天と大地の対立の間に、ほぼ普遍的な等価性が存在するが、それは次のように定式化できるであろう。

天対大地、敷衍すれば、天と同じ性に属するもの対大地と同じ性に属するもの。

宇宙の秩序を守るには、天と大地の間に、したがって、男性と女性の間にも、象徴的な媒介が必要とされる。かまどの火は、天の側に属する火と大地との危険な結合を回避し、大地から太陽を引き離す。なぜならば、かまどの火が存在すれば、料理をするのに、もはや大地と太陽とが結合する必要はなくなるからである。

媒介が欠如すると、天と大地とが全面的に結合し、宇宙の破滅、つまり、この世の炎上がひきおこされるであろう。同様に、男性と女性の対立の媒介となるのは、生まれ出づる子供であり、それゆえ、天と大地の間でかまどの火が演じるのと同じような役割を、子供は演じるのである。

また、民族学上の多くのデータからは、媒介するものが待ち望まれているときは、「沈黙」という行為が必要とされることが明らかにされている。たとえば、料理に関することすべてが、沈黙の行為を必要とする（黙って食べる、などのように）。これと同じく、多くの未開社会では今日でもなお、新婚のカップルには、最初の子供が生まれるまで、沈黙の行為が課せられている。

この象徴の論理の枠内では、期待される媒介の欠如は、沈黙の対極にあるもの、すなわち、喧騒を呼び起こすのである。嘔吐 **nausée** という語は、騒音 **noise** という語と結びついている。音を立てて沸騰するというのがもともとの語義である **gargoter** からの派生語 **gargote** は、胸がむかつくような食事を出す所を意味する。このように、喧騒の存在が、待望されてはいるが欠如している媒介項の、いわば肩代わりをするという具合に、万事がとり運ばれる。喧騒行為は、危険と判断される結合にも伴って起こる。蝕がその例である。太陽と月（両者の性は対立している）との結合は望ましくなく、その結合は、通常の関係（太陽対大地の対立）の断絶をひきおこす。その際、媒介の欠如が作り出す空隙は、馬鹿騒ぎによって埋め合わされる。

こうした象徴の対応関係を、われわれが考察しているケースに置き換えてみよう。寡夫の再婚は、蝕と同じで、望ましくない結合である。すなわち、若き乙女を手に入れる寡夫は、月を手に入れる太陽が演じるのと同じ役割を演じるかのごとくに、ことが運ばれる。この寡夫による籠絡がひきおこす象徴の空白状態もまた、喧騒行為、すなわち、シャリヴァリを要求するのである。

これは、次のような基本的な問題を提起する。シャリヴァリが実施される範囲は、おおよそ、イギリスとキリスト教的ヨーロッパの大部分にまたがる文化圏に限定できるのであろうか。そのようにして、シャリヴァリをある特定の文明に固有な文化的特徴、と見なしうるのであろうか。(12)

この仮説が成り立つなら、象徴の論理に立脚した解釈、つまり、シャリヴァリの慣習が行なわれる範囲を、未開社会、伝統社会、さらには工業化社会にまで明らかに拡大するという解釈は、退けられてしまうのではなかろうか。(13)（クロード・レヴィ＝ストロースは、新年があけると自動車のクラクションを一斉に鳴らす現象のなかに、現代版シャリヴァリを見てはいないだろうか）。

クロード・レヴィ＝ストロースが提示した比較は、性急、ないし軽率であるようにも思われるが、いずれにせよ検討に値する。また一方、多くの民族学的な資料に基づけば、当然ながら分析を貧困にするような極端に自民族中心的な解釈は、その説得力を失うであろう。

次の例を参考にしよう。ルーマニアのコンスタンツァ地方のネグル・ヴォダ＝コマーナというところには、タタール人であるクリム人とノガイ人（一九六四年現在の人口は二万人(14)）が定住しているが、かれらの慣習は、それがルーマニア版シャリヴァリであり、「古典的な」シャリヴァリとは対蹠的で、正反対であるという点(15)で、シャリヴァリを理解するうえで、ことのほか興味深い。ヌデメス N'Demez（このトルコ語を逐語訳すれば、言葉を発しない者、の意味）と呼ばれるその慣習は、村の未婚の若者によって行なわれる。かれらは、一定の儀式に則って集まり、一連の示威行動をとる。行動に際して、参加者は一語たりとも喋ってはならず、さもなければ、罰を加えられ、集団から追放されることになっている。

この慣習の目的は、示威行動の最後に、村でもっとも恵まれない人びと（老人、寡夫、寡婦など）に、援助の手をさしのべることにある。肉体的欠陥があるとか、子供がいないとか、家畜を持っていないとかの理由から、恵まれない人びとにはできない仕事、薪集め、垣根作りなどを、村の未婚の若者が、決められた時に行なう。

この慣習が実行されるのは、日没後である。口をきいてはいけない、とのきまりがあるため、恩恵を受ける人は、恩恵を施す人が誰であるかを個々に識別することはできないし、そうしてはならない。

シャリヴァリとヌデメスなる儀礼を、構成要素ごとに比較すれば、次のような一覧表を作成することができよう。

＜ヌ　デ　メ　ス＞	＜シャ　リ　ヴ　ァ　リ＞
村の未婚の若者が	村の未婚の若者が
「望ましい結合」を期待して	「望ましくない結合」を阻止しようとして あるいは 「望ましい分離」を期待して
「人に知られぬよう」	「おおやけに」
沈黙を守って行進し	喧騒をまきちらしながら行進し
「共同体から顧みられない構成員を共同体に組み入れる」ことによって	「あまりに厚顔な構成員を共同体から排除する」ことによって
その構成員を「救済する」	その構成員を「処罰する」

「顧みられない構成員」を共同体に組み入れ、「あまりに厚顔な構成員」を共同体から排除する、というこの対蹠は、もちろん、象徴のレヴェルでの状況を表わしているのであって、社会学上の状況を表わしているのではない。シャリヴァリとヌデメス、これら二つの慣習の細部をさらに検討すれば、両者の構造上の類似性を断ち切ることなく、右の一覧表に掲載されるにふさわしい対蹠的な対《つい》現象が、ほかにも見出されるであろう。

いずれにせよ、これら二つの慣習の比較によって、シャリヴァリを西ヨーロッパに特有の文化的慣習ときめつける自民族中心的な枠と、伝播主義的な枠とを乗り越えられるようになったのである。「ヌデメス」なる儀礼は、クリミアのタタール人によって行なわれているのである(前出の記述を参照せよ)。民族学的で歴史的な研究は、こうした沈黙行為と喧騒行為が、よりいっそう広い範囲で実施されていることを、短時間のうちに明らかにしうるであろう。

たとえば、西ヨーロッパ・キリスト教文明圏の縁《ふち》に位置していたオスマン・トルコの社会においては、兵営にあるもっとも大きな鍋をすさまじい音とともにひっくり返し、その周りで儀礼的な馬鹿騒ぎを行なうことが、近衛歩兵の反乱と暴動の合図とされていた。「鍋をもちあげる Kazan Kaldirmak」[16]という表現は、アナトリアの俗語では、いまでも、騒ぎ、暴動、集団によるあらゆる喧騒行為、請願行為と同義である。同様に、アナトリアの農民は、自分が属する社会集団の規範に反する考えを口にすると、「お前の背後で、飯盒が鳴らされるだろうよ」といつも言われる[17]。

象徴の論理との関連においてシャリヴァリの慣習を分析すると、それは、喧騒行為という特殊な形の象徴的媒介の役割を演じることによって、際立った社会的機能を果たしていることが理解される。それゆえ、この慣習は、決してある特定の文明に固有の文化的特徴として現われるのではなく、どのような社会や歴史的シークエンスを考えてみても、どこでも、象徴の論理が喧騒に割り当てる表現の一つを成すものであるように思われる。

愚弄された夫を攻撃するために組織された十六世紀のシャリヴァリ。政治家を嘲笑することを目的とした十九世紀のそれ。伝統を通して伝えられた慣習を農民がないがしろにするのを阻止するために、アナトリアで行なわれている現代のそれ。これらは、同じ象徴の枠のなかに含まれる。象徴現象としてのシャリヴァリはあまねく認められるが、それは、必ずしもこの慣習がある特定の時代のある社会において特定の意味を持たなかった、ということではない。それどころか、シャリヴァリの許容されうるかぎりの変形を検討すると、その慣習は、ある社会生活をとりあげた場合に、それにのみ関わる矛盾を露呈させるのである。したがって、対象とされる時代ごとに、シャリヴァリがいかなる状況の下で行なわれるかを述べなければならない。

十四世紀末、十五世紀初頭のシャリヴァリは、明らかに、いくつかの規則に則って実施され、その規則を破ってはならなかった。当該時期についてみると、分析の対象となるテキストは、すべて、寡夫ないし寡婦の再婚に関するものであり、夫と妻の年齢の不釣合は二義的に扱われているにすぎない。シャリヴァリの目的は、隣人を傷つけることではなかった。次の例がそれを示している。シャリヴァリに参加した人を殺した者が、赦免の恩恵に浴した。なぜならば、「死亡者は、シャリヴァリに加わり、抱いていた憎しみと悪意から本赦免嘆願人に対して喧嘩をふっかけたからである。(18)」

それは、以下のような次第であった。近々成立する結婚のとりまとめ人も、シャリヴァリ参加者の乱暴な振る舞いに不満を抱いた。(19)「家族も家もなく、住所も不定の放蕩者たち」は、ブドウ酒を恵んでくれるよう要求し、さもないと、そのお返しに、「シャルマリ」をすると脅した。婚約中の女性が断ったので、かれらは、「自分たちに与えられるべきブドウ酒をもらえないのであれば、かの女が嫌がってもシャルマリをするぞ、と野卑な、そして荒々しい声で」答えた。「そして、かれらは大きな鍋をたたいて、すぐに、シャルマリを始めた。それだけでは満足せず、その婚約中の女性を教会の墓地まで連れて行ったのである。」そこで、「その結婚のまとめ役であった」赦免嘆願人の父親は、シャリヴァリが行なわれたことの必然については文句をつけなかったが、その儀礼の行ない方に異議を唱えた。その父親はかれらに、「シャルマリのやり方が悪かった。シャルマリは、婚約中の者を連れ出すような風に行なわれるべきではない。自分は、ブルジュ大司教に訴えるつもりである。……」と言った。その結果、激しい喧嘩となり、その最中に、シャリヴァリ参加者の一人が殺されたのである。

シャリヴァリは、日没時に組織される。われわれが扱った例では、すべて、婚約を契機として実行される。婚約式の直前のこともあった。[20] 婚約式の当日、式の直後に、教会の扉口で行なわれることもあった。[21] あるいは、婚約式がすんでしばらく時間をおいて実行されることもあった。いずれにせよ、結婚の前に行なわれた。[22]

さて、シャリヴァリは、結婚することになっている二人のうちの寡夫、または寡婦に向けられ、ほとんどの場合、その者の「住い」の前で繰り拡げられた。一四一八年一月十四日（グレゴリウス暦）付の一通の書状は、シャリヴァリ参加者が犯した間違いを強い調子で述べている。何人かの子供のある寡夫が「一人の乙女と婚約した（……）。かれはその乙女をめとり、聖なる教会の前で挙行される結婚式によって、わがものとすることになっていた。」「婚約者であるかの女は生娘で、これまでに結婚の経験がないのであるから、まかり間違っても、かの女の家の前でシャリヴァリをしてはならなかったのに」、かの女の家の窓の前でシャリヴァリが行なわれてしまった。[23]

シャリヴァリは群集――つねに若者のそれ――をもって構成された。群集は変装することもあり、そうでないこともあった。変装するときには、ありあわせのものを使って老女の衣服をまとったり、野卑な仮面をかぶるなどの身なりをした。そして、若者は何よりも大鍋やフライパンをたたいて騒音を発した。[24] また、シャリヴァリにはさまざまな段階があった。シャリヴァリの対象となった婚約者は、しばしば、シャリヴァリを買い戻した。つまり、金を払ってやめてもらった。婚約者は、シャリヴァリ参加者を酒席に招いたり、金銭を与えたりした。だが、これによって問題が解決するというわけではなかった。買い戻し額について、参加者全員の意見が一致するとは限らなかったからである。[25]

このように、十四、十五世紀には、シャリヴァリ行使権は、再婚に対してのみ認められたようである。

買い戻しが可能であったという事実そのものは、シャリヴァリのもつ影響力をなんら低下させることにはならなかった。現実はその反対であった。なぜならば、買い戻し金が支払われない場合には、参加者は、予定されているシャリヴァリを、自分たちの思いのままに、大がかりなものとしたからである。かれらの言うところの「大シャリヴァリ」を挙行したのである。これは、その慣習が、一定の規則に従っていたことの証左となる。

われわれはここで、シャリヴァリという慣習の意味を究明せねばならない。社会集団内の、通常の女性交換サイクルを破る人に対して、その破る行為が決定的に行なわれてしまう以前に（婚約の段階で）、シャリヴァリが向けられるのは何故か。

そのような状況への対応が喧騒行為を含むのはなぜか。[26]

シャリヴァリ参加者は、基本的には若者であった。テキストでは、かれらを呼ぶのに、「仲間職人 compagnon」、「徒弟 varlet」、「でっち若者 varles jeunes hommes」という語が用いられているが[27]、これらの用語は、ここでは同義である。[28]つまり、それらの名辞には、ほかの場合にとりうるような、社団を示す意味はいささかもない。そうではなくて、人類学者が名付けるところの年齢組の意味をもっているのである。年齢組とは、個々人が年齢を基準として属するカテゴリーで、あつかわれる社会によっては、それらの個々人が法人格を付与された集団、政治的あるいは軍事的集団に再編成される。[29]

現存する未開社会では、社会が年齢組によって分けられていることがしばしばみられる。E・エヴァンズ＝プリチャードが研究したスーダンのナイル系民族、ヌアー族の社会がその例である。[30]ヌアー族の間では、すべての男子にとって、思春期から成人への通過をしるすのは加入儀礼である。手術が済むと、*少年たちは、なかば隔離された生活を送り、さまざまなタブーに服する。「この期間には、実害のない乱行が許される。そして、手による猥褻な遊びをし、卑猥な歌を歌う、という特別な儀礼を経て、この期間を終了する。[31]」四年に一度とり行なわれる加入儀礼を済ませた少年たちは、同じ年齢組に所属する。年齢組体系は、地域体系やリニィジ体系**とは異なっている。「ある地域分節に住む人びとは、他の地域分節との関係においては、一生涯、同じ構造的関係にとどまり、あるリニィジの構成員は、他のリニィジとの間に固定的な関係を保つ。これに対して、年齢に基づく集団である年齢組は、全体の体系との関連において、地位が変化するのである。[32]」

これらの年齢組は、指導力を持ってはいないが、地域区分を越え、リニィジや政治に関して不均衡が見られるところでは地位の等化を保証し、政治的均衡が見られるところでは、年齢組のレヴェルで、地位の差異をもたらすのである。[33]

中世のシャリヴァリについて言えば、唯一の年齢組、すなわち、先に与えた定義に対応する若者の年齢組は、規則に則った活動をしていたと思われる。同じ年齢組に所属する人びとは、異なるリニィジに属しながらも、新たな集団を形成した。かれらは、場合に応じて、アイデンティティも利害も地位も異なるがゆえに、分断されてしかるべきと考えられる社会諸集団の間にあって、その媒介者や統合因子の役割を果たしうるのである。[34]

いかなる地理的枠内において、この新たな集団が形成されたのであろうか。

本稿で検討が加えられたテキストでは、ほとんどの場合、シャリヴァリ参加者は、その地の若者だけである。「その地の何人かの住人が……」とか、「その地のいかなる小わっぱ《コンパニョン》も……[35]」というように書かれている。

しかしながら、これら二つのテキストは、近隣の小教区からやって来た若者も、集団に加わることができたこと

*この手術とは、額の上に、左右の耳まで達する筋状の切傷を六本ナイフで入れることを指す。エヴァンズ＝プリチャードの著書からの引用を訳出するにあたって、向井元子訳『ヌアー族』(岩波書店刊)を参考にした。

**リニィジ lineage, lignage. 民族学では、父系、母系いずれかの原理で構成される集団は、単系出自集団とよばれるが、その集団の成員相互が始祖との系譜関係を具体的に知っているような単系出自集団を、リニィジと言い、系族とも訳される。

を明らかにしている。ラ・フェルテ＝ス＝ジュアールから四キロのところにあるユシー＝シュール＝マルヌで行なわれ、殺傷事件までもひきおこしたシャリヴァリのときがそうであった。そのシャリヴァリには、「その村と近隣の村の若者」が何人か集まった(36)。そのなかには、シャンジとサン＝ジャン＝デ＝ドゥ＝ジュモーの若者が含まれていた(37)。シャンジとユシーは三・五キロ離れているだけで、またサン＝ジャンは、今日では、シャンジに属する小村落である。このように、参加者が集まってくる範囲は比較的狭く、その半径は、おそらく約一〇キロほどである。

したがって、小教区という枠内の、同族結婚傾向が非常に強い社会を研究していることになる。そこでは、配偶者選択の可能性がことのほか制限される。とくに、人口動態学の観点からそのように言うことができる。とすれば、シャリヴァリは、若者が結婚する可能性を守るための、特権的手段であったのか。参加者全員が独身であることが確認されれば、そう肯定できよう。テキストでは、残念ながら、その点がほとんど明らかにされていない。テキストは、「その地の何人かの若者」と記載するにとどまっている。

一三八〇年のあるテキストは、シャリヴァリ買い戻し額の分配をめぐって、既婚者と独身者の間に、乱闘が起こったことを証言している。既婚者の要求はその半額相当だったが、かれらの権利に対して、未婚者は強い異議を唱えたのである(39)。おそらく、未婚者のほうが多数であったとしても、明らかに、既婚の若者も参加していたと思われる。ユシー＝シュール＝マルヌのシャリヴァリについて言及した二つのテキストは、この点に関して、示唆に富んでいる。そのシャリヴァリの参加者の一人で、たぶん、その首謀者でもあったジャン・バイイ――この者のために赦免状が書かれたのだが――は、「扶養家族として、妻と八人の子供をかかえている。」さらにまた、若者が組織するシャリヴァリに、他の住人がしばしば連帯したのも確かである。たとえば、ユシー＝シュール＝マルヌのシャリヴァリのあと、これについで複数の村の間で、ほんとうに討伐隊が派遣されたが(41)、それには、「小わっぱ、つまり若者と、その他の者たち」や「何人かの小わっぱとその村の住人」が参加した。

通常の女性交換サイクルの断絶、限定された地理的範囲の中で結婚しようとする若者が遭遇する困難からシャリヴァリが行なわれる、という仮説を先に述べた。いま、既婚の若者が、そしてまた、より年長の者までも、自分たちがシャリヴァリに関係があると考えていたとするならば、これは、その仮説を立証する方向へと向かうであろう。だが、こうした説明では不十分であろう。共同体全体が、社会組織の均衡を全面的に危くする再婚に対して、関心を抱いていたと思われるからである。赦免嘆願は、ほとんどの場合、シャリヴァリ参加者の「血肉の友 ami charnel」、「姻族」、「親族」によって行なわれたことは、明らかである。われわれが考察している社会内には、個人あるいは集団に割りふられた役割を反映する言葉が山ほどある。

J・M・テュルランが指摘したように、「血肉の友」なる表現は、赦免状において、しばしば用いられる。(42) この言い方は、生物学的な親族関係という枠組み、そしてまた姻族関係という枠組みからはみ出す人びとのカテゴリーを包摂するばかりでなく、友人や隣人をも含むことができる。血肉なる語は、こうした形態の類別的親族《パランテ・クラシフィカトワール》と、それに付随する権利、義務とが、重視されたことを示しているように思われる。血肉の友は、未成人のみならず成人をも保護する。(43) 血肉の友の存在は、ある社会の関心、すなわち、社会みずからの生存にとってと、広義における血族という集団単位の生命、威光にとって必要な財を確保することを、何よりも欲しているような社会の関心を、映し出すものなのである。

経済、人口動態、政治、あるいは宗教の面で苦境に置かれた血族という集団単位のレヴェルでは、連帯のきずなと協力関係の強化が追求される。これはいまでも、「赤い頭 kizil bas」という部族宗教信徒団体の構成員――かれらは、アナトリア遊牧民の最後の代表者で、イランやアフガニスタン北部にも居る――の間に見出される。

それらの信徒団体の構成員は、二ないし三組の「夫婦」の間で「結婚生活」を営んでいる。連帯、協力、相互責務に基づく紐帯が厳しく定められている。儀礼によって聖化されたその紐帯は、「一夫婦間の思いやり」という狭い枠を越え、複数組の夫婦を一つにまとめるのである。[44]

本稿が扱っている時代についてみれば、血肉の友が優勢な地位を占めていたという事実は、必ずしも村落の共同財産制の存在を反映しているわけではないが、シャルル六世治下のフランスでは、夫婦を核として、そのさまざまな核どうしが共同体的組織を形作っていたことを示しているように思われる。[45] こうした共同体的慣行は、すべて、ある不安定な均衡があったことを示すものである。いま、よそ者が、拡大家族のサークルに入ってきたとしよう。そうすると、その構成員の生存は脅威にさらされるおそれがある。結婚はすべて、共同体の輪郭に修正を施すものである。であればこそ、若者がまず、共同体の自衛機構の一員として、その自衛機構の最初の犠牲者となるのだ。「家族」が遭遇する経済的困難、相続財産を細分化の危険にさらすまいとする意図、これらが、若者が結婚する自由に、歯止めをかける。結婚とは、共同体全体を拘束する決定なのである。付言すれば、シャリヴァリ参加者のなかで年齢が分かっている者は、ほぼ二十六歳から二十八歳なのである。[46]

かれらは全員「腕の耕作農民 laboureur de bras」、換言すれば、窮乏の境にあり、肉体労働のみによって生計を立てる日雇農民 **manouvrier** であった。[47] そのうちのある者は、「家族も家もなく、住所も不定の」若者であることさえあった。とすれば、若者が再婚する男性に向けてシャリヴァリを行なった意味は、いっそう鮮明になる。すなわち、自分たちは結婚を待機しており、しかもその権利から遠ざけられていることすらあるのに、二度も結婚する権利を享受する者に対する嫉妬のいりまじった敵対感情があった。二つの世代の間の闘争。再婚することになっている寡夫が拡大家族の家長で、家長の権威というくびきがその構成員の上に、とりわけ若者の上に重くのしかかってくる場合は、とくにそうである。後妻から新たに子供が生まれる可能性が生じることによって、生存の機会が危くなった先妻の子供と、年齢組との連帯が成立する。さらにまた、「家族」の構成員が一人ふえるごとに、おそらく、村落共同体の均衡が崩れる危険がもたらされるであろう。

シャリヴァリは、新郎新婦の間に年齢のひらきがあるかないかとは関係なく、再婚にさいして行なわれる、と先に定義しておいたが、上に引いたデータの全体が、したがって、そのように定義されたシャリヴァリの実施を大幅に助長するのである。この形のシャリヴァリは、家族共同体組織の発展や、その推移の周期と密接に結びついていた、とも考えられる。

経済的にも制度的にも非常に相違するいくつかの時代を対象とする統計系列《セリー・スタティスティック》を通して、シャリヴァリを解明しようとしても、満足のゆく結論には到達しえないであろう。なぜならば、シャリヴァリをひきおこすことになる社会状況というものは、検討の対象となる歴史的シークエンスとの関連において変化する、と考えられるからである。十四、十五世紀についてみれば、すでに述べたように、シャリヴァリはたんなる若者の遊びではない。その当時の人びとは、シャリヴァリを「冷やかしや悪戯を渇望する若者の気晴し」と記述したけれども、それでもって、シャリヴァリが別の時代にも再び流行したこと、それが別の地域で、別の機会に実行されたさいの頻度や形態を、十分に説明することはできない。

シャリヴァリは通過儀礼であり、その儀礼を通じて、若者は、きわめて閉鎖的で位階的な社会に加入することの困難さを示したのである。十四世紀後半の経済活動の後退は、共同体組織の再昂揚を促進した。共同体組織の厳しい規制は、若者の生存を保証したが、その代償として、かれらは自分たちの自立性を失った。その際、通常の女性交換サイクルが混乱して、それがかれらの利益を損ねるおそれがある場合に、力をもって反撥するという可能性が、かれらには残されたのである。こうして、年齢組は明確な姿をみせ、小教区の境界をその地理的範囲とする防衛集団となった。農村の若者の喧騒行為が組織されたのは、その範囲においてである。しかし、先に述べたように、シャリヴァリは決して年齢組とだけ関わりを持ったのではない。若者は確固と組織されていたがゆえに、かれらだけが、村落社会全体のなかで、喧騒行為を実行し、その代弁者の役割を引き受けた。このコンテクストにおいて、若者の喧騒行為はかれらをその社会から排除するどころか、むしろ特権的媒介者の役割を演じさせることによって、かれらをその社会に統合するのである。(48)

原　注

＊筆者は、ご教示をいただいた国立科学院ならびにブレスト大学在勤のM・J・M・ギルシェ氏、史料調査研究所所長J・グレニソン氏、高等研究院研究指導教官J・ル＝ゴフ氏に対して、格別の謝意を表わさねばならない。

（1）本研究は、E・P・トムスン氏が行なったイギリスのシャリヴァリに関する研究の成果（本訳書収録）が公刊される前から始められていた。筆者は、トムスン氏、同じく、次に記す注目すべき論文から与えられた教示を、考慮に入れるよう努めた。Natalie Zemon DAVIS, 'The reasons of Misrule, Youth Groups and Charivari in 16th century France' in *Past and Present*, Feb. 1971, pp. 41-75. この論文には、網羅的な文献目録が掲載されている。

（2）R. VAULTIER, *Le Folklore pendant la Guerre de Cent Ans, d'après les Lettres de Rémission du Trésor des Chartes*, Paris, 1965, pp. 29-35. 歴史家にとって、こうしたカテゴリーのテキストがもつ有用性は、赦免状が死者を出した事件に伴ってのみ発せられ、また、領主裁判を含まないというかぎりにおいて、はっきりと限界がある。だが、赦免状が王尚書局発行の文書中に占める割合は、十四世紀末、十五世紀初頭には、増大しつづけた。M. FRANÇOIS, 'Note sur les Lettres de Rémission transcrites dans les registres du Trésor des Chartes' in *Bibliothèque de l'École des Chartes*, t. 103, 1942, pp. 317-324. を参照せよ。

（3）例として次のような地名を挙げることができる。アルフルール（セーヌ＝マリティム県、ル・アーヴル郡）Arch. Nat., JJ 107, fol. 169, 1375. ガルジュ＝レ＝ゴネス（ヴァル＝ドワーズ県、モンモランシー郡）Arch. Nat., JJ 138, fol. 57, 1389. (R. VAULTIER, *op. cit.*, p. 31. はオー＝ド＝セーヌ県、ヴェルサイユ郡のガルシュと考えたが、そうではない)。セル＝サン＝ドニ（ロワール＝エ＝シェール県、ロモランタン郡）Arch. Nat., JJ 155, fol. 263, 1400. クレアンセ（オート＝マルヌ県、ショーモン郡）Arch. Nat., JJ 157, fol. 152, 1402. クゾン（ローヌ県，リヨン郡）Arch. Nat., JJ 170, fol. 122, 1417.

（4） A. VAN GENNEP, *Manuel de folklore français*, Paris, 1943/1949, p. 622. より引用。

（5） 次を参照せよ。 A. VAN GENNEP, *op. cit.*, p. 623. 「研究の現段階では，シャリヴァリ Charivari という語は，これらのイタリア語がフランス語や文芸語に変形したものであるのか，それとも，その反対に，ピエモンテ人がフランス語の学術用語と法律用語とを解釈するために，民間起源をでっちあげたのか，を決定することはできないようである。」

（6） A. VAN GENNEP, *op. cit.*, p. 615. 「中世初期から今日に至るまで，フランスには，人種的起源や言語や方言の多様性がみとめられるにもかかわらず，寡夫（婦）に向けられるシャリヴァリは，フランスのほぼ全域でみられる慣習であるとみなすことができる。しかしながら，どちらかと言えば，挿話的な慣習としてときたま行なわれただけである。なぜならば，寡夫（婦）が再婚するケースは，結局のところ，若者どうしの普通の結婚と比べて，さほど頻繁ではないからである。」

（7） 「より古き時代に起源を求める幻想」が与える弊害については，次を参照。E. SAPIR, *Anthropologie*, Paris, 1967, t. I, pp. 178 ss.

（8） 赦免状のほかにも，教会会議決議のなかに多数の証拠が見出される。 P. ADAM, *La vie paroissiale en France au XIV*ᵉ *siècle*, Paris, 1964, pp. 272–273. を参照せよ。

（9） J. HUIZINGA, *Homo ludens*, première publication 1944. および R. CAILLOIS, *Les jeux et les hommes*, Paris, 1967. 最近の研究書としては，J. HEERS, *Fêtes, jeux et joutes dans les sociétés d'Occident à la fin du Moyen Age*, Conférence Albert le Grand, Paris-Montréal, 1971. がある。その序章九頁で著者は次のように書いている。「久しく以前から，社会学者と民族学者は，過去の文明であれ現在の文明であれ，いわゆる未開文明であれわれわれの時代の文明にいっそう近い文明であれ，どんな文明を理解するにも，祭り，集団による見世物，あらゆる類の競技を研究することが肝要であると強調してきた。かれらにとって，これらの表現行動は，証言として，もしくは少なくとも記号として，議論をさしはさむ余地のないほど重要である……。一般的に言って，ヨーロッパ・キリスト教文明を扱う歴史家は，かれらが抱いたほど強い関心をその領域に示すことはなかった。いずれにせよ，中世に関してはそうであった。……いまだに祭りは表面的に，また附随的に考察されるにすぎない。祭りは、気晴し、遊び、せいぜい贅沢をつくしたり、はめをはずす機会としか思われていない。また、祭りは、社会的な影響も意味も持ち合わせていないとされる。」

(10) 筆者はここで、ナタリ・デイヴィスが前掲論文四六頁において明示している批判に同意する。「中世末期および近世初期の日常生活を扱った書物のほとんどは、われわれの手助けとはならない。なぜかと言えば、それらは、シャリヴァリ、カーニヴァルといった興味深い現象に対してわずかの紙数しか与えておらず、しかも、それらについての分析にまで立ち入っていないからである。」

たとえば、P・アダンの前掲書は、その二七二―二七三頁で次のような説明を与えているが、満足ゆくものであるとは思われない。「再婚は、恥ずべきこととみなされていたようである。すぐに、シャリヴァリが組織された。……これらの再婚者いじめは、『貪欲と野卑の息子たち』にとって、まさに思いもかけぬ幸運であった。これらの下品な、愚かしい遊びは、罵詈雑言と出費へのおそれによって、多くの小教区民に再婚を断念させるという結果を招来した。これに対して、教会が、しばしば再婚を奨励したことは明らかである。」

前掲書においてヴァン＝ジェネップは、シャリヴァリを、妻に殴られた夫をロバの背にのせてひきまわすという現象と比較し、次のように結論している。「これら二つのケースでは、一個人、あるいは複数の個人が、社会的、地域的、ないし礼儀に関する規範を侵犯するような行動をとったことが、問題とされているのである。」興味ある比較ではあるが、その現象のもつ深い意味を説明していない。

(11) Cl. LÉVI-STRAUSS, *Le Cru et le Cuit*, Paris, 1964, 5e partie.

(12) この点に関して、筆者の分析は、E・P・トムスンの前掲論文、とくにその三〇〇―三〇一頁（本訳書一〇七―一一〇）において提示された分析とは異なる。

(13) Cl. LÉVI-STRAUSS, *op. cit.*, p. 307.

(14) G. SULITEANU, 'Le rituel N'Demez chez les Tatares de Dobroudja', in *Turcica*, n° IV, 1972, Paris, Klincksieck (à paraître).

(15) この慣習が最後に行なわれたのは、一九六〇年である。

(16) 本稿一四一頁に既出の *chalibarion* を参照せよ。

(17) 同様に、トルコ語の curcuna という語は、「酔っぱらいがするような、でたらめな遊びや踊り、騒ぎ」という意味である。SAMI-FRASCHERY, *Dictionnaire turc-français*, Constantinople, 1911. を参照せよ。

(18) Arch. Nat., JJ 170, fol. 223 v°, 1418.

(19) Arch. Nat., JJ 155, fol. 263 v°, 1401.

（20） Arch. Nat., JJ 139, fol. 290 v°, 1390.
（21） Arch. Nat., JJ 155, fol. 263, 1401.
（22） Arch. Nat., JJ 93, fol. 13, 1367.
（23） Arch. Nat., JJ 170, fol. 223v°, 1418.
（24） 使用された道具についての言及はほとんどない。若者はフライパンや鍋をたたいた。こうした騒音と騒ぎに歌が加わることもあった。クレアンセでは、一四〇二年十二月、婚約中の男性が、若者たちを居酒屋へ招待するのをためらったおり、かれらは、「自分たちが歌をうたい、シャリヴァリに含まれることすべてをするであろう」と述べたのである(Arch. Nat., JJ 157, fol. 152.)。
（25） *Ibid*., fol. 152.
（26） 従来主張されてきた解釈は、次のようなものである。P. FORTIER-BEAULIEU, 'Le Charivari dans le Roman de Fauvel', in *Revue de Folklore français*, 1940. は、民衆は、物故した夫、あるいは妻に代わって仇をうっていると考える。前掲書においてヴァン＝ジェネップは次のような仮説を出している。再婚の場合には、それに伴う行事の予定がごく狭く限られており、若者はなにがしかの贈り物や楽しみにあずかることができない。それゆえ、シャリヴァリは、「儲けそこない」や「楽しみそこない」に対する代償であろう、と。だが、これらの解釈は、満足し得るものではない。とくに、十四世紀後半にシャリヴァリが再び昂揚するようになった理由を説明していない。
（27） Arch. Nat., JJ 93, fol. 13, 1367; Arch. Nat., JJ 139, fol. 290 v°, 1390; Arch. Nat., JJ 155, fol.34, 1400; Arch. Nat., JJ 118, fol. 196 v°, 1380.
（28） 前掲論文五〇―五一頁におけるデイヴィスの研究以後、《Valet》を若者と同定することに、もはや疑問はない。また、Valet という語は、十五世紀までに、比較的、頻繁に使用されるようになったと思われる。Br. GEREMEK, *Le Salariat dans l'artisanat parisien aux XIIIe et XIVe siècles*, Paris, 1968. を参照せよ。Valet と Compagnon という語は、労働者の世界では同義であった。十五世紀に、後者が前者よりも一般的に使われるようになっただけのことである。(valet の古語が varlet である―訳注)
（29） N・Z・デイヴィスは、中世の年齢組の組織についても詳述している。十三世紀からすでに、「若者の王《ロワ・デ・ジュヴァンソー》」とか「若者の修道院長《アベ・ド・ラ・ジュネス》」とかがいた。R. VAULTIER, *op. cit.*, pp. 64–69. は、かれら若者組の活動を叙述している。
（30） E. EVANS-PRITCHARD, *Les Nuer* (éd. française), Paris, 1968.
（31） *Ibid*., p. 283.

(32) *Ibid.*, p. 290.

(33) *Ibid.*, p. 294.

(34) 中世社会にも、若者組に入るための加入儀礼が存在していたのであろうか。研究の現状では、そうであったとは思われない。N. Z. DAVIS, *art. cit.*, p. 51.

(35) 次のような例を挙げることができる。Arch. Nat., JJ 93, fol. 13, novembre 1362.「そして、その村の名前のわからない何人かの小僧、二〇ないし一五、あるいはその程度の人数が……ということが起こったらしい。」——Arch. Nat., JJ 157, fol. 152, décembre 1402.「その数三〇、あるいはそれくらいの小僧が、使徒聖ペテロと聖パウロの祝日のあとの木曜日、九時課のころ集まり……」——しかしながら、テキストの記述は、しばしばもっと曖昧である。Arch. Nat., JJ 156, fol. 208 v°, janvier 1402.「その地の住人が何人か集まり……」——Arch. Nat., JJ 170, fol. 122v°, janvier 1418.「その地のある小僧たちが……その婚約中の娘の家の前にやって来てシャリヴァリを行なった。……若者は、それを悪いこととも下劣なこととも思わず、あたかも、習慣であるかのごとく行なった。」

(36) Arch. Nat., JJ 155, fol. 34 et 34 v°, février 1400. および JJ 156, fol. 50 v°, mai 1401.

(37) ユシー＝シュール＝マルヌ（セーヌ＝エ＝マルヌ県、モー郡）とシャンジに属する小村落サン＝ジャンである。したがって、問題となるのは、ユシー＝シュール＝マルヌであって、クレシー＝アン＝ブリではない（VAULTIER, *op. cit.*, p. 31).

(38) R. FOSSIER, *La terre et les hommes en Picardie jusqu'à la fin du XIIIe siècle*, t. II, pp. 708 ss.. Paris, 1968.

(39) Arch. Nat., JJ 118, fol. 196 v°, mars 1380.

(40) Arch. Nat., JJ 155, fol. 34, et JJ 156, fol. 50 v°.

(41) Arch. Nat., JJ 155. fol. 34 v°. これらの討伐隊は、一方をユシーとシャンジとし、他方をサン＝ジャン＝レ＝ドゥ＝ジュモーとする、敵対関係にあった共同体のそれぞれの団結力をよく示している。サン＝ジャンの住人は、そのシャリヴァリのゆえに、首謀者ジャン・バイイと「ユシー村ならびにシャンジ村の他の住人」に対して、「憎しみを抱いていた。」それゆえ、シャリヴァリののち、「その村の何人かの小わっぱ、つまり若者と他の者、サン＝ジャン小教区民」は、「シャンジ村の幾人かの小わっぱと住人」に出会ったさい、かれらを「おそい、殴打し、重傷を負わせた。」ことはそれで終わったわけではなかった。一カ月後、再び衝突が起こった。一方は、ジャン・バイイを頭とする「シャンジ村とユシー村の何人か」であり、相手方は、「ペロ・ユベールという者、ジャン・ユベールという者、それにサン＝ジャン村の他の住人で、かれらは、手に手に猪槍やフランドル風の長槍や、さらに石を持って準備していた。」サン＝ジャン側の者たちは、「自分たちが手にした棒で境界線」をひき、「シャンジとユシーの者がこの境界線を越えるならば、その者を打ちのめし、死に至らしめるであろう、と言い、正面切って、このことを宣誓をもって誓った。」このように、双方の共同体は、それぞれの側の「若者」と連帯感を覚えており、地面にひかれた境界線を、それぞれの地理的境界として確認した。

（42） J. M. TURLAN, 'Amis charnels d'après les actes du Parlement au XIVᵉ siècle' in *Revue historique de droit français et étranger*, 1969, pp. 645–698

（43） J. M. TURLAN, *art. cit.*, p. 697.

（44） A. GOKALP, *Matériaux recueillis en Turquie pour une thèse sur les Turkmènes de l'Anatolie de l'Ouest* (à paraître).

（45） 他方、経済活動が縮小したため、共同体の財産共有制が十四世紀後半に、増加したことが知られている。J. GAUDEMET, *Les communautés familiales*, Paris, 1963, pp. 105–112. およびR・ブトリュシュ、E・ル＝ロワ＝ラデュリ、P・サン＝ジャコブの研究成果を参照せよ。

（46） 当時の平均結婚年齢は二十五歳くらいであろう。平均寿命を勘案すると、この年齢は、すでに遅いように思われる。貴族の世界でも、若者とされる期間は、非常に長きにわたった。G. DUBY, 'Au XIIᵉ siècle : Les jeunes dans la société aristocratique' in *Annales E. S. C.*, 1964, pp. 835 ss.を参照せよ。

（47） 《laboratores》という語については、M. DAVID, 'Les 'laboratores' du renouveau économique du XIIᵉ siècle à la fin du XIVᵉ siècle', in *Revue d'histoire du droit français et étranger*, 1959, pp. 174–195 et 295–325. を参照せよ。

（48） 本稿を終えるにあたり、中世末期フランス社会における若者についての研究が行なわれるよう希望する。誰が若者とみなされたのか。他の年齢組は、いかように若者を評価したのか。

原題 Claude GAUVARD et Altan GOKALP, 'Les conduites de bruit et leur signification à la fin du Moyen Age : le Charivari' in *Annales E. S. C.*, 1974, pp. 693–704.

V　ブルジョワの言説と民衆の慣習
――シャリヴァリをめぐって――

ロランド・ボナン＝ムルディク
ドナルド・ムルディク

民衆文化は、その盛んな頃には、姿を現わすことができたばかりでなく、みずからを語ることもできた。だが逆境の時代においては、外部の観察者たちが、民衆文化を描写し、その文化が「意味している」ことを叙述することを引き受けた一方、民衆文化自体は、ただ姿を現わすだけの状態に縮減されていった。ここで「縮減《レデュクシオン》」といったのは、知的作用の場合のように比喩的な意味ではなく、社会における従属と縮小、空間における隔離、時間における制限といった、文字通りの意味に理解されなければならない。知の世界における縮減も起こるであろうが、それは、事実上の縮減の直截的な反映として現われるのである。十九世紀にオート＝ピレネ県庁が記録していた「シャリヴァリ」と題された一件書類は、村の諸慣習とそれを観察する人びとの関係を、くっきりと浮かび上らせてくれる。民衆文化を対象とする「学問」は、叙述し裁く主体たる支配者と、その支配者の前に現われ出頭する被支配者との関係を、決して明らかにはしないがゆえに、すでに縮減された対象についてしか叙述できない。県当局の行政官としての言説は、この意味において、「民衆」およびその「伝承」に関する「学問」の言説の、原型を示してくれる。

人はなぜフォルクロール(民俗)を研究するのか。なぜシャリヴァリを取り扱うのか。この二つの問いに対し——一例としてあげるのだが——、アルノルド・ヴァン＝ジェネップの不朽の名著『現代フランス民俗学概論』は、何一つ答えを与えていない。しかし、二番目の問いについて言えば、オート＝ピレネ県庁は難なく解答したかもしれないのである。要するところこの県庁がシャリヴァリに専心したのは、シャリヴァリによって公共の秩序が乱され、諸利益が侵害されたという訴えがあったからなのだから。シャリヴァリという事実は、どのようにしてフォルクロールの事実に変容させられたのか。それは、縮減の過程によってなのである。つまりシャリヴァリは、まず

「三面記事」の対象——政治生活・経済生活からは外れた残滓——に、ついで過去の遺物に、変容させられなければならない。フォルクロールとされた一つの事実は、もはや権力と財産を脅かしはしない。こうして中立化されることで、その事実は、事実であることに変わりがなく、依然として意味を持ち続けているにもかかわらず、理解できないものになってしまう。すなわち、それは、記号内容《シニフィエ》のない、つまり過去には記号内容をもっていたが、いまでは記号内容を喪失してしまった、そういう記号表現《シニフィアン》なのである。

フォルクロールの事実がある意味を持つとすれば、それは、その事実が行動《アクション》を伴っていたからである。けれども学者の設問はいつも意味に向けられ、行動には決して向けられないであろう。何故か。それは以下のような次第である。まず、行動の理由は、すべての当事者にとっては自明のことである。自明のことであれば、学者はいらない。理由が自明のことであるかぎり、発言は学者ではなく県知事に求められるであろう。つまり、権力は法に宿り続けねばならないだろうからである。行動が過ぎ去り、法の権威がもはや異議を唱えられなくなったとき、そして、行《アク》為《ト》が成立した理由も、誰の利害が問題だったかも判らなくなったとき、そのときに初めて、もはや知ることのない人間である学者は、利害を離れたまなざしを、行動の痕跡に向けることができるようになるであろう。

学者の視点は、形式に向いているゆえに、かれは形式論者《フォルマリスト》であり、具体的内容を欠き、実際の文脈からはぎ取られた行為を、対象とするのである。だから、その行為とは、もはや行動の痕跡にほかならないであろう。意味を示しているこの痕跡——当局はそのことを証明しなかったろうか——それはしたがって記号なのだが、しかし忘れられた記号体系《コード》に依存する理解できない記号であるから、学者はその形式の過去に、秘密を探ろうとするのである。痕跡は諸々の記号の過ぎ去った総体を示す記号とみなされるであろう。そこで、構造の研究や、また機能の研究ですら、行動という具体的な総体ではなく、形式面での総体を扱うことになるのである。

どのようにして学者は、この失われた総体を再現させようとするのか。叙述する人と叙述される人の間に確立されている支配関係を、常に中立的なもの、当然のこととみなすことによってである。かくて凡庸な民俗学者は、異教に対する神学者や、無知や蒙昧に対する啓蒙思想家の攻撃的な諸研究を、修正はするがその本質を批判することなしに継承するのである。であるから、民俗研究の初期の作品は、『民衆の過ちの調査』とか『迷信論』とか題されるであろう。

それでは民族学《エトノロジー》はどうであろうか。民衆および諸民族の科学である民族学は、民俗学者たちの諸業績を平然と取り入れ継承する。ただし、支配関係はさらに確実となり、ほとんど当り前のこととしてあらわれるようになるので、民族学のまなざしは、かつての民俗学者のそれのようには、対象を前にほろりとすることもなく、ますます抽象的、「客観的」なものとなったのであるが。民族学の考え方《レゾン》は、慣習行為に対し、民俗学以上にもっと気楽に落着いて対峙するが、慣習行為はみずからの存立理由《レゾン》を取り除かれてしまっているため、民族学にとっては合理的説明をうけていないものと映るから、今日では、それらの存立理由《レゾン》ではなくして、合理的説明《レゾンヌマン》の再構成にやっきとなっているのである。

この伝統的な言説全体の下には、次の二つの対《つい》になった隠喩、すなわち幼稚さと習慣という隠喩が、隠されている。研究の対象となった事実は意味があるものにほかならないわけだが、意味があるのは「人間が昔行なっていたこと」との絆によってのみなのである。現在の真実は過去のうちに存在し、復元された過去は現在を説明するのに十分である。「民間伝承」のなかの民衆は、幼稚な状態のものとしてのみ、はじめて理解されうるのであり、民衆は、とりつかれてしまった習慣の虜としてその状態に身を沈めたままなのである。伝承はそれが「民衆のもの」となるやいなや、絶対的でいわばフロイト的な不変性を帯びる。かくて民衆は女性や植民地従属民とともに、遅れたもの、未開発なものであり、理性の時代にまだ到達していないもの、そして成人の理性、知、「学問」を堪え忍ばなければならないものとされる。これらの隠喩は、民族学に、また民俗研究に、不思議な明快さを与えている。すなわち、それらの研究のその対象に対する支配関係が、みごとに語られているのである。しかしそれは、隠喩的に暗々裡にであるから、その支配関係は、決して明らかなものとはされず、また概念化されることもない。

われわれは、この有難き伝統から離れるために、慣習（coutume）という概念を使用する方を選んだ。しかし、それは法学者たちが成文法に対比して用いる定義の意味においてであって、自然と対比することによって慣習を「文化」の一形状とみなす人たちがこぞって与えた意味においてではない。シャリヴァリが記号にほかならないとすれば、それは上部構造の領域以外のところには存在しえない。だから「民衆文化」は、おそらくはブルジョワの文化との類推を通じて、上部構造として取り扱われるのである。（祭りと労働は、貨幣経済の発展とともに、労働が強制された性格を担って一種の奴隷状態に再転化したときに初めて、互いに対立するのである。）われわれは、法的概念の助けを借りてシャリヴァリを、現実の利害関係のなかに戻すよう努めてみたい。シャリヴァリは、慣習法をもつ共同体と、成文法を基盤とする個人からなる新しい階級との、闘争の脈絡において、理解されることができる。この闘争は具体的には、慣習が支配する村落と、それを自分のネットワークのもとに取り込む都市との闘いであり、さらには地方と中央の闘いであり、窮極的には共同体と資本主義との闘いなのである。シャリヴァリは、民族学者や民俗研究家が築いた観念的な姿からほど遠く、二つの空間、二つの時間、大地・労働・祭りを編成する二つのやり方の間の、すなわち二つの権力の間の抗争によって貫かれ、組織される。

オート＝ピレネ県文書館所蔵の「シャリヴァリ」と題された一件書類4M23は、タルブにある同県庁の手によるもので、一八三一年から始まっている。被害者の訴えと事務局の回答からなるその書類は、一八九六年で終わっているが、五八件と県条例三つを含み、条例の最初のものは共和暦一二年芽《ジェルミナル》月一日の日付で、シャザル知事の署名があり、「当地方の昔ながらの蛮行というにふさわしいこの騒動」を禁止するとともに、「社会の特別な保護のもとで結ばれる正当な婚姻に対して払うべき敬意」を喚起している。これはアンシャン・レジーム下の高等法院や教会が公布した諸禁令を踏襲し、理性や社会契約の衣で包んだものである。第二は、ミロン・ド・メーム伯の署名で（一八一五年九月二十日）再度「いく人かの住民に対する下品で中傷的な歌」を禁止し、「あるところでは、いく人かの地主が居住している館に向かって、石や汚物を投げつけるまでにこれらの大饗宴は繰り拡げられた」ことを強調している。そして、この行動では、「若者や退役軍人」が有罪の判決を受けた。最後のものは（一八六四年七月十五日付）、「若者は、入会披露の名目で、再婚する男やもめあるいは婿入りとして当該自治体《コミューヌ》にやってくるよそ者から、金品類をまき上げている」と述べて、若者税の徴収を禁止している。

この書類に含まれる一通の書状《ピエス》だけは、シャリヴァリに直接関係するものではないが、その書状の筆者と県庁とが、次のように、民衆のふたつの示威行動を類似したものとして扱っている点で、興味深い。すなわちソストの主任司祭が送ったその書状（一八六一年二月二十日付）は、シャリヴァリはほとんど消失したと宣言して、謝肉祭《カルナヴァル》と「下品な仮面行列」の禁止を求めているのである。これらは、「仮面をかぶっているのをよいことに数多くの下品な話題や動作を横行させる機会となり、……真面目な家族から強制的にまき上げられた金品は、きまって大饗宴にまわされる」、と。

各々の事件のために保存された書類の数は相当に異なり、ほとんどが一通から五通であるが、ときには一七通におよぶように例外的な場合もある（一八三一年ラガルド村）。あるときには、シャリヴァリの起こった村あるいは近隣の村の目撃者が、年齢または利害を同じくするという連帯感から、知事に訴えているが、それはシャリヴァリの被害者の一族であったり、かつて被害を受けたことのある者だったりする。ときには、準備される騒動に不安を抱く当該村の村長、あるいはありうる飛び火に恐れをなした近くの自治体の長が訴えることもある。しかし、大多数の場合、訴訟手続を開始するのは被害者の告訴であり、その訴えの顛末がどうなるかはきまりきっており、県庁事務局が、法は遵守されるであろう、と被害者に回答することになるのである。

一通の書簡が村長に送られ、一八一〇年の刑法典第四七九条[1]をひき、村長には公共の秩序と安寧に対する義務があることを喚起する。村長の返答は、ぞんざいであったり、素直であったりするが（そして時には返答がない場合もある）、それがさらに書類をふくらませ、また行政当局が事件につけたいと思う結末がどうなるかを決定づける。

したがっていまわれわれは、シャリヴァリを扱っている材料に向かいあっているが、この材料は公平無私を目指した、あるいは少なくとも外部からの公平な観察者がみた、客観的な叙述ではない。われわれが騒動の状況と演者についての、具体的なこまごまとした事柄を発見するのは、出来事の紆余曲折を経た展開における偶然にほかならない。当局は闘争が激化し、法に対する公然の反抗（憲兵隊や国民衛兵との闘い）となったときに初めて、詳細な報告を求める。そうなると、村長がドラマの中心人物となるが、シャリヴァリやその被害者は、その村長を前にして影が薄れる。それは村長が、外部の秩序（国家）——この名目で村長はある程度の権力を行使する——と同時に、かれを村長に選んだ共同体をも具現化しているからである。このドラマでの役どころの移動に加えて、騒動の原因の話には、次のようなぼかしが存在する。つまり、たとえ被害者が騒ぎのありさま、参加者、役場の過失について好んで長々と話すとしても、被害者は、民衆のこのような示威行動を鼓舞した動機については、きわめて慎重な言辞しか述べないのである。したがってわれわれが馬鹿騒ぎの原因を知り、「事件」を再構成できるのは、村長の第二あるいは第三の書簡を通じてだけなのである。逆に、史料の多様性は、その相互の検証によって動機を明らかにすることを可能にする。敵意の儀式的かつ音をたてての表明であるシャリヴァリ charivari あるいはオート＝ピレネ県でいうカルオーアリ[2] calhauari（告訴状によっては chalibali, chalivali とも書かれる）の研究は、一九三〇—四〇年代において、多くの民族学的著作となって結実した。[3]ついで、婚姻という単一の機能に関する視座から取り上げられ[4]、最後に、シャリヴァリの類型学的把握に導く、比較に基づいた歴史学の方法によって一新されたのである。[5] 中世における喧騒行為に関する、最近の構造主義的な研究は、歴史学と民族学の方法の結合を試みたものであった。[6] 以下の行論で、われわれは、機能という面について、われわれの史料から得られたケースを、一般にみられるシャリヴァリと比較し、いくつかの事件に、通常の見方を越えた補足的な解釈を下すことができるかどうか、検討してみたいと思う。

ドラマの台本《シナリオ》、役者、ヴァリエーション

敵意の表明は、ふつうのやり方としては、集団の、しかも組織された若者によって、上演される。若者は、農村共同体の、あるいは小さな町であれば地区《カルチエ》の、いわば法の執行の担い手のひとりであるので、「その土地の、儀礼に関する、また社会的な規範」[7]を遵守させることは、若者の職分の一つなのである。シャリヴァリは、違反者（結婚の経済性に背き、個人および共同体の道徳性に背くこと）が自分たちの過失を認めて、組織者が加わる食事の支払いに充当する金額の税を支払ったときにはじめて中止されることになっている。その後の行動を決するのは、罰金が支払われるか支払われないかによったのである。ある場合（再婚、妻に殴られた夫）には、シャリヴァリは少なくとも一回は行なわれ、税が支払われてやっと中止となったし、[8] 別のケースでは、未来の夫婦は若者が指定した金額（その額は多くは両親と若者頭との間で、値切りの対象となることができた）を納めて、騒ぎを避けることができた。さらに別のケースでは、婿入りとなる際に若者税を支払わなかった報復として、シャリヴァリが行なわれた。場所と時期によって（慣習の衰退や、また侮辱の度合についての評価が変わることがあるから）、どういう状況で起こるかには変化がある。家庭内についてのすべてのシャリヴァリは、そうしたカテゴリーに入る。

われわれは一件書類の中に、「古典的な」事例をほとんどすべて見出す。たとえば 男やもめと寡婦の再婚（一八三一年マン、サン＝ランヌ、一八四一年ソンブラン）、男やもめと若い娘の結婚（一八三一年ヴィク、ラガルド、一八三四年サン＝サヴァン、一八四〇年フレシュ＝フレシェ）があり、以上よりも重大であったのが寡婦と独身男性の結婚（一八三一年モンガイヤール）、ロバの背にのせてひき廻すぞと脅され、しかしそうされることを望まない、妻になぐられた男のケースであり（一八三一年タラザックとブール、一八三二年ボルデール、一八三三年ヌイアン、一八三五年エスティラクとラバスタン、一八三六年モンブルゲ、一八四一年ボルド、一八四二年フレシュ＝フレシェ）、夫婦が法外な罰金の支払いを望まない婿入り結婚の場合もあった（一八三二年カラヴァンテ、一八三八年ジュロ）。

シャリヴァリの次の二事例は、以上のカテゴリーには入らない。一八三六年、オルレでは、既婚の男性たちが、謝肉祭のわがままな振舞いを濫用した若者たちを諷刺小唄でやっつけると、今度は若者たちが、日常慣れ親しんだ圧力手段を行使すると同時に(9)、共同体内でのかれらの特権を再確認するために、おとなにシャリヴァリをかける。かれらの特権は、村長も、知事への返答の中で、承認するものであった。一八四〇年、ラルールでは、騒ぎに積極的に参加を望まない人びとが、シャリヴァリでおどかされた。以上の二事例では、形式上はたしかにシャリヴァリであるにしても、そのシャリヴァリは、反駁の一手段にすぎず、ことに懸念されるものではあっても、短期的なもので、被害者が公然と謝罪すれば、換言すれば、慣習の権威と共同体の論理の全能を認めれば、ただちに、一度かぎりにされ、ないし中止されたのである。

現実には、以上のモデルは、それほど厳密には遵守されない。たとえば、違反者は違警罪裁判所で罰金にするという知事の一通の書簡だけで、再婚の一一件について、人心を鎮め、若者の意気込みを挫くのに充分であった（一八三一年ジュイヤン、一八三二年トスタ、一八三二年オルレ、一八三五年サントゥス、一八三九年マディラン、一八四〇年タラザク、一八四〇年クララク、一八四一年ソンブラン、一八四一年ヴイエーユ＝アドゥル、一八六二年アネール）。ここでは「権力は法に宿る」という表現が、その意義を全面的に発揮しているのである。

古典的なシャリヴァリは、民俗学者がわれわれに残した記述のとおりに、芝居またはみごとに整えられたバレーのように展開され、場所、時期、時刻はいつも同じである。

場所、それは村そのものであり、とくに被害者の家の前にある絶好の空間である。民衆のものである公共の広場であると同時に、それはまた、騒動が浴びせられる人物を明確に指し示す空間である。シャリヴァリ参加者が国民衛兵から追い散らされて、遠ざかるとしても、それは遺憾ながらであって、遠ざかるときですら、共同体が身をよせている村を離れることは、決してないのである。居酒屋でのシャリヴァリは想像もおよばないし、もしそう考えるなら、シャリヴァリを酔っ払いの喧嘩の次元に矮小化してしまうことになるであろう。他方、シャリヴァリがみずからそうあらんと願う民衆正義が展開するには、共同体の他の構成員の賛同、支持、参加を必要とする。というのは、シャリヴァリに力を与えるのは、満場一致（事実であろうと架空であろうと）だからである。この空間はまた、傷をつけられた共同体の空間である公共の空間と、傷をつけた者の家空間の間の、過渡的空間でもある。

シャリヴァリの時期は、労働の時期ではない。農業労働で多忙の五月、六月、七月が、民衆の示威行動はもっとも数少ない。全部で八件であったが、そのうちの一件は教師に向けられ（一八三五年マディラン）、他の一件は近隣の二つの自治体の若者同志の敵対に原因があった（一八六六年シアルイ）。反対に八月に入って収穫や干し草刈りが行なわれ、打穀（この時期でもまだ稀だったブドウ酒を飲む機会となる）がすすむと、熱気の高まりがよりスムースになり、この時期がシャリヴァリにより適していることになる。八月はまた多くの祭りの月でもあり、九件の騒動が数えられる（一八三一年ブール、一八三五年エスティラク、一八四〇年シアルイ、一八四〇年クララク、一八四一年ランヌ、一八四一年ボルド、一八七六年ネスティエ、一八九五年モヴザン）。しかしシャリヴァリの時期は、とくに謝肉祭の頃の一月と二月である。この時期は、「謝肉祭のときには万事が許される」という慣わしにまぎれて処理される帳尻あわせに好都合の時期であり、仮面は一際ならず、個人のあるいは集団の報復における不在証明となるのである。フランス南西部では謝肉祭はまた結婚のシーズンでもあり、「鵞鳥は壺にいれられ、豚は塩漬にされる」(10)のであり、この月には二三のシャリヴァリの事例が数えられる。

時刻についていえば、夕方が普通で、ときには日曜日にもみられる。それはわれわれがすでに明らかにした理由で説明がつくが、あとであらためて述べることにしたい。さしあたりいえることは、暗闇であれば被害者または当局に犯人の面が割れないですむ、だから夕方が選ばれるということにはならないということである。一つの村では互いによく知り合っているのに、日曜日の午後が頻繁に選ばれることは、この解釈があたらないことを意味する。

大きさの異なる二つの集団が、主役、すなわち被害者（たち）と若者たちを構成する。シャリヴァリの被害者の役割は、戸籍上の身分または家庭内での振舞によってのみ正当づけられるはずであり、それら被害者が抵抗すれば、村人は若者たちに協力を惜しまないのである。被害者なる人の役割は、外部から割りふられた役割からなるのではない。非難されるべき行為の罪があり、それによって共同社会の他の人びとから切り離された被害者は、また共同体の内側の役割を演じているのである。すなわち自宅に孤立し、鎧戸を閉め、門に閂をかけることによって、民衆の制裁が強化されるために必要な機会を、いわば与えるのだ。外部の権威筋に救いを求めたときですら、被害者は共同体が与える自分自身のこの表象の中で自己の役割を果たすことを、承諾しているのである。

若者たちは仮面をつけたり変装したりするが、いつもそうとは限らない。謝肉祭の時期に関する、あるいは匿名性に関する議論だけでは、日常性において把握される人格とは異なる別の人格についてのこうした探究を、しつくしたことにはならない。若者たちの仮面は、民衆の集合的正義の記号であり（一八三四年サン＝サヴァン）、その正義の背後で、個人は（理論上は）消え去るのである。女性に変装することは、万事が可能であり許容されるようにみえる謝肉祭のさかしまの時を思い出させ、シャリヴァリと謝肉祭の間に観察される時間的、機能的結びつきを明白にする。

行動は、やはり儀式にのっとっている。騒々しい開幕に先立って、（軽い場合には）先触れが関係者に予告しにゆき、示談で罰金の取引を行なおうとする。交渉が挫折すればどんちゃん騒ぎを爆発させる。この騒動が単に象徴的なものではなかったことを、認めなければならない。[11]被害者は、自分が飼育している家畜の狂乱、子供たちの恐怖と泣きわめき、老人たちの不快感について語るが、これらは、この機会に寄せ集められた多様な道具が作り出す騒音が原因であって、家庭の用具や耕作器具がもっとも効果的な音を出すために同時に使用された。鉄製の器具類、羊の群れの鈴[12]、砥石でかちかちと打たれる鎌のほか、ことに湯鍋、シチュー鍋、脂うけ皿があり、それらはその出所からして（つまり家庭用品である）、示威行動の本来の原因を思い出させてくれる。ときおり、自治体の太鼓が参加者によって「借り出され」て、たくさんの音が集った耳障りな騒音をつくり出すのに寄与したが、それは共同体の不協和を具体的に示している。

理由の説明は、そのために作られた淫猥な歌で行なわれたが、それらの歌は、メガホン状のもので増幅され（一八四二年トゥルネ）、史料の書簡によれば、いつも方言でつくられていた。それらの書簡は、それらの歌のひどい粗野さを指摘するのみで、その内容については決してふれていない。[13]またときどき、罪状が模擬裁判所で明らかにされるが、そこでのあらゆる役割（被害者、裁判官、社会の代表者）は、若者たちによって受け持たれた。[14]二輪荷車が、即興的に作られた動く舞台として使用されて、そこでの演技がよくつかまれるようになっており、妻になぐられた夫を表わすとみなされるロバ（イギリスのように、すぐ隣りの家の者が、同意しない被害者に代わることは

決してなかった)、または被害者の似すがたがそこに配置される。(15)

解決は、被害者が頭を下げ、みずからの過ちを認めるという二サイクルからなる。すなわち、ロバの背にのせたひきまわしの場合は、被害者自身がそこに姿をみせることを受諾し、また再婚、婿入りとしての結婚、あるいは民衆裁判への協力を欠いたことに対するシャリヴァリの場合には、食事の費用となる罰金を支払うことになるが、食事をとる若者たちは、この「象徴的な」贈与を消費することによって、和解し償われた共同体を象徴的に表わすことになるといえよう(一八三一年サン=ランヌでは、手打式の食事に加わりブドウ酒を贈った市長を、助役が告発している)。

幾世代もの民俗学者たちによって、おおよそこのような形で伝えられて来た以上の叙述に、すべての史料が一致しているわけではない。いくつかの史料は、異なった光明で民俗学者を啓発する。そこでは、共同体を和解させるために獲得しなければならないのは、過失の認識と罰金の支払いではなく、共同体の秩序を損なう人物の肉体としての放逐、あるいはその機能的放逐、換言すれば、混乱の種を播き続けることを防止するため、違反者にその役割からの辞職を余儀なくさせることである。

共同体に対する侮辱は、経済的な、また政治的なものでありうるが、ときにはシャリヴァリで非難されている者と村人たちとの関係において、その非難されている者の社会的役割のゆえに生ずることがある。モンガイヤールでは、ある寡婦とその村の住民でロックと呼ばれた金持ちの薬剤師との再婚は、一〇〇フランの支払いでも鎮められないシャリヴァリを燃え立たせる。新郎に対する嫉妬が、シャリヴァリをいつまでも続けさせるのである。しかもそれは、ブドウ酒や金銭の援助をする形でおとなたちによっても、支援されているようである。この事例は、農民と名士、金持の小地主や商人の間であらわになる階級闘争を、見抜くことを可能ならしめる。それが見抜ければ、人びとがむりやり取り立てて浪費してしまう高額の罰金の意味もよくわかる。この罰金は、まがいもので一時的な平等ではあるが、商品経済への順応が困難な共同体を機能させるのに不可欠な平等の、代価なのである。

他の事例では、シャリヴァリは、地位に伴う特権を悪用した構成員に対して、共同体が裁きを行ないうるようにする武器である。一八三二年、イットでは、若者たちが、村長（二十年前からその要職にある）とその夫人の胸像をつくってシャリヴァリをやることを企画する。罰金の徴収にもかかわらず、かれらは、村長が教師を解雇したという理由で、何が何でもシャリヴァリをやろうとする。土地の者もよそ者も、騒々しい取り扱いの前では、平等である。一八三四年にはブールポーで、一八三五年にはマディランで、狙われるのは教師である。一八八七年、アステューグでは、今度は生徒を打擲する女教師が狙い打ちとなり、一八九五年モヴザンの短気な臨時主任司祭が、若者たちの標的になる、等々である。

しかしながらまた、これまで以上に重大な闘争もみられ、そこでのシャリヴァリは、共同体を震撼させるあらゆる闘いがその裏に読みとれるような、闘争の一形態にほかならないのである。(16) たとえば、制度によってもはや回路づけられていないか、あるいは十分に回路づけられていない世代間の闘いである。歌で諷刺されたオルレの若者たちは、自分たちがもっている特権の侵害と、自分たちの諸機能の弱体化の試みに、非常に激しく抵抗する。あるいはまた、地主、家僕、羊飼いの間の階級闘争がある。告訴人たちは、その書状のなかでいつもかれらの称号――勲章、役職、納税、不動産証書――を掲げて名のりをあげているが、かれらは、全員一致して、シャリヴァリ参加者を「自治体のなかでもっともいやしい階層」として位置づけている（一八三七年ガレ）。タラザックとシアルイの両村には昔から敵意が介在しており、後者の村の若者たちはかれらの村長によって保護されているのだが、タラザックの村長は、シャリヴァリの被害者がシアルイの人であるにもかかわらず、自分と同じ名士であることから、その被害者を擁護し、シアルイの村長と若者たちを告発するのである。また、同一の用語と筆跡で起草された二通の書状が、六キロメートルの隔たりのあるオルレとルイの両村からでているが、一八三七年の後者の書状は、一八三六年にダヴジルという人によって書かれた書状の完全な写しにほかならず、ドミニク・グルグ某の署名があるとは言え、前者の手になるものである。二人の告訴人がかれらの資産と納税状況を強調していることからすれば、シャリヴァリの攻撃を受けた人びとの連帯性は、とくに社会的地位の類似から生じていると思われる。

最後に、市長と助役による権力分割をめぐる闘争がある。われわれはすでにサン＝ランヌの事例で、助役の友達に対するシャリヴァリを大目にみた市長を、助役が告発したのを知っている。一八三七年、ガレで起こったように、市長がその先任者によって直接狙われ、その先任者が若者たちをけしかける場合もあるが、闘いは一八四〇年のサントゥスのように、調停者たち（助任司祭、教師）によってまた行なわれることもある。一八四一年ランヌにおいては、ある告訴人が、国民衛兵の選抜のやり方について異議を申し立てたので、選抜は無効とされた。そこで村長は、その告訴人に対してシャリヴァリをするように、若者に金を支払うのである。ここから、三色の懸章と自治体の太鼓の重要性が生まれる。書状によれば、それらを奪いとったことは加重情状であるように思われるが、二つともシャリヴァリ参加者がもっとも渇望した象徴でもある。一八三七年ウィユーの村長は、懸章をかけてかれの息子が混乱に加担したことを、まごうことなき不誠実を示して公式に否定し、村会の証言をもとに、請願者の息子を喜んで中傷したが、そうすることで、告訴人と村長の間の個人的政治的な怨みを、明確に示しているのである。

これらの訴訟と前半で述べた古典的な事例とを分ける境目は、報告書がいうほど明確ではない。ときには、謝肉祭とシャリヴァリのときの暴力は、政治的目的のために流用されている。反対に一八四一年スーロンでは、車大工

フランソワ・ペーヌが、良俗証明書を交付しなかった村長に腹を立て、村長が黙許したものとしてシャリヴァリを告発したが、問題となったのはお祭り騒ぎの平凡な踊りにすぎなかった。一八四〇年モンフォーコンでは、男やもめのベルテと呼ばれるナミ・デュフールの再婚の折のシャリヴァリは、かれから臨時主任司祭の方へそれてしまったが、それは、司祭が当時村長と係争中であったがため、村長が強力に奨めた方向転換であった。

古典的な民族学的様式からはみでる別のやり方、それは共同体の枠組みを超えることである。つまり、合法的権威への上訴であり、被害者、村長あるいはなんらかの関与をした目撃者は、民衆の判決、罰金、追放勧告を受諾しないで上訴し、闘争に新しい次元をもたらす。

上訴にはいくつかのレベルがあり、まず村長がいる。村長はみずからの適当な判断に基づき、個人的に巻き添えを食っていない場合、騒動を中止させ、若者たちを口頭で思い止まらせ、夜の騒ぎについては刑法典の条文を喚起する布告を行ない[17]、違警罪裁判所に事情を述べて告発したり、国民衛兵を出動させることができる。村長が何もしない場合は、被害者の側から知事に上訴される。知事に出された訴えの地理学的、社会学的分析を行なうに十分な情報があるかどうかを検討する前に、まず村長の役割に注目してみよう。村長とは社会的にはあいまいな人物で、七月革命以後（一八三一年三月二十一日の法令）、また選挙されるようになったのだが、それは、自治体の選挙資格額納税者によってだけ、あるいは居住民が選挙法の定める直接税最低額に達しないときは、住民数に比例して抽出された高額納税者によってのみ、選ばれたものである。たとえばピレネ地方の共同体において、政治機能の良き執行の監視を委ねられた責任者といった人物では、まったくないのである。共同体全体の一構成員である村長は、共同体の活動と儀式を分かちあい、憲兵隊の糾問からは共同体を守る。一八三一年サン＝ランヌにおいて、村長は、一人の青年を負傷させた銃撃事件を告発してはいないし、シャリヴァリの終結を示す宴会にもよく参加している。しかし村長は、地主、商人、裕福きまわりない資産家、さらにそれのみか成年者によって選ばれたものにすぎないのである。村長はまた自己の地位保全を図るが、まさにこの地位にあることによって、共同体をいともたやすく「見捨てる。」そして、ときには知事に、シャリヴァリや、あるいは状況からみて名誉を毀損するような趣きがある単なる人だかりを、みずから告発し、しかも当局には密告者としての自分の役割を暴露しないように要請するのである（一八三二年ボルデール）。村長はその地位のゆえに身動きとれなくなっていることが多いし、外部に対し紛争を最小限に見せようとするから、被害者は知事に解決を求めることになる。

訴件数をグラフに描くとき、縦座標に地方の数値を、横座標に年次を設定しても、無意味な分布状況しか得られないであろう。人口二、〇〇〇人を超える町から出ている訴えは三件のみだが、いずれにしても、フランス農村人口の八〇%が人口二、〇〇〇人以下の町村に居住している一八三〇年から一八五〇年にあっては、これらは、例外だとはいえないだろうか。訴えが郡《アロンディスマン》の役所の所在地からは決して出てこないということは、県当局がすぐ近くにあるからだということによって、説明は簡単にすむ。訴件数があまり多くないから、N・デイヴィスの仮説、つまりロバの背にのせたひきまわしは都市に、再婚にたいするシャリヴァリは農村に特有なものであるとする仮説を、排斥したり確認したりすることは不可能であろう(18)。

いま郡ごとに訴件を地域区分してみると、計五八件のうち、タルブ郡は四七件を数え、アルジュレス郡は五件、バニェール郡は六件しか数えない。ただ、アルジュレスについては事件が重大で、村長が傷を負った事件（一八三四年）、個人的な復讐――村長が今回は告発される――および娘の結婚を望むある自治体の長の訴え（一八三八年）を含んでいることに、ともかく注目しておかねばならない。反対にバニェール郡での訴えはより後代のもので、生徒を叩く女教師（一八八七年アステューグ）、短気な臨時主任司祭（一八九五年モヴザン）、およびサン＝ローラン・ド・ネストという遠い地区《カントン》でみられた単純な二件の再婚であるが（一八六二年アネール、一八七六年ネスティエ）、それらの時期からみて、あたかも、被害者が県当局のもとに救済を求めうることを、きわめて遅まきながら思いついたようなものであった。この時期には、シャリヴァリという慣習は私的な関係の面では衰えてきていたが、しかし紛争がより政治的な側面をもった場合には、たくましく再出現していたのである。上記の女教師との争いは、世俗化支持者と教会派との、教育をめぐる全面的な争いの渦中に起こったのであり、またモヴザンの司祭については、村長は知事に、被害者の思慮はあるが反共和主義者としての行為を、知らせているのである。

タルブ郡の諸町村が、ほかよりも県当局により近いからといって、訴件数もより多いことになるのだろうか。タルブ地区《カントン》の場合、問題とされていたのが普通にいわれるシャリヴァリだったとすれば、三五村のうち一〇村が知事に訴えを起こしている。これは多い方で、トリ地区《カントン》では、二二村のうち一件の訴えが登録されているだけである。上訴審の管轄区域も同じように役割を果たすにちがいないが、また大都市からの距離も考慮しなければならない。山岳地帯はあまりにも遠く、コミュニケーションがはるかに困難で緩慢であり、しかもシャリヴァリが起こった場合、迅速に結着をつけることが必要である。かくて、モーブルゲ地区《カントン》の一一自治体のうちの七つが訴えを起こしているのだが、これはモーブルゲがボルドーとタルブを結ぶ国道上にあるからで、ラバスタン地区《カントン》はもっと脇にそれているから、二四村から四つの訴件しかでていない。最後に、数字からみて、平野や丘陵にある村々と、山岳地帯の村々を対置することができる。すなわち後者では、民衆の正義に対して上訴審に訴えることは考えられないのに対し、前者では、上級の権威筋への訴えは、ピレネ地方の因襲的かつ閉鎖的な心性と摩擦をひきおこすことはなかったのである。

以上の三系列の要因は、同時に役割を果たしているようである。つまり、行政当局に近づくにしたがい訴えも多くなり、法の執行者に近づくにしたがい、慣習はそれだけ後退してしまう。われわれは、都市との距離いかんによって規定される心性の空間的分布を、見出すのである。二部作成され、印紙のついた訴状自体の中で、被害者は一致して法の救済を要請しているが、そうすることによってかれらは、みずからの利害に近いと考えられたブルジョワ階級に、みずからを同一化しているのである。しかもつねに同じ過程[19]が展開されるのである。まず手紙のやりとりが続いて、そのあと国王検事への書状、違警罪裁判所への出廷、そして罰金によって、裁判による解決が手紙のやりとりに終止符をうつに至る。もし知事から村長への書状が効果のないままであれば、被害者は再び当局に訴え、ここに手紙のやりとりがより重要度の高いレベルで再開される。こうなると、始まりは村の喜劇みたいであったものでも、もはやそうではなくなる。というのは、村長や助役の免職（一八三一年ラガルド村）、さらにラガルド村と制度的に敵対している隣り村（アンドレ村）の提案に基づいた、職権による市長や助役の指名が行なわれることにもなりうるからである。

激昂した共同体の方では示威行動をつのらせ、石や汚物を投げ、押込みをあえて企て、知事が派遣した憲兵隊と正面衝突し、囚人たちを釈放するといった事態が発生する。闘争は近隣の自治体に広がることもある[20]。行動は村を脅かすすべてのものに対してまで広がり、村内部での闘争（その精神的または政治的性格がいかなるものであれ）は、村人たちの感覚においては、領域死守の闘争に変容する。すなわち防衛しなければならないのは領域の保全なのであり、そうなると若者の機能は、きわめて理解しやすくなる[21]。また、闘争が負傷者あるいは死者を出して終了するのは、珍しくない（一八三一年タラザック、一八三一年カヴァルカンテ、一八三一年サン＝ランヌ、一八三四年サン＝サヴァン、一八二五年カンパン、一八二七年サン＝サヴァン、一八四一年ドヴェーズ、一八四一年カステルバジャック）。だがそうなると、暴力は一度に下火になり、人びとはあとは司法調査から自己の身を守ることのみに心をくだくことになる[22]。

歴史と慣習

シャリヴァリ鎮圧史には長い歴史があり、シャリヴァリという制度の重要性とその意味の一部を、かなりよく反映している。

ここでは、この慣習を禁止したもっとも古い形式である、司教会議や公会議の決定全部を取りあげたりはしない。十四、十五、十六世紀については、かなり完全な概要を与えてくれるJ＝B・ティエール神父の『迷信論』(23)に、それは委ねたいと思う。教会はいつも、騒々しいこれらの示威行動に反対の立場をとってきた。再婚に関する教会の態度がときおり混乱をまねくことがあったとしても、そうであった(24)。貴族や民衆はそれらの行動を楽しんだのに(25)、教会が反対したのは、そこに迷信、換言すればキリスト教の教義以前の慣習の姿しかみなかったからである。もっともその慣習の意味は、すでに失われていたが（古代ローマでは、寡婦になった年の再婚は禁止されていた）、教会の立場からすれば、異教徒的であるがゆえに疑わしい起源を秘めていたので、ときには破門の対象にもなった。しかもその慣習は、あらゆる場合にわたって、教会の権威ではない権威を、示していたからである。

十七世紀頃、各地の高等法院が肩代わりして、シャリヴァリがもたらす混乱の結果に対して、きわめて厳しい裁決を打ちだしている。罰金の額が法外であったので（トゥルーズ高等法院は一、〇〇〇リーヴルと決定していた）、ブラデは正当にも、それがかつて支払われたことがあったかどうかと問うている。アンシァン・レジームではシャリヴァリは、国王専決事件とみなされていた。ラルーによれば、「シャリヴァリに関する諸事件は国王専決事件、換言すれば、被告が居住と管轄の一般的原則に従えば領主裁判権のもとにおかれるはずのときですら、国王裁判権のみが裁判を行なうことができる訴訟事件を構成していた。」シャリヴァリが国王専決事件を構成するという「理由《モチーフ》」は、多様である。まず、当時ほとんどのシャリヴァリは、一六七〇年の刑事王令第十一条によって国王専決事件とみなされた不法集会の機会となっている。さらに、セルピョンは、大要つぎのように述べている。「シャリヴァリには、武器携行も政治的あるいは私的な暴力もまったく含まれていないけれども、シャリヴァリが常に中傷しようとねらっている婚姻という情状以外の情状がみられないときでも、それはやはり国王専決事件となる」と。[26]

G・ペニョーが引用した『トゥルーズ高等法院主要判例集』[27]のなかで、その著者フランソワ・クラヴァロルは、「若者頭と若者修道院長が、プロヴァンスではプロートと呼ばれていた税を、再婚者から強奪していたという理由をもって、またシャリヴァリは禁止された」と明示している。

ナポレオン法典とともにすべてが変化する。シャリヴァリが依然としてシャザル知事の抗議をひきおこすにしても、都市のブルジョワである法律家たちがパリから観察したシャリヴァリは、一八一〇年の刑法典にはもはや条文化すらもされていない。だから、われわれは大都市ではシャリヴァリが稀になったことを推論することができるのである。介入する必要があるのであれば、すべての夜間騒音を処罰する条文が利用されるであろう。ミロン・ド・メームの布告は、ナポレオンの百日天下のあと数カ月後の一八一五年九月二十日付であるから、その文面は明白で、半給を受ける士官の集会や、シャリヴァリの慣習が引き起こす集会しか、その対象となっていない。エレルは、バイヨンヌ文書館に保存された一つの事例を分析して、王政復古期の当局の姿勢をまことによく示している、もう一つの実例を提供してくれている。それは、実力行使がシャリヴァリ参加者の反撃をひきおこした例であった。その村の助役は、警視の役目を果たしていたのだが、「そこに政治をからませることによって、事態を劇的にしようと務め、叛逆的な党派の陰謀を懸念する必要あり、と国王検事に書いたのであった。」だが検事からの返答は簡略に、「当事件は公共の秩序にほとんど関係ない」と認《したた》めてあっただけなのである。[28]

公共の秩序とは何か。それは中立でかつ保守的な秩序を指すのに役立つイデオロギー的な概念である。すなわちそれによれば、理論的にはすべてのカテゴリーの市民が保護されるのだが、実際のところは、市民は不平等と特権の中におかれたままなのである。王政復古期においては、ある種の状況を安定させ、支配階級――アリストクラシーおよび上層ブルジョワジー――の諸利益を図ることが試みられるが、この支配階級は、シャリヴァリの慣習とはまったくかかわりがない。というのは、民衆の空間から離れた地理的空間に生きる支配階級は、みずからの私生活が共同体に関与しうるには、社会的にも文化的にもあまりにかけ離れすぎているからである。もうこの時点では、消息通でない人にとっても、開明的な行政官にとっても、シャリヴァリは、農民による、おもしろく好奇心をくすぐる示威行動という意味において、もはや民俗的な単なる喧騒にほかならない。そこで、うわべのばからしさにもかかわらず、その起源の発見が試みられるのである。だが、主役たちが生きる社会的、さらには政治的なドラマという側面は、間違っても知覚されない。すべては七月王政とともに変化していくだろう。

これまでわれわれは、この研究に動機を与えた次の問いに答えてこなかった。なぜタルブの県当局は「シャリヴァリ」を一件書類として構成する必要を感じ、法令の公布で満足せずに、各事件を検討する必要を感じ、事件をそれとして認めていなかった司法装置を動かす必要を認めたのかという問いである。この権力の姿勢は、所与の歴史的局面によって説明されるし、また、ある心性の変化を裏付けている。

オルレアン派の七月王政は、ブルジョワジーによる、民衆的かつ共和主義的な回復運動から生まれた。七月革命の勃発に拍車をかけた経済危機は、一連の請求・抗議運動を伴っていた(29)。ついで正統王朝派の反抗は、反教権主義者の暴動をひきおこす（一八三一年二月十四日）。この混乱の局面に直面して、首相となったカジミール・ペリエは、路上の秩序を再建し、国内の改革運動を中止させ、対外和平を維持する、という綱領を布告する。一八三一年十一月には、リヨンの絹織物工《カニュ》の蜂起がきびしく鎮圧される。こうして治世は、全般にわたってストライキ(30)、共和主義者の陰謀、ヴァンデ地方の蜂起、ルイ＝ナポレオン・ボナパルトの王政打倒の企てなどによって動揺させられるであろう。したがって、政治的色彩をおびた混乱に変貌しうる集会全部を、予防のため取り締ることが必要であったのである。

一八三二年、もろもろの出来事が、以上の予防措置を遡って正当化するであろう。G・ペニョーは、シャリヴァリの歴史叙述を目論む意地の悪い小さな著書のなかで、次のように書いている。もっとも、シャリヴァリの歴史を書こうというのは、一八三二年四月末から六月末にかけてフランスのありとあらゆる地方で起こった諸事件を想起させるための、口実にほかならないのだが。いわく、「それゆえ教会と正義の女神は、奔流をとめるためにみずからの権威をふるわなければならないと信じたのである……シャリヴァリ、それは庭を荒らす悪い草木にも似て、毎日引き抜かれても、日ごと新しい若芽を生ずる。思うに、シャリヴァリは多くの地方で発芽し続けていた。しかしやがて、しおれ始め、八九年の革命はそれをほぼ消滅させたが、ときあたかも政治が、シャリヴァリがしおれていた婚姻という領域から、近時になって最終的にそのシャリヴァリを拾い上げ、がっちりと掌中におさめてしまったのであった。かくて、かつてなかったほど活気づいたこの代物《しろもの》（シャリヴァリ）が、激情の影響のもとに、いまわれわれを包んでいる燃える大気のなかで、いかなる輝きをもって再び緑色になったかは、神のみぞ知るである」[31]（五八—五九頁）と。手短かに出来事を思い出してみると、言論の自由は圧迫され、デモは禁止され、ときには流血の中で鎮圧され（リヨン、グルノーブル）、すべて共和主義者であった四一人の下院議員は、カジミール・ペリエ内閣に対する不信表明の報告書に署名する。この報告書は、一八三二年三月三十日付の『ル・ナショナール』紙に公表されるが、七月革命の諸原理を喚起して、現政権に対する幻滅と不満をあげつらい、言論の自由、西部・南部のシャルル十世党派の騒乱の鎮圧を要求し、ポーランドとイタリアの放棄に反対して抗議している。議会がコレラの流行を理由に休会にされるまで、さらに幾人かの議員が、それに副署するであろう。議員たちは休会後かれらの選挙区に帰り、野党の共和主義者から、かれらが報告書に署名したかしないかによって、シャリヴァリや黎明楽《オーバード》*によって迎えられるであろう。三月末から、政治的シャリヴァリが消滅する六月末までの『ル・ナショナール』紙にたち返ってみると、「シャリヴァリ・セレナード」という欄のもとで、国会議員に向けられた騒々しい、ときには調和のとれた、あるときは耳障りな、あらゆる示威行動を詳細に記載している。民衆の裁きのこの形態がその年に用いられたのは、これが初めてなのではない。一八三二年一月二十五日の『ル・ナショナール』紙に再び目を通してみると「今月の十三日金曜、(32)国民衛兵四八人はシャロンの違警罪裁判所に出頭したが、かれらは、リヨンの暴動のとき動員された分遣隊に参加することを拒否したかどで、告訴された。一八三一年三月二十二日の法令の第十六条によってあらかじめ規定された犯罪、というわけである。これらの動員忌避者の多くは、シャルル十世党派の主張に組していることに注目しなければならない。二十日、裁判所は告訴を却下した。夕方になると、数多くの集団が耳障りな音を発する馬鹿でかい楽器を携えて、街路に練りだした。裁判官の家の窓の下で、かれらはこれらの楽器を使って演奏した。」

シャルル十世派の人物が主催した祭典に参加したことのあるパ＝ド＝カレ県知事タレーラン男爵が、一八三二年三月に担当したシャリヴァリ訴訟の弁護は、シャリヴァリという慣習の音による表現から政治的示威運動への変容を、よく示している。「しかしながら、まことに非難すべき悪習が、儀式を変質させてしまっていた。道義心のない芸術家や非合法のシャリヴァリ屋は、一種の謝肉祭を、釣り合いのとれない縁組という愚行《フォリー》にいわば正当化される馬鹿騒ぎ《フォリー》を、金銭の取り引きや美食への誘いにしてしまっていたのである。われわれはかつて、ずうずうしい楽手たちが、自分たちが睡眠を妨害したまさにその人たちから演奏代金や食物の配分を要求する光景をよく見かけたものだ。今日のシャリヴァリ、つまりわれわれの風習が認めているシャリヴァリは、本質的に政治的である……だが、政治的な美辞麗句は、シャリヴァリが根底において今日の大政治問題であるということ以外のことを示すであろうか……」(『ル・ナショナール』紙、一八三二年六月三日)。

*aubade. シャリヴァリ同様のどんちゃん騒ぎであるが、これは夜明け頃に行なわれるものをさす。

このテキストは、二重の意味で興味深い。まず、この慣習が厳密には家に関する側面に限られるにもかかわらず、その政治的、民衆的側面は、表明されていない場合ですらいつも認知されていたことを示している。ついで、ごく小規模の農村共同体でかつては維持されていた民衆の裁きの一形態が、都市のブルジョワ層の手で回収されたこと——この回収は必然的にその裁きの意味を変えるのだが——を、明らかにするのである。言論の自由の欠如から生まれた騒動は、共和主義者にともかくも自己主張することを可能ならしめ、共和主義者は、騒動に報いとしての黎《オー》明楽《バード》を結びつける。だから関心は、騒音（調和しているか不協和か）、調子（耳障りか、きちんとしているか）、表現（語られているか、発声されていないか）に集中させられる。だが、こうした選択をすることは、この慣習のうちでなおも存続していたすべてのものを、隠蔽してしまう。すなわち、言葉や歌の儀礼的な猥褻性、仮装、役割の倒立、別のまったく違う社会の表象などを隠してしまう。もっともこの慣習それ自体、民衆の祭りの単なる複製であるのだが。共和主義者の機関紙『ル・ナショナール』は、「シャリヴァリは民衆の裁きの行為である……」ということに強く執着するが、同時にまたとくに、「……シンフォニーはごろつきのやることではなく、郡長氏のように、少なくとも個人で税を納めている市民によって、演奏されていた」（五月二十二日）[33] ことを、強く主張するのである。結局、尊敬さるべき立派な人びとが、中道政治を志向する政府の悪辣さによって、異議申し立ての卑俗な形態を使用することを余儀なくされている、というのである。シャリヴァリをこうして純粋に状況的に利用することからあとに残るのは、やがて急速に名声を博するCh・フィリポン創刊の諷刺新聞のタイトルだけ、となるであろう。[34]

さて、われわれの一件書類に再びたち返ってみれば、なぜ単なるがやがやした人だかりが、告発されるに値するシャリヴァリになるのか、「シャリヴァリをやる」という表現がどのようにして「シャリヴァリを奏する」(一八三五年マスカラ)という表現になるのか、またなぜ自治体の太鼓や懸章を盗むと憲法違反の犯罪になるのか、最後に、なぜルイ＝フィリップの行政はその窃盗に格別の注意を払ったのか、これらをわれわれはよりよく理解できるのである。

これらの示威行動によってとくに狙われた農村の小ブルジョワジーは、政府の主たる支持者になってしまっていた。政府にとって、地方での紛争のとき、この小ブルジョワの利益のために問題を解決せずしてその支持を失うことは、できることではなかったのである。この時点で、相次いで闘争が激しくなる。すなわち、新しいブルジョワとその他の人びと、つまりブルジョワより数も多く重要な、そして賃金の低下や小麦価格の上昇を体験している人びととの間に、階級闘争が激化する。心性のあり方も変化する。すなわち、新しいブルジョワが自分たちのためにみずから作った法の保護のもとで(まず大革命期の立法、次いでナポレオン法典)、進歩の観念を、一七八九年の革命から受け継いだ合理性とならんで、慣習の野蛮性とアンシャン・レジームの旧套墨守に対峙するイデオロギーとして採用しながら、ブルジョワは社会的地位をさらに獲得しなければならないのである。ブルジョワは、アリストクラシー――および民衆――の面前でみずからの地歩を固めるために、「家族を、社会生活の規範およびモデルとして、徳の源泉および『価値』の起源として、規則的かつ調整的な管理の総体として提案、提起しようとしていく……かつて、十九世紀において、ブルジョワは、おのれからみても、他の人びとの目からみても、自己の存在を正当化するに至った。尊敬されるようになるということが、ブルジョワの人生にある方向づけを与えていたものである。尊敬されること、他に抜きん出ることの追求は、かれを没頭させるのに十分であった。それで心の底から十分であった。栄誉は重大なことと考えられ、それを失ったあと再び獲得するためには、たいへんな労苦もいとわないほどであった……尊敬されること、他に抜きん出ることから、ブルジョワはほとんど汲みつくせない満足感をひきだしていたのである。[35]」

私生活の壁の内側に身を潜め、みずからの功績と卓抜さを確かなものにする家の永続に身を粉にしているブルジョワにとって、共同体が（ブルジョワには理解できない）固有の正義と言語によって介入し、尊敬に価値をおくモデルを破壊するならば、その憤慨はいかばかりであろうか。人は自己の同位者あるいは高位者によってのみ、識別されることができる。自己の弱点をあらわに示す「品の悪い」共同体によって、みずからの正体が「あばかれる」のをみることは、ブルジョワにとってまことに許し難いことである。であるから、踏破すべき社会的承認の道のりが遠ければ遠いだけいっそうのこと、この価値体系を内在化して行った小ブルジョワ、小土地所有者については、なんというべきか。（シャリヴァリ参加者を語るときに被害者が用いる言葉として人殺し《アササン》がでてくるのはそれゆえであるが、これは比喩的な意味ではなく、築かれつつある社会的人格の、現実の殺害者を言うのである。）共同体は、この民衆の正義を表象していることを、自覚しているのだろうか。答えは、そうでもあり、またそうでもない。すなわち、共同体は社会的均衡を侵害していることを感じ、本質においては闘争を感知するが、同時にまた、闘争の意味を失って、共同体自体不透明のままにとどまるのである。民衆の祭り、あるいはむしろその思い出は、貨幣経済がしだいに現実になるにつれ、遠ざかる。アバディ・ド・サランコランは、一八五五年に書いている。「シャリヴァリの慣例は消えつつあり、存在するにしても、道徳的なものになっている。たとえばサランコランでは、若者たちは、再婚したいが、シャリヴァリは避けたいと思うすべての男やもめから、一〇フランから二〇フランの税を徴収するが、この金額は、かれらの教会の聖壇の建立や維持のために使われる。[36]」われわれは、付録として、シャリヴァリの慣習に類似する「アルメーグ arroumégue」の慣習の変遷を述べておくが、それは、貨幣をあらゆる交換に導入する数量化の過程が（十九世紀前半を通して商品経済が南西部農村の自給自足体制に決定的に肩代わりする）、どのようにして慣習の記号内容《シニフィエ》を隠蔽し、民衆の心性、ブルジョワの心性、そして社会構造の三者間のずれと、個人主義の進展を助長するかを、明らかにしている。

民族学者の古典的設問「シャリヴァリは何を意味するのか」に対しては、だから「誰にとって」という別の問によって答えなければならない。それに、シャリヴァリがすべての人たちに対して何かを意味するとは、まだ確実には言えない。それは、関係していないすべての人びと、すでに注目したように、共同体的空間から完全に断ち切られて生活しているアリストクラートや大ブルジョワにとって、意味があるのである。それは、地方の役人や農村小ブルジョワジーにとって、何かを意味するのだろうか。この点に、この一件史料の興味あるところがあるのであって、それは、社会的隔離のはじまりに立ちあうことを可能にするのである。すなわちそれによると、農村の小ブルジョワジーは、農村の空間からみずからをひき離し、県や国全体という空間に合体するのである。小ブルジョワは、もはや理解しないことを望み、村を過去に押しやってしまい、村の慣習を忘れたがっている。かれは、程度の差はあれ不誠実に、国家的空間の支配者である行政のもとに、慣習的行為の不条理性の被害者として、姿を現わすように努めるのである。したがって慣習的行為は、不条理なものとして、つまり、その記号内容《シニフィエ》を喪失したけれども無意味になったわけではない記号表現《シニフィアン》として、説明される。すなわち、「喧騒、大饗宴、淫猥な行為、野蛮人の風俗、強奪」として、そして奇妙なことには、「仮面」としても。これらは、一線を画したほうがふさわしいようなある過去に、シャリヴァリを押しやるためのレッテルなのである。

シャリヴァリは、もはやそれ自身としては認めたくない「場《トポス》」のなかにある。それは、廃止された空間を何としても維持し、仕分けされてしまったものを再び係争の対象とする。シャリヴァリをかける者たちが、あくまでも理解することを拒み、明白な事実に従うことを拒否する劣等生の役割を務めることを、小ブルジョワは、期待するであろう。シャリヴァリは、まさに卑俗である。すなわち通俗と同時に低級で、鼻に指をつっこんだ育ちの悪い子供のようなものである。そこでは方言しか話さないし、下品な騒音と動作で自己表現をし、分別以下に身をおとしている。そして分別はと言えば、それは文字で表現され、しかも学校や行政の言語で表現される、というわけである。ブルジョワ的理性という理念的なまなざしからすれば、村人たちのまったく即物的な思考は、非理性的で論理以前のものとして見えるはずである。このようなものが、この社会階層にとっての、シャリヴァリの意味なのである。

　村人たちの見るところでは、シャリヴァリの主要な関心は、その意味するところにあるのでは、明らかにない。この慣行がかれらにとって、おそらくはひとつのサンス（意味・方向）があると言えるかもしれないとすれば、その場合にはこのサンスという言葉を、「意味」としてではなく「方向」の同義語として使用することになるであろう。[*]事実、シャリヴァリはどこかへ導く。すなわちそれは、共同体の敵をしかるべき位置に戻すのである。サンスという言葉の意味が一方から他方へ傾斜することは、行動《アクション》が、われわれがその内実を失った形式と呼んだところの行為《アクト》へと変わる変容の過程に符合する。シャリヴァリは、シャリヴァリ参加者にとっては意味しないか、あるいは附随的にしか意味しないのかのいずれかである。それは過去とは関係をもたないし、あるいは少なくともブルジョワが過去によって理解するものとは関係しない。この慣習が過去に依拠するとすれば、それは常に現存する過去であり、完了していない過去なのである。すなわち、慣習自体は歴史をもたず、慣習にさまざまの歴史を奏でさせるのは、その敵対者たちなのである。

　シャリヴァリの興味は、その主役にとって、つまりそれを蒙る人たちにとっても、それを行なう者にとっても、騒音のなかにある。世俗権力が採り入れ、続いて民俗学者や民族学者も従った解釈は、それ、すなわち「喧騒行動」を、シャリヴァリの本質とする。しかし、この騒音がシャリヴァリなのか、それともそれは単に、一八一〇年の刑法典第四七九条のゆえに公権力の注意をひく、秩序を混乱させるものにすぎないのか。猥褻性、ひいては被害者がシャリヴァリを行なう者たちを非難するすべての犯罪についても、同様の考察ができるであろう。猥褻は犯罪として、また、侮辱として把握される。事実、猥褻は、ある侮辱を意味するかもしれぬが、必ずしも侮辱であるとは言えない。自分の尻をみせることは、その人には尻があることを示し、そうすることで、ブルジョワ的な礼儀作法の不具にしかねない理想化によって変形させられた身体に、均衡を取り戻してやることなのかもしれないのである。それではシャリヴァリの本質はどこにあるのか。共同体にとってシャリヴァリの主要な興味は、シャリヴァリがくだす裁きからなっているのであり、それはなによりも民衆の法廷なのである。ブルジョワジーの裁判の生まじめさとは反対に、喜劇的な法廷であるそれは、法の麗々しさ、合目的性、抽象性がたえずごまかしてしまう具体性を白日のもとにさらすために、徹頭徹尾滑稽なのである。騒音についてはどうであろうか。バフチーンの指摘にしたがって(37)、農具や料理用具での合奏には、「それらの物体の視覚的な、いうなれば聴取可能な、そして物質的な側面を再び現出させる、突飛な活用……」を読みとれないであろうか。それらの物体の選択は、公的なるものや個人的なるものによって非常に長い間隠蔽されてきた、家庭的なもの、農村的なもの、共同体的なものを明示する心遣いを、反映していないだろうか。方言のみの使用も、同様の方向にそっているであろう。馬鹿騒ぎについて言えば、それは、公権力が収奪した共同体空間を再び取り戻すための、数少ない手段のひとつに他ならないのではないだろうか。シャリヴァリを行なう人びとは、何よりも共同体として行動する。つまり、個人の正体をわからせないようにするための仮面や仮装服の使用や夜間が選ばれていること（夜は、支配者たちの昼間の理性を拒否する人たちすべての避難場所なのだ）は、以上の点について、ほとんど疑問を残さない。このような解釈は、シャリヴァリを、行政当局およびブルジョワジーの思考の枠組み――それはまた、「学問」によってうけつがれているのだが――を通して読むことをやめるやいなや、ただちに可能になるのだ。

*フランス語の sens は、意味 signification をさすことも、方向 direction をさすこともできる。語源は異なるが、同一のつづりをもつ語サンスは、二通りの意味内容をとりうる。ここでの表現はこのことにひっかけられているのである。

この「民衆についての学問」をブルジョワジーの学問として叙述することが、いかに不正確であるかが判断されよう。単にブルジョワジーによって乗っ取られた学問、あるいはブルジョワジーによって統制された学問であるどころか、民族学は、長い間——いまでも一部の人たちにとってはそうなのだが——民衆についての支配者の言説であった。すなわち、学問ではなく単なるイデオロギーだったのである。民衆をしかるべき地位に置き戻すための闘いのなかで鍛えられた民族学は、諸々の社会的隔離を認めることによって、隔離の理論的正当化をなしとげる機能を保持しているのである。居場所を割り当てられてしまったその他の者、すなわち婦人や子供に関する言説についても、おそらく同じことがいえよう。「学問の対象」としてのかれらの運命は、おそらくは民衆のそれに類似しているのである。支配者によって課せられた社会化に抵抗し、社会的昇華を拒否することで、「同じ水準に」はない、そういう人びとの声の場を簒奪している連中は、口を閉ざす時が到来したのではなかろうか。

附録〔十九、二十世紀を通してオート＝ピレネ県でみられたローンス税の変遷
——貨幣と個人主義の進展〕

当地方の若者にとって、婿入り結婚（「オロバンギュ horobengut」、つまりよそ者との結婚と言われていた）のとき、バリエール税（一種の若者税(a)）を要求するのが習わしであった。この税はアルメーグ arrouмégue あるいはエラ・ルーメゴ era roumego さらにはローンス税 ronce と呼ばれ、その名称は、若者たちが新郎《ノビ》に教会の入口を通過させないように高く築いた茨《ローンス》の柵に求められる。新郎はその入口を通るためには、罰金(b)を払わねばならなかったのである。これを結婚式挙行のときの段階儀礼——たとえばビゴールの若者たちは、新婚夫婦に与えたわずかな祝儀とひきかえに、ぶどう酒やお菓子の供与を受けていた——と、混同してはいけない。もし税が支払われなければ、シャリヴァリに委ねられた(c)。

十九世紀においては、バリエール税にも再婚のシャリヴァリの場合と同じことが起こる。つまり、正当化されないゆえに許しがたいゆすりと受けとられていたのだ。一八三八年、アステューグの村長は、そのことについて次のように述べている。

「この山地では、昔は、村によそ者が縁組できた場合、村の若者たちに、ところによってはロメック税 romec とよばれていた一フラン六〇サンチームを与える慣例があった。それを支払わないと、新郎新婦が教会に入るのを、力ずくで阻止したものであった。

まず、われわれは、現行の法律がこの悪習をまったく認めていないことに注目したい。つまり、その三〇スウを支払うことによってではなくとも、もし、いざこざを起こさないために、和解を金で買い取ることができたとしたら、そもそも払うべきではなかったにもかかわらず、犠牲を払うことになったろう。しかし、こうした要求は不法なのである。そもそも法律は、夫婦やかれらの両親に、誰を結婚相手に選ぶかを、自由にさせているのである。もし万一、いつもぶらぶらしていて他人の財産を蕩尽するのに慣れた若者たちの気まぐれに屈服しなければならないのであれば、その結果は、旨い汁を吸えなかった村では結婚のたびごとにシャリヴァリが行なわれるということになるであろう。(d)」

象徴的な補償料であったものを、若者たちは、新郎新婦の親たちの財産に対する評価に応じてきわめて高額なものになる罰金にしてしまったのである。(e)この変容と平行して、貨幣経済の影響のもとで、ブルジョワおよび小ブルジョワにとって慣習の記号内容《シニフィエ》の否認が起こるが、その否認は、社会的上昇の期間に要した金銭の高が多いほど、強まった。

最後に、二十世紀に入って、慣習はいくつかの所ではその意味を失い、記号すなわち金銭だけを保持する。一九〇九年三月七日付の『ル・スムール・デ・オート＝ピレネ（オート＝ピレネ県の種蒔く人）』紙を引用してみよう。

「オルディザン村。『アルメーグ』という名でよく知られた慣習は、この村を除いてはもはやどこでもすたれてしまっている。同じ村の人たちどうしの結婚は、他の村ではこの慣習に従っていないのに、ここオルディザン村では、少なくともしばらく前から、新郎が裕福な家庭に属しているときは、かれら自身でこの慣習に服しているのである……」

　われわれは、ここに、シャリヴァリの一件書類の研究のときに注目された、すべての要点を再び見出すのである。すなわち、(1)慣習の記号内容《シニフィエ》の喪失。(2)もはやその意味を感知しない小ブルジョワの反抗。(3)社会構造と民衆があげる経済収益との食い違いを、税の取り立てで制裁すること。(4)村の富にある種の平等を確立するための、社会闘争の手段としての慣習の利用。

　二十世紀もさらに進むと、この慣習は不規則な変遷の様相をとるであろう。バロニーというところ（オート＝ピレネ県）の、五キロメートルほど離れている二つの村についてみれば、ローンス税はフレシャンデ村においては婿入り結婚だけに要求されるが、エスコネ村ではすべての結婚に求められるであろう（一九三九年の事例）。われわれの調査によれば（一九七四年）、ローンス税が一般的にすべての新婚夫婦から徴収されたのは、若者が地元の祭りでの踊りの費用を出すためにはこの手段しかなかった場合に限られているように思われる。

　一九三九年から一九四五年までの大戦の後、青年たちの独身生活なるものの消滅の一環として、バリエール税も消失した。オート＝ピレネ県のいくつかの農村地域の過疎化が、その放棄を助長したのである。

原注

（1）「居住民の安穏を妨げる侮辱的な、あるいは夜間の騒音または騒動の、首謀者・共犯者は、一一フラン以上一五フラン以下の罰金を科せられる。」（第八項）

（2）N. ROSAPELLY, *Us et coutumes de Bigorre*, Paris, Champion, 1891, p. 16.

（3）A. VAN GENNEP, *Manuel de folklore contemporain*, I, ii. でシャリヴァリとロバにのせたひきまわしに当て

られた部分、および研究対象地域の地理的な近さのゆえにわれわれに関係のある、非常に重要な文献目録六一四―六一八頁（とくに FORTIER-BEAULIEU, HERELLE の研究をみよ）に注目せよ。M. LE BONDIDIER, 'Le Charivari dans les Hautes-Pyrénées', in *Revue du folklore français*, 2, 1931, p. 40.

（4） C. LEVI-STRAUSS, *Mythologiques* I, *Le cru et le cuit*, p. 294. E・P・トムスンが注目すべき論文 'Rough music: le charivari anglais', in *Annales E. S. C.*, 1972, pp. 285–312.（本訳書収録）において行なった正当な批判に耳を傾けよう。

（5） E. P. THOMPSON, *op. cit.*

（6） C. GAUVARD, A. GOKALP, 'Les conduites de bruit et leur signification à la fin du Moyen Age: Le charivari', in *Annales E. S, C.*, 1974, pp. 693–704.（本訳書収録）

（7） A. VAN GENNEP, *op. cit.*, I, ii, p. 619.

（8） J.-F. BLADE. *Poésies populaires de la Gascogne*, Paris, Maisonneuve, 1881–1882, II, pp. 289–291.

（9） ブラデが採録した歌詞（注(8)参照）は、今日ではまったく当り障りのないようにみえるけれども、フランス南西部ではとくに辛辣な言葉が使われていたらしい。それともブラデは害にならないテクストしか出版しなかったのであろうか。

（10） 通常、内輪でつつましく行なわれた再婚についてすら、この時期が守られたことは興味深い。

（11） レヴィ＝ストロースが前出文献で指摘している。

（12） N. ROSAPELLY, *op. cit.*

（13） 「私たちの名誉にも、私たちの祖先の名誉にもキズをつける、かくも破廉恥な歌のなかから……かれらは、世間が身震いするほどの破廉恥な歌の小冊子を作らせたのです。」（クロワザドー某から知事への手紙、一八三一年ラガルド）

（14） 「憲兵班は、二輪車のうえに作られた特設舞台に、一種の訴訟手続を模擬するに適したような書類がおかれたテーブルのある法廷を、見いだしました。そこには正装の裁判長、判事、弁護士に加えて、シャリヴァリを蒙った家庭を表わす犯罪人がおり、制服をまとった司祭も参席していたのです。」（憲兵隊班長の知事への報告、一八五六年バルレスト）

（15） 「一頭のロバが荷車の上にひきずり出されました。一人は女性の服を身にまとった三人の男性がこの同じ荷車に乗って、このうえない猥褻な身振りに身を委ね、荷車につきしたがっていたうちの数人は、淫猥な歌を口に発していたのです。」（市長から知事への手紙、一八三六年モーブルゲ）さらに一八三二年、イットの例も参照。

(16) A. W. SMITH, 'Some folklore elements in movements of social protest', in *Folklore*, 77, winter 1966, pp. 241-252.「ここでもまた、民衆の騒動は、『スキミントン』と喧騒の合体という手段によって、ある社会的慣習が存在する証拠、すなわち『ラフ・ミュージック』ないしは『シャリヴァリ』の証拠を、いまいちど与えてくれる……この他に類のない慣習は、ヴァイオレット・オルフォード嬢によれば、『中世以前からそれが存在したことの、誇らしげに記された証拠』なのである。この慣習は全体として、民衆裁判という行為であって、それは、ある地位の責任に従って行動することに失敗したものとして分類されうるような、さまざまな道徳上の不法行為を正すことにむけられるもので、おそらくは国王から囲《エン》い込み《クロージャー》を許可された者についての、適切な裁きでもあるだろう。」(二四四頁)

(17)「……第三に、この自治体のある人たちがシャリヴァリを組織して秩序を乱したことは、以上の異論のない諸決定を軽視し、法の条文と精神に反抗する立場に立ち、地方当局の防衛措置を無視することによってであるにより……」(一八四〇年ラルール)

(18) N. Z. DAVIS, 'The reasons of misrule: Youth groups and charivaris in sixteenth century France', in *Past and Present*, 50, 1971, pp. 41-75.

(19) 言うまでもなく、村長が、訴えを無条件で却下するかわりに、知事の眼に告訴人が信用できないものとうつるようにする適当な論拠の発見に成功したときだけは、別とする。たとえば告訴人は「泥棒」(一八三三年ヌイラン村)であるとか、明らかに被害者が貧窮な者や文盲の人であれば、「騒動の幇助者」などとして。注目しておきたいことは、知事にとっての社会下層の敷居は、共同体にとっての社会下層の敷居より非常に高いということである。

(20)「破廉恥な歌は、われわれの休息ばかりでなく近隣の自治体の住民たちの休息までも妨げるが、これは後者の自治体の若者たちがこの堪え難い歌に加わっているがために、結末は悪になる(ママ)でありましょう」(一八三一年ラガルド村、ニコ兄弟の知事への書簡)

(21) A. VAN GENNEP, *op. cit.*, I, ii, pp. 201-203.

(22) それゆえに、われわれは、「間接的な、儀礼的な、象徴的な暴力と対照的な、直接的・肉体的暴力」という、両者間の明確な境界線を引こうとは思わない(cf. THOMPSON, *op. cit.*, p. 308)。また、FABRE et LACROIX, *La vie quotidienne des paysans du Languedoc au XIXe siècle*, Paris, Hachette, 1974, p. 414 et passim. をも参照せよ。

(23) J. B. THIERS, *Traité des superstitions selon l'Ecri-*

ture Sainte, les décrets des Conciles et les sentiments des Saints Pères et des Théologiens, Paris, Antoine Dezilies, 1679.

(24) A・ヴァン＝ジェネップは、バス＝ノルマンディでは十九世紀の初期に至るまで、配偶者を失った者は結婚のミサに参加する権利を持っていなかった、と報告している（前掲書、六二一頁）。

(25) シャルル六世がアルダンの舞踏会で危うく死にそうになったのは、シャリヴァリのときである。小説『フォーヴェル』のなかで、民衆は、教会で結婚式をあげていないフォーヴェルとヴェーヌ・グロワールを、シャリヴァリにかけるのである。

(26) H. LALOU, 'Des charivaris et de leur répression dans le Midi de la France', in *Revue des Pyrénées*, 16, 1904, pp. 493–514.

(27) プロヴァンスではプロートpelote、南西部ではピニョール pignore と言われる。

(28) G. HERELLE, *Etudes sur le théâtre basque; le théâtre comique. Chikitoak et Koblak; mascarades soulétines; tragi-comédie de Carnaval; parades charivariques*, Paris, Champion, 1925, pp. 23–57.

(29) 「経済危機と同時に政治的危機は、一八三〇年のあいだに頂点に達した。食糧品課税に反対する暴動が、いたるところで注目された。」（J.-P. AGUET, *Les grèves sous la Monarchie de juillet* (*1830–1847*), Genève, Droz, 1954, p. 2）

(30) J.-P. AGUET, *op. cit.*, p. 10. 「一八三〇年末から一八三三年半ばにいたる時期は、とくにその初期にあっては、政治的事件によって——正統王朝派あるいは共和主義者という、政治的反対党派が起こしたデモあるいは運動——、または社会的事件によって——危機の時代の代表的な、失業者デモ、市場暴動、ラッダイト運動、さらには数は比較的限られるがストライキが付け加えられる——絶えず混乱におとしいれられた。」

(31) G. PEIGNOT, *Histoire morale, civique, politique et littéraire du charivari depuis son origine vers le XIVe siècle*, Paris, 1833.

(32) したがって謝肉祭の時期にあたる。

(33) これにはビュジョー将軍が反駁しているようで、ペニョーが、一八三二年五月二十五日の将軍の演説を引用している。「こうしたことすべてからすれば、私のような愛国者が、われわれのような愛国者たちによって、またわれわれを遣《つか》わしている愛国者たちによって、シャリヴァリを受けなければならないことになるのは、言うまでもないことであります。それでは諸君がわれわれに与えたいと願っている自由とは、こんなものなのでしょうか。

暴動の自由でしょうか、シャリヴァリの自由なのでしょうか。それはもう路上の専制主義であり、あらゆるもののなかでもこのうえなく醜悪なものなのであります！」

(PEIGNOT, *op. cit.*, p. 275.)

(34)「われわれは採用するタイトルの選択を正当化したいと考えるが、その主たる手段とは、一瞥してみるに次のようなものである。すなわちタイトルは、われわれの政治的風習の中にいまやいとも楽しげに分類されたあの騒々しい否認の意味で、理解されること。『シャリヴァリ』というこの言葉から、ごたまぜの状況、混乱状態、何でも混ぜこまれた状態、が理解してもらえればということである。われわれは、実際『諷刺画《カリカチュール》』紙から生まれたこの子供が、一方では何でも混ぜこまれた、申し分のない人物のようになって欲しいし、そこではわれわれが生きているこの万華鏡のような世界の多様なあらゆる外観が、デッサンと文筆とによって、絶え間なく再生されるであろう。他方では、この新聞に、非難も賛辞も双方とも、正しく唄いあげ、奏鳴し、おごそかに演奏することに等しく熟練した、民衆のオーケストラの一つのようになってもらいたい。そして、よいことも悪いことも、美しいものも醜いものも、ばかばかしいものもすばらしいものも、毎日、このきわめて流動的な社会において立ち現れるすべてのことを、鐘の音によってであれ、黎明楽《オーバード》によってであれ、起こったらすぐに指摘するような、そういう新聞になってほしい、と思っているのである。」*Le Charivari*, édition O, 1832.

(35) H. LEFEBVRE, 'Sociologie de la bourgeoisie', in *Au-delà du structuralisme*, Paris, Anthropos, 1970, pp. 182-193. さらに、勲章の評価と、またおのれにむけられた侮辱に関する被害者の羞恥とを解明する、次の引用をみよ。「……礼節は、（ブルジョワの）全体的な外観のなかにのみあらわれるのではなく、個々の記号《シーニュ》の中にあらわれる……他からの区別を示すそれらの表示のなかには、勲章があり……ある言葉を用い、他の言葉は上品と礼儀の名において排斥する話し方《ディスクール》があることを、忘れないでおこう。」（一八三頁）

(36) Abadie de SARRANCOLIN, *Indicateur des Hautes-Pyrénées*, Tarbes, 1856, p. 116.

(37) Mikhail BAKHTIN, *L'œuvre de François Rabelais et la culture populaire au Moyen Age et sous la Renaissance*, Paris, 1970, p. 372.

附録の注

(a) カトル・ヴァレーでは「ドレ・ド・バレロ dret de barero」と言った。Livre de raison de Jacques Sarniguet de Camparan, 1735. を参照。

(b)「茨の垣をつくるロンスレの慣行。ビゴールの慣習は、結婚式が行なわれる教会の門扉を、通称アロムゲールと呼ばれる男子青年の代表者二人が、一メートルの高さにぴんと張って持った茨の飾り模様で、閉めることにある。かれらは新婦を通すためにその茨をもちあげてすぐもとに戻すが、それは新郎が土地の者すなわち村の者ではないときに、教会への入場を妨害するためである。花嫁と同じ村の若者たちが要求した金額が、差し出されたお盆の上に置かれると、新郎は祝福をうけて中に入る。拒否されると、喚声があがり、殴りあいの喧嘩騒ぎとなる。そのお金は楽しい宴会の費用にまわされるが、宴会で土地の若者たちは、よそ者によってかれらの若い娘の一人が奪われたことを慰め合うのである。」 Philadelphe de GERDE, *Eux, ou en Bigorre en ce temps-là*, Toulouse, Privat ; Paris, Dedier, 1934, p. 136.

(c)『ル・スムール・デ・オート＝ピレネ *Le Semeur des Hautes-Pyrénées*』紙の一九〇八年一月二十九日、三月十九日、『ラ・プチット・ジロンド *La Petite Gironde*』紙の一九〇九年三月三日、一九一一年六月三日、『ラ・レピュブリーク・ド・タルブ *La République de Tarbes*』紙の一八五〇年六月二十日を、それぞれみよ。

(d) Archives des Hautes-Pyrénées, 4 M 23.

(e) われわれは、ブール村（オート＝ピレネ県）の老人たちの証言を集めることができた。それによると、花嫁はブールに住む人の孫娘であったが、それでも罰金は要求されたのである。「金銭を与えることを望まなかったB夫人の母親に、シャリヴァリがかけられました。お金を握っていたのは年寄りたちで、かの女はお肉屋さんと結婚していたんですが、お金に恵まれていなかったのです。若者はどこへでも彼女たちの跡についてまわり、鎌をたたいて騒ぎたて、二カ月間も続いたあと、やっと父親が少額のお金を渡しました。暴力沙汰あり、シャリヴァリありで、傷を負ったけれども人に見られるのを嫌がった若者たちもおりました。たとえば、洋服屋で一九三七年にエスペーシュ村の女教師と結婚したJ……という男に対しては、かれの畑のすべてのりんごの木を鋸で切り倒してしまったのです、結局はお金がほしかったのです。若者たちはこのお金で宴会を張って、ダンスを楽しんだのでした。」E・T夫人の証言（六十六歳、洋服屋の妻）

原題 Rolande BONNAIN-MOERDYK et Donald MOERDYK, 'A propos du charivari : discours bourgeois et coutumes populaires' in *Annales E. S. C.*, 1977, pp. 381–398.

コメント――日本史学から――

宮田　登

一

歴史学の分析対象として、民俗資料をどのように位置づけるか、また分析概念として、人類学的あるいは民俗学的解釈をどのように導入するか、といった課題が近年大いに論じられるようになった。民俗文化は一つの体系をなすものであり、とくに民衆の日常生活に関する意識や行動についての豊富な資料が民俗学によって集積されている。従来日本史学が、民俗資料に対して抱いていた先入観の一つは、民俗資料の時代性ということで、これは抜きさし難い前提となっている。日本の民俗資料は、一九〇〇年代に入ってから、民俗学者たちによって採集され、一九三〇年代には、柳田国男によって組織的かつ系統的に分類されるに至った。これらの素材は、二十世紀に入ってから資料化されたものであり、採集される時点まで、農山漁村の各地域社会に伝承されていたものばかりである。その時点まで現実に生きて残存している民俗事実は、逆にそれがどの時代に属する資料なのかを曖昧にさせている。一つの事象が伝承されるということは、たしかに時代の制約を超えさせる何かがあるわけで、一つの時代の枠組みにおさまらないことは認められるべきであろう。しかし、それが故に民俗資料が歴史学の資料にならないというわけにはいかないのではないか。また、こう考える人もいる。民俗資料は、だいたい古老からの聞書きを記録化した場合が多いので、老人たちの記憶そのものが信憑性に乏しいとする理解である。老人の記憶は、せいぜい彼の人生でもっとも良かったとされる時期のもので、都合の悪い時期での出来事は語りたがらないものだという一方的な偏見もある。たしかに老人に限らず人間の記憶は正確さに欠けることはたしかである。しかし不正確であっても、あるいは全くのでたらめであっても、その話者が記憶していた内容は、そのまま現実の存在として受け入れ、客観的に把握されるよう処理すべきなのである。そこで類型的・集団的・没個性的な民俗事象の性格に鑑み、民俗学者たちの認識のふるいにかけられて、話者の記憶は資料化されているのである。だからこの点において民俗資料に対する不信感を一方的に鵜呑みにするようならば、民俗資料の利用についての生産的な議論は生じて来ないだろう。

だが、こういうことはいえる。民俗資料の体系化を目指した日本民俗学の分類は、一定の目的をもっていた。それは民俗学が、日本の民俗文化の原型を抽出するという理解に立ったからであり、それなりの意義をもっていると思われる。だが、原型の追究は、一種の形式主義に陥りやすい。いわゆる重出立証法にもとづいて型を設定していくために、資料の分類も、一定の形式にまとめられて説明できるように配慮してある。柳田国男の『郷土生活の研究法』に提示された民俗資料の分類法は、日本民俗学に大きな影響を与えており、若干の修正はその後加えられたとしても、原則的な変更はなかった。そこで民俗学上の分類基準に拠った民俗資料が、歴史学の分析に不適当になるという批判は、少なくとも他の批判とくらべて傾聴に値するだろう。つまりこのことは、民俗文化を表現する民俗資料は、既成の民俗学上の分類にとらわれることなく、歴史学上の資料として、歴史学が独自に分類し、利用することが望ましいことを示している。

歴史学の分野には、生活史、風俗史、宗教史、思想史、民衆史などの表現からも分るような個別分野がそれぞれの独自性を主張する傾向が強く、しばしば統合化される意味での歴史学の存在を危うくしている。歴史学の本流は社会経済史だとする主張は、生産関係を基調とする分析方法をとる場合有効であり、従来の多くの成果が示している。しかしそれがすべてではなく、いわば硬直化した歴史認識論に対するアンチテーゼが、近年の社会史への関心を深めていることについて、疑いはない。ここで社会史としているのは、フランスのアナール学派によって説かれ、かつ日本史学に波及している立場であって、その特徴は積極的な民俗資料の活用と、人類学的解釈の自在な適用である。人類学による柔軟な解釈が、歴史的世界を豊潤なものにしたという評価が一般になされてきている。

たとえば、本巻のピエール・ショニュが扱った魔女の論文を見ると、魔女発生の空間的配置に注目し、その分布状態から、境界領域・周縁性の問題が提示されている。魔女は、中心のキリスト教文明を核にした地域に対抗して、顕著な現象として周縁部に発生した。具体的には、教会の布教に対して、伝統的な呪術は魔術に、伝統的アニミズムは悪魔となり、神に反抗する敵となる。この解釈を一層面白くさせたのは、周縁部の活性を魔術使いに適応させた視点であった。すなわち森―山―沼地―荒野―焼畑農耕、そして非農業民―鍛冶―木工―羊飼―異人といった系列に魔術使いを位置づける。そして魔術使いは、女性―年寄り―独身という属性をもつという。その結果が「一人住いで性的にのけ者にされた」イメージとしての魔女を作り出した。キリスト教―教会―都市に対して周縁部には、社会的に異常現象が発生し、ここに魔女という文化要素が抽出された。

こうした人類学的分析は、主として事例の空間的・社会的分布にもとづくものであり、当然歴史学としての通時的分析を加える必要がある。それを十六、七世紀の時代と結びつける史料の存在がどうしても必須条件となっており、ここでは魔女裁判の異端審問記録が重要史料として用いられている。その量は膨大であり、日本にはその類を見ないだろう。これを客観的に分析する視角が、すなわちヨーロッパ大陸の深層の歴史、または心性に関わる歴史を浮かび上らせることになるのだが、先述のごとき構造的把握のほかに、なぜ十六～七世紀にかけて、魔女現象が高揚したのかという歴史的アプローチが当然ここでは問題になった。ピエール・ショニュは、キリスト教文明の周縁部進出に対抗する、木と火と焼畑農業の文化の噴出だとしている。そしてそれを体現するのが女性である。女性は伝統文化の保存者である。したがって女性は文化変容に対抗する魔女となり得る。とくに興味深いのは、焼畑農業民と、平地の都市民との間にある性慣習の相異が両者の緊張関係を高めたという指摘である。キリスト教による性交中断、夫婦の結合への阻害といった性的要素が、原初の恐怖を引き出し、それが神に対する悪魔との契約を可能にさせた。そしてその媒介をしたのが魔女に他ならないというのである。

もう一つの魔術論を展開しているロベール・ミュシャンブレの論文は、魔術が社会に対する犯罪だとする従来の考え方に当然のことながら反対であり、同時に魔女が社会に反抗する存在だとする位置づけにも批判的である。ピエール・ショニュの論文と異なって、フランス民俗学によって提示された諸資料に依存していることも興味深い。ロベール・ミュシャンブレは、魔術は現代人の失った心性の世界に属するものであり、その時代の強迫観念を凝集させて魔女を生贄としたが、同時にそれは民衆の日常生活体験の重要な文化要素だとしている。つまり、魔術を民衆文化論の中に位置づけているのである。その場合、一方にエリートのキリスト教文化があり、それに対比される民衆文化が独自性を発揮するというとらえ方といえる。キリスト教と非キリスト教の価値観の相異が前提にあり、両者に高低の差はない。民衆文化を異質の世界観の一つの要素とみなすことによって、魔術を通して民衆の抱く心性の構造がはじめて予測できるようになった。たとえば「私には、魔術とは、日常生活のなかのおそれを克服しようとする努力の表象であったように思われる」(六二頁)として、サバトの儀式が「壮大な幻覚の手段」だとする見方をとったりする。またサバトはミサのパロディ、世界の逆転の図式の儀礼化だとする考え、これは民俗儀礼であるさまざまの祭りが、抑圧された感情からの爆発を意味することと通じるものである。

そこで魔女狩りの事実については、こう説明している。十六世紀の段階で、農村社会の基本的な集団心性が急速に失われ、ある種の不安が生じた。教会が魔術に対し攻撃をはじめたのはその時期であり、社会的心理的不安の表現が、スケープゴートとしての魔女であった。こうした教会側の攻撃性による、偏執狂的な悪魔マニアが、逆に不安に対する恐れを除去することになったというのである。すなわち、民衆の集団的心性の崩壊が民俗としてどのような現象を示すものかを、神学の枠組みから離れて説明していることになる。

二

魔女、または魔術使いの問題を日本史の中でとらえるとどうなるだろうか。日本の民間信仰史において、魔術の概念は明確ではない。しかし国家権力あるいは体制と密着した神道や仏教に対し、その枠組みに入りこまない民俗宗教の存在は、どの時代においても社会を構成する文化要素の一つとして注目されてきた。

たとえば山岳信仰を基盤とする修験道の存在は、密教系の儀軌を柱に、神社神道からはずれた民俗神道を大幅にとり入れ、さらに仏教寺院に帰属しない聖や巫女たちの支持を得て、中世以後の宗教社会に大きな影響を与えてきた。験者である山伏や聖、そして神がかりをして託宣する巫女たちが、呪術を実修することにより、民衆の帰依を受けてきた。かれらの祖と仰ぐ役小角の存在は、中央から指弾され、葛城からさらに東国へと追放されて、いわば周縁部に拠点を置いて活躍したという筋書きになっている。東日本の修験の根拠地は、数多く霊山信仰を伴ってあるが、いずれも役小角による開創と説く。鬼神を駆使したという役小角は、明らかに魔術使いといえようが、その系譜を引く、いわゆる民間宗教者は多岐にわたり、宗教民俗学の恰好のテーマになっている。かれらの活動の痕跡は、主として近世文書に残されており、民俗資料とともに、地域社会の宗教情況をよく物語る内容をもっている。そしてこの場合、魔術というより呪術と表現するほうが適している。呪術は、伝統的な日本語ではマジナイとノロイの二通りあり、「呪い」と表記される。マジナイは魔除けのための方法であるが、ノロイは悪霊や祟りを特定の個人のために駆使する点で、「黒い呪術」として位置づけることもある。マジナイとノロイを較べると、ノロイはむしろ個人的次元の心意現象として宗教民俗学的に処理されてきており、マジナイのほうは、より社会的次元の問題として展開されている。しいていえば、ノロイの社会的発現が稀薄だということである。この点が、日本の魔術使いと目される民間宗教者たちの存在を特徴づけることになっている。

日本の宗教社会にあって、民間信仰が徹底的に中央勢力によって弾圧されるという機会は少なかった。宗教統制の立場から「淫祠邪教」とか「新義異宗」という形で禁令の対象となったが、こうした法令がくり返し提示されることは、それが地下水脈のように通時的に存在していたことを示している。富士川のほとりに起こった八世紀の常世神の信仰にしても、宗教運動として周縁から中央を志向したとき、強烈なエネルギーは雲散霧消して、地域社会内に限定されてしまった。その運動形態が、熱狂的な踊りの形態をとることは注目されるにしても、その中心の崇拝対象は、中央の弾圧勢力を打倒するだけの魔力を保持していたとはいえない。通時的に熱狂的情況は発現したが、その中心となる神格に、中央と周縁といった対比は明確ではなかった。だから、一方が他方を極度に排斥するという現象は生じていないのである。

悪霊の跳梁する憑物について考えた場合にも、これがしばしば巫女や女性の憑依者に管掌されるため、一見魔女的存在に見なされがちであるが、憑依した動物霊の性格は、決していわゆる悪魔とは見なされていない。それどころか、本来地域社会の守護霊視されていた動物霊が、祟りの媒介に使われて憑物となるという事例が多いのである。だから、悪霊に化しノロイの道具に駆使されても、ある段階を経て善霊に戻る。しかし憑物の発生は、日本列島の地域差を反映しており、従来までの民俗調査の結果をみると、中国、山陰地方、四国地方に濃厚に分布している。もちろん東日本にも、埼玉県秩父地方の憑物や、岐阜県飛驒地方、長野県木曾、伊那地方の事例もよく知られている。しかしそれぞれの地域社会ごとに憑物が発生した理由についての一応の見通しはなされているが、これを日本史全体の中で位置づけるに至ってはいない。十八世紀後半、山陰農村地帯に憑物が大量発生したことに対し、これが主として社会変動による旧家層の没落と、経済的な富を蓄積し新興勢力となった家との葛藤対立から生じた差別感情に帰因する、と説く考え方も一理ある。また地域開発に伴って、かつてそこに棲息していた狐やイタチなどが山間部に追い出されたため、逆に山と里の境界にやたらに出没して、人間に憑依すると見られたとする説もある。実際、稲荷信仰が都市化のプロセスで顕著に発現してくる現象は、江戸の稲荷の実態から予測されることでもある。この場合の稲荷は、まず憑物として現われ、行者が介在して社祠に祀る。ところが山陰農村では、特別に狐遣いが活躍した痕跡が乏しい。このような地域差を考慮にいれながらも、十七、八世紀の日本に憑物が社会現象となったことは、大きな課題といえる。

しかし、ヨーロッパの精神文化の象徴ともいえる神と悪魔の対立という視点は、日本歴史の中に容易にとらえ得ないのである。たしかに悪霊は存在し、人間に対しさまざまの災厄をもたらしている。しかしそれは神の力を奪って、自然を変えたものではない。悪霊もまた、神の一部に過ぎないのであり、呪術者のマジナイによって、悪霊はふたたび神の力に属することにより守護霊になっていく。こうした世界観は、日本の民俗宗教として存在してきたものである。だから、中心に神を核とする文化があって、その侵出あるいは伝播が、周縁に及び、二つの文化の激しい衝突・抗争といった図式をとっていない。山伏、巫女、聖、行者といった呪術宗教者たちの活動は、たしかに平地の農耕民にとって異人であり、かれらが背景とする山地の焼畑農耕的文化の異質性を認識させるものであって、畏怖や恐れの観念を植えつけたが、かれらもまた、守護霊をもたらす呪いの持主として歓迎されたのである。だからそれは、本来的に民衆文化に属するものとして位置づけられていたことになるだろう。

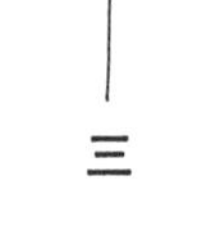

三

ジャック・ル＝ゴフもコメントしているように、もっぱら人類学者が取り扱ってきていたシャリヴァリが歴史学の研究対象となったこと、その結果、歴史学の豊饒化が図られたこともたしかであった。日本史学の分野において、民衆の日常的経験や意識のおもむくところに展開する課題を好んで取り上げる傾向が、しだいに若い世代の関心を惹きつつあるといえる。

クロード・ゴヴァールとアルタン・ゴカルプによる「シャリヴァリ」論は、フランス中世末期に社会現象として顕著になったシャリヴァリの意味づけを行なっている。従来のフランス民俗学も、民俗儀礼としてのシャリヴァリについて分析しており、それはシャリヴァリの起源についての形態論的研究といえるものであった。

ある特別な情況に際して、騒音を奏でる慣習は、教会に対する反権力的行為とみなされ、事実、教会側が何度も法的規制をほどこしながら、消滅することはなかった。つまり、社会的意味をもった民俗としての定着度の深さが分かる。次に、シャリヴァリの実施される地域について、イギリスとキリスト教ヨーロッパの大部分にまたがる文化圏という説明があるが、この説明は、シャリヴァリを特定地域の固有な文化特徴として理解するものであり、著者たちはこれに対し批判的である。むしろレヴィ＝ストロースが新年明けに自動車のクラクションを一斉に鳴らすという現象の中に、現代のシャリヴァリを見ているような、工業化社会にまで及ぶ慣習とするならば、極端な自民族中心的な解釈はとるべきではなかろうとしている。ここに人類学的解釈による象徴論の論理が導入されることとなった。「多くの民族学的な資料に基づけば、当然ながら分析を貧困にするような極端に自民族中心的な解釈は、その説得力を失うであろう」（一四五頁）といっている。シャリヴァリが喧騒行為をとることによって顕著な社会的機能を果たすと理解するならば、決してこれは特定な固有の文明に帰属すべきものではない。

このことは、エドワード・P・トムスンの「ラフ・ミュージック」に関する論文で一層明確となっている。このイギリスにおける「シャリヴァリ」についての従来の民俗学的研究は、やはり起源論・形態論に終始していた。エドワード・P・トムスンの言を借りれば、「慣習を機能の関係としてではなく、起源に関する指標として研究した。しかも原初的なインド＝ヨーロッパ的起源であろうような、共通の起源について研究するものであった。だからこの立場は、機能の観察に対する強力なブレーキとなった」（九三頁）という。しかしそれにもかかわらず、民俗学者たちの集めた素材は重要なのである。何となれば、歴史学者は従来これを軽視しており、十分に検討してこなかったからである。そして、機能主義をとる人類学的概念の導入は、形式に制約されることはないのであり、そこに時間空間を越えたモデルの設定を可能にするだろう。

シャリヴァリ参加者は基本的に若者組であり、中世フランスの農村における重要な年齢集団であった。民俗としてのシャリヴァリは明らかに通過儀礼であり、若者組加入のための入社式といえる。この儀礼を通して共同体の一員としていわゆる一人前となり、共同体の維持のために働く。これを機能面から探ると、共同体全体が維持運営の均衡を破る行為に対して反発する意志を「シャリヴァリ」として発現させることになる。注目されることは、民俗調査の記録によると、村落共同体においての再婚に対して、喧騒行為が行なわれるという結果であった。結婚を待機する若者が、二度も結婚しようとする権利を享受する者に対して、敵対感情をもつ。それは二つの世代間の抗争でもある。とくに若者の上の世代の寡夫が、家長の権威をかさにきて、再婚する。そして後妻から子供が生まれると、先妻の子供は生存の危機に見舞われることになる。同世代の年齢集団の連帯感はそれによって一層高まってくる。さらに家族の構成員が一人増加すれば、それだけ共同体の均衡の崩れる危険性が意識された。

中世末にそのことが社会現象として続発したのは、とりわけ経済変動のもたらした共同体組織の再編成期にあたるからだという。共同体の著しい規制が、若者の生存を保証するが、一方その自立性を失わしめ、それに伴って女性との性交換サイクルを混乱させた。かれらが利益を損ねると看取した段階に、喧騒行為を発現させ、反発感情を露わにさせたが、決して共同体から排除されることはなかった。むしろその行為は、村落共同体の社会統合として機能することが認められていたからだという。

このような特権的媒介者の役割をもつ「シャリヴァリ」の特色を明示したのは、まさに歴史人類学派たるゆえんでもあろう。

ところで日本の若者組とその「シャリヴァリ」に類する行為についても当然検討が加えられる必要があろう。日本の祭りや年中行事において若者組が中心的役割をになう機会は多い。また、社会集団としての若者組の婚姻に関与する機能についても、民俗学者が永年追究してきている。

ところが、本書でもロランド・ボナン＝ムルディクとドナルド・ムルディクがヴァン＝ジェネップを批判しているように、なぜ若者組が、祭りの担い手となってどんちゃん騒ぎを起こすのか、そしてなぜ、婚礼の行列に石を投げ込んで妨害するのか、あるいは新婚の花嫁・花聟に対して、水を浴びせたり、性的な儀礼を演じさせたりするのか、といった問いに対しては、民俗学からの十分な回答はない。もっとも柳田国男によると若者組の婚姻妨害は、かつて婚姻を管轄していた能力を失ったことに対する一種の焦りからくるいやがらせ、または威嚇行為だとする説明があるが、それがすべてではないだろう。

若者組と「シャリヴァリ」をとらえる視点としては、二つの立場があると思われる。一つは、日本国内のさまざまな民俗儀礼における喧騒行為をとらえながら、儀礼上の位置づけを行なう。その場合、若者組が行なう乱痴気騒ぎが、共同体の内在的な意志との関わりによって成立していることを明らかにすべきであろう。従来の民俗資料は、だいたい十八世紀以後の段階のデータとして豊富にあり、それらは村落の相互扶助、制裁のあり方をよく示している。若者の行なう祭りの地芝居や踊り、宴会などが、たんなる遊びだけの意味しかもたないとする短絡的な理解に終始すべきではない。十八世紀の農村社会では、こうしたどんちゃん騒ぎと対照的に若者は、徹底した日常生活の抑制を強いられた。そこに自律的意志を認めることは可能であるが、むしろ「シャリヴァリ」的な行為を他方にもつことによって、若者組は社会統合の媒介者たる地位を確認できたと思われる。

もう一つの立場は、若者組の行動を外在的に規制する権力との関係に焦点を絞る立場である。ムルディクは、彼の論文の中で、「慣習自体は歴史をもたず、慣習にさまざまの歴史を奏でさせるのは、その敵対者たちなのである」（一九二頁）と言っている。日本の藩権力が若者組の行動に対して、農業生産を妨げる行為であるとして、休み日を規制し、遊びとして行なわれる若者組のどんちゃん騒ぎを禁止したのは、支配者にとっては、この民俗を不条理なものと判断したからであり、武士階層にとっては、共同体の生活体系をすでに理解できなくなったことを示している。ところが、若者組は、その行動によって、村落共同体の維持を図ることを内在的に意図しているのであり、公権力によって、共同体空間を奪われることを防ごうとするのである。こうした観点はまた、若者組が主役となった一揆や祭りを構造的に理解するのに役立つものであろう。

日本史学は、これと別個に発達した民俗学の諸成果と親近関係にありながら、いささか狭い歴史認識論の枠組みにとらわれ、民俗のあり方を軽視してきた。しかし人類学的解釈、方法を導入することによって、時代の民俗との相関関係について十分検討できる余地をもつに至った感がある。したがって今後も民俗学、人類学との協調関係を深めていくことが期待できるのである。

解説

樺山紘一

一

魔女は、わが国でもなじみぶかい言葉であろう。これにたいしてシャリヴァリは、ほとんどしられていない。本書は、そのふたつの歴史的事象をめぐり、『アナール』誌につどう研究者の近年の論述をあつめてみた。部分的には、ですぎた解説をくわえるまでもないとしても、ほかの部分については、やや立入った予備的な導入を必要としているかもしれない。さりとて、それぞれの論文には、フランス人にとってすらいまや基礎知識がうしなわれてしまったためか、懇切な概観をもふくんでおり、それに直接あたっていただくのが適当ではあろう。

そこでさしあたり、本書のかぎりでは断片的に説かれている、もしくは省略されている、魔女とシャリヴァリについての基本的事実をごく簡潔に紹介することからはじめよう。

ヨーロッパにおける歴史現象としての魔女は、十四世紀に出現する。しかし、魔女という観念や用語はすでに太古からあったし、またヨーロッパ中世盛期にあっても、魔女は史料にあらわれている。この魔女が注目すべき現象となるのは、キリスト教会やそれと結びついた世俗権力が、魔女を恐るべきものとして宣伝してからのことであった。とりわけ十四世紀初め、異端審問が広汎なテーマを対象としておこなわれるようになったのち、魔女は危険な能力のもちぬしとして、指弾されるようになる。その十四世紀はまた、黒死病の世紀でもあった。社会的不安に対応して、厄災は、邪悪な意図をもつ悪魔（サタン）と、これの連合者たる魔女の仕業とみなされる。

十五世紀から十六世紀にかけて、魔女は頻出し、これにたいする裁判の事例は、無数にみられる。一四八五年に著わされた、魔女論入門書『魔女の槌』によって、当時の事情がくわしく知られる。すでに十三世紀から、魔女についての知見は散発的にあらわれていたが、この魔女論の大著は、そののち陸続としてあらわれる同趣旨のものの、嚆矢をなすものであった。

ドイツ人ヤーコプ・シュプレンガーとハインリヒ・クラマーによってかかれた『魔女の槌』は、異端審問官のためのマニュアルという性格をもっている。魔女について伝承されるところを列挙したこの浩翰の著作にはすでに、のちの魔女像がほぼ完全な姿でえがかれている。魔女がおこなう妖術のかずかず、悪魔との契約や性交、魔女が男性や社会一般にもたらす災禍などが、ことこまかにのべられる。最後は、審問官にたいしての忠告と助言でむすばれる。

魔女の出現と裁判の兇暴化には、いくつかの波がみられ、また地方的な差異も大きい。しかし、おりからの活版印刷術の発明による出版革命によって、魔女論は十六世紀には頂点をむかえた。人文主義者として著名なジャン・ボダンが『魔女論』をのこしたのはよくしられているが、スコットランド王ジェイムズ六世（のちのイギリス王ジェイムズ一世）も『悪魔論』をあらわした。ニコラ・レミーの『悪魔礼拝』（一五九五年）、アンリ・ボゲの『魔女論』（一六〇二年）などの、代表例をあげることができる。

さて、これら魔女論では、共通の魔女像がつくられることが多い。悪魔と契約して、みずからの目的を達成しようとする女性の行状についてである。かの女らは、さまざまの手段をもちいて悪疫や社会混乱をひきおこす。魔女はだれでも、集落や都市のはずれで、集会（サバト）をひらくという。森や野、山岳など人気のない場をえらんで、深夜に会合する。そこにでかけるのは、空中飛行によってである。全身もしくは局部に軟膏をぬり、箒にまたがって、サバトにむかう。現在ポピュラーになった魔女図はこれによっている。

集会ではかの女たちは、悪魔につかえる。男性たる悪魔の尻に接吻し、服従と受益の契約をとりかわす。これがおわると、性的オルギーがはじまる。魔女は、悪魔によって体の一部に印をつけられており、その部分には痛覚がなくなっていると、信じられた。早朝、鶏の鳴声とともに、かの女たちはひそかに寝床へもどる。

る。密告や噂が尊重される。サバトとその周辺の体験をかたらせる。いかにして、いかなる災禍をくわえたかを列挙させる。自白しない魔女には各種の拷問がまっている。それでもはかばかしい証拠がえられないと、神明裁判がおこなわれる。たとえば、手をしばって水中になげこみ、沈んだものは悪魔がついたものと断じられる。

魔女論は伝承にもとづいて、このような魔女像をうちたてたのち、審問官にたいして、逮捕と審決の術をおしえる。密告や噂が尊重される。嫌疑をうけた女性は捕縛され、投獄され、拷問にかけられる。審問官は順序にしたがって、詰問する。サバトとその周辺の体験をかたらせる。いかにして、いかなる災禍をくわえたかを列挙させる。自白しない魔女には各種の拷問がまっている。それでもはかばかしい証拠がえられないと、神明裁判がおこなわれる。たとえば、手をしばって水中になげこみ、沈んだものは悪魔がついたものと断じられる。

有罪の判決がえられると、処刑される。一般的な刑罰とならんで、火刑もしばしばおこなわれた。想像もつかぬ多数の女性が、魔女としてながした害悪のかどで、焚火の刑にあったといわれる。

魔女とその裁判は、ことに十六世紀の宗教改革の時代に頻発した。十六世紀末は、いくつかあったピークのうちでも最大のものであった。十七世紀の進行とともに、さしもの猛威をほこった魔女現象は、急速に収束する。アメリカでおこった「セイラムの魔女」事件（一六九二年）は、新大陸ゆえの特異な一件だとみることができる。

本書では直接あつかわれないテーマを中心に、簡単に魔女現象をたどってみたが、はたしてこの歴史現象はどのように解釈できるであろうか。魔女の妖術とは、まったくの架空のことがらだったのか。審問官は、どのような強迫観念のもとに、兇暴な裁判をおこなったのか。魔女狩りに参加した民衆は、魔女と審問官のうちになにをみたのか。魔女がもつといわれた特殊能力とは、現実にはどのような能力だったのであろうか。そして、魔女現象がある時代に、ある場所で生起したのは、いったいどのようなメカニズムによってであるのか。

歴史学的研究を標榜する著作が、すでに十九世紀いらい、多数かかれてきた。十四世紀から十七世紀という長大な時間をおおったものであるだけに、直接使用できる史料もきわめて多い。R・マンドルーの『十七世紀フランスにおける司法官と魔術使い』（一九六八年）には、当面する十七世紀フランスにかんしてだけでも三五〇種にのぼる史料があげられており、一七〇種の文献資料がつらねられているほどである。
邦訳された概説書、および日本人の手になるものも、少なくない。とりあえず以下のものをあげておこう。
。森島恒雄『魔女狩り』(岩波書店)
。浜林正夫『魔女の社会史』(未来社)
。K・バッシュビッツ、川端・坂井訳『魔女と魔女裁判』(法政大学出版会)
。P・ヒューズ、早乙女忠訳『呪術』(筑摩書房)
また、欧米における近年の文献については、本書六七ページの、ミュシャンブレ論文、注2にあげられたもので、さしあたりたりるであろう。文献リストとしては、やや古いが R. H. Robbins, *The Encyclopedia of Witchcraft and Demonology*, 1959 のそれが、もっともくわしい。

重大な出来ごととしての魔女にくらべれば、他方のシャリヴァリは、ヨーロッパ史のなかにいちじるしい痕跡をのこしてはいない。歴史的な現象としては、本書の三論文がそれぞれに説いている以上に、きわだった特徴をおびてはいないようにみえる。

シャリヴァリはE・P・トムスンの定義(本書八一ページ)にあるように、それ自体は抽象的な言辞をもってあらわされうる行為である。つまり「共同体のある種の規範に違反した人びとに対し、儀式化した形態で行なわれる敵対行為」である。そのような行為一般は、当然のことながら、ヨーロッパにおいてもあらゆる時代をとおして、また非ヨーロッパ世界にもさまざまに、類例をもとめることができよう。学生寮の住人が、規律違反者や新入者にたいしておこなうストームという慣わしすら、現代のシャリヴァリとみなすことが可能である。

しかし、ここで論じられるシャリヴァリはより特定された対象と形態とをとっている。その特定、限定のしかたをめぐって見解がわかれうるであろうことは、のちにみるとおりであるが。十四、五世紀に淵源を発し、十七、八世紀に顕著な同質性と広布をみるシャリヴァリは、本書の三論文からもうかがえるように、つぎのようなものであった。

規範への違反をとがめられるのは、おもに共同体内の異性間の婚姻と性関係にかんする規約に反したひとびとである。若い娘と再婚する中年以上の寡夫、もしくはその逆のケース。肉体的、社会的にあまりに不釣合な結婚。そして間男、夫婦間の不和、さらに妻の役割放棄、夫の乱暴、ホモセクシュアルなどの性的逸脱。性と結婚を中心とした反規範、攪乱行為はつねにシャリヴァリの対象となる。

その形態は、典型的なものをとれば、つぎのようなものである。対象となる人物の住居に直接おもむいて騒動をおこすこと。そのさいふつうは、楽器もしくはこれにかわるもので大きな音を発し騒ぎたてる。そこへは夜間、行列をなして公然と行進し、公認されたプロットによってことがはこばれる。攻撃者は青年男子を中心とし変装、仮装して徒党をなす。被攻撃者は捕えられ、ロバや板のうえにくくりつけられ、共同体内の空間をつれまわされて、愚弄される。共同体からの追放に結果することもあるが、一般的には公的な恥辱の印をのこすことで放免される。またときには、金銭をもって事前もしくは最中に「買いとられる」こともある。

キリスト教会と世俗の権力は、この慣習を十分にこのましいものとはうけとっていなかった。被攻撃者からの上訴がおこなわれるときには、権力は介入することもありえた。その介入がどのような結末をもたらしたか、そしてついには、シャリヴァリという野蛮な私刑がいかに「良識ある」人びとによって嫌悪され、排撃されるようになるか。そのありさまは、本書の論文のなかでのべられているとおりである。

だがここでも研究者たちは、見解を異にすることであろう。シャリヴァリは、人間本性もしくは共同体の本性にとって普遍的な事態の表現であって、形態のちがいは副次的なことなのか。性や結婚というルールへの違反が、シャリヴァリ発動のための条件なのかどうか。そしてそもそも、「どんちゃん騒ぎ」の無邪気な蛮行は、はたしてなんらかの社会的、文化的意味をはかりとるほどに、重大な事象なのかどうか。

二

魔女とシャリヴァリとをふくむ問題圏がフランスの歴史家のあいだに登場してきたのは、あたらしいことではない。しかしその関心の経過のうちで、ことさらに衝撃をあたえたのは、一九六〇年代にあいついで発表された、J・ミシュレの『魔女』の改訂新版と解説とであったようにみえる。

ロラン・バルトによる解説（一九五九年）、R・マンドルーによる解題（一九六四年）は、おりしもとなえられていた、ミシュレ・ルネサンスの一環をなした。ミシュレの『魔女』については、のちに『アナール』誌上にも、A・ブザンソンの鋭角的で力動感にみちた解説が発表された。（A. Besançon, Le premier livre de "la Sorcière" in *Annales E.S.C.* 1971, pp. 895–910.）なお、ミシュレ『魔女』の邦訳は、篠田浩一郎訳（現代思潮社）。ミシュレの魔女は、一世紀間の忘却ののち、華麗な衣裳とともに復活した。

ミシュレは、ただしくは忘れられていたのではない。十九世紀いらいの特定の先入見にとらえられ、誤読もしくはゆがみをもって読まれていたのである。ミシュレは魔女現象をもって、民衆の抑圧権力にたいする反抗とみた。その反抗する民衆は、貧困で力をうばわれた無能力のもとにおかれている。魔女の呪術的能力は、現世での経済的、政治的無能力を補償し、これをくつがえすための手だてとみなされる。ミシュレはその呪術力のなかに、民衆の独自の世界認識と世界変革の心性をみぬいていたことであろう。しかし、十九世紀末以後の第三共和政史学の歴史家たちは、ミシュレにたんなる「反抗の民衆」しか読みとらなかった。

魔女は、社会的抑圧と反抗の系（コロラリー）として、きわめて皮相的にあつかわれる。そうであれば、魔女裁判の狂暴な現実もまた、たんなる社会病理としてみられることであろう。社会不安が昂進するなかで、群衆と司法権力とは、犠牲獣をみつけだして、現存する社会の安寧を保証しようとする。抑圧と反抗、混乱と秩序回復志向という、社会力学のメカニズムが、魔女現象を説明する鍵とかんがえられた。

おなじ視点は、十九世紀に魔女を論じた民俗学者たちのもとにもあった。その世紀の後半にフランスばかりかヨーロッパ各地では、民俗事実の採集記録が盛行した。そこで蓄積された事実知見は厖大なものであって、いまだに十分整理されつくしていないほどであるが。

その作業を担当した民俗学者たちは、魔女を、いまだキリスト教化されていない原始的心性の残存物とみた。呪術を枢軸とした認識や行動のかたちは、かつての前キリスト教ヨーロッパにひろくのこされていた。かれらはそれを一種の迷信であり、野蛮な異教的風習であるとした。森や野、悪魔、性的オルギー、そして神明裁判、これらは古代ヨーロッパいらい、ケルト・ゲルマン的伝統のかたちをとって、生きぬいてきたものである。

このような迷信、異教心性は、ときにはたんなる社会病理もしくは文化病理であって、文明化したキリスト教によって、廃棄されるとみられた。またときには、社会的に沈澱した庶民の私的生活のうちに存続するものの、直接の影響力をうしなってゆく、おだやかな逸話の素材を提供することでおわるとかんがえられた。いずれにせよ、魔女はヨーロッパの社会史のうちで、欄外にかきこまれた攪乱要素としてのみかたりうるはずであった。

シャリヴァリについても、まったく同様である。フランス民俗学の祖として巨座をしめるヴァン＝ジェネップは、『現代フランス民俗学概論』の中で、シャリヴァリにかんする多くの情報を蒐集した。現在でもこれは基礎資料として通用している。だが慎重なヴァン＝ジェネップは、この民俗現象をただちに社会の全的構造のうちに読みとくことを、ためらった。事実は事実として、民衆・庶民の奇異な行動として記述されたまま、放置されたのである。

シャリヴァリにあらたな光をあて、その意味の解読をこころみたのは、本書でもしばしば論じられているように、人類学者レヴィ＝ストロースである。かれは、女性の交換というコードをとおして社会の構造を発見しようとする、周知の構造主義人類学の展開のうちに、シャリヴァリ論をたてる。性と結婚における規範秩序の保持をモチーフとするシャリヴァリは、人間社会の深層構造にふかい関連をもつものであった。

未開社会の構造原理は、シャリヴァリという断面において、文明社会のうちにも突如として現出する。このような人類学的、もしくは構造主義的な解きかたは、場をかえてみれば、魔女現象にも通用されうるであろう。男性的な秩序原理にたいする女性的原理の強調、都市・文化的抑圧原理にたいする田園・自然原理。そのコスモロジカルな対抗関係のなかに魔女と魔女裁判を包摂することによって、構造の全体性がとらえられるであろう。魔女はかならずも文明世界たるヨーロッパの深層の構造をえぐりだすための、坑口となる。

第二次大戦ののち、人類学の発展にともなって、このように魔女もシャリヴァリも、あらたな光をうけることになった。未開社会、異文化世界との対比作業をもふくめて、伝統的な歴史学が放置してきた暗渠がみいだされたためである。

ミシュレの『魔女』の再読がとなえられたのも、この経過のなかにおいてであった。その魔女論は、なによりも民衆の心性についての光沢（エラン）ある分析として、よまれるべきである。魔女をとおして、民衆はなにを世界から判読しようとしたか、そのことが問題となった。魔女事件という表層の事実ではなく、魔女が象徴しているところの特定の感性と意識の様相がとわれる。

それればかりではない。ミシュレがみた抑圧と反抗という図式は、よりひろい視野のもとにひきだされる。そこでは、一揆と鎮圧、貧者と富者、支配権力と被支配民衆といった字義どおりの姿ばかりか、心性や意識のレベルにおける陰惨な対抗図がみいだされる。シンボルとシンボル、コード体系とコード体系のあいあらそう映像が、よみとられねばならない。

本書収録のショニュの論文に、そのこころみがみられるであろう。ショニュは、魔女研究史に一時代を画したマンドルーの前掲書をたかく評価したうえで、なお強調している。魔女現象は、なによりも、魔女がいかなる世界を語り、いかなる文明の発語としてあらわれているかをとおして、解明される。もはやショニュにあっては、司法官と被疑者の法的、権力的関連によってのみ、ことをあつかおうとする視点は、はっきりとしりぞけられている。シャリヴァリについても、おなじ観察ができる。シャリヴァリは、その結末期にあってしばしば、富者や名望家を攻撃対象にえらぶことが多かった。これにたいして、被害者や司法権力は秩序保持を理由として、この古来の慣習を禁止した。この経緯については、本書のトムスン論文、ムルディク論文にくわしい。このため、シャリヴァリには、社会における特定の利害対立が投影されると論じられた。

しかし、その対立の様相をたんに、秩序―権力と民衆の共同利益とのあいだのものとして説くのは、単純にすぎよう。むしろトムスンもゴヴァール、ゴカルプもいうように、そこでとわれているのは、ことなったふたつの秩序、ふたつの利益体系、そしてふたつのシンボル、記号体系のあいだの関係だからである。シャリヴァリは、このような視点からのアプローチによって、はじめてたんなる過去の庶民の民俗学的迷信というエピソードからときはなたれよう。シャリヴァリの周辺には、世界と社会のコード解読をめぐる深刻な対立がうごめいていたのである。

このようにして、魔女とシャリヴァリとをめぐる歴史家の分析は、多大な成果をうみだすようになった。レヴィ＝ストロースにはじまる構造人類学や、ミシュレの再評価に由来する心性分析が、強烈な刺激をもたらしたからである。

しかし歴史家にとって、なお問題はかえって未決の部分を増殖していった。トムスン論文が、レヴィ＝ストロース批判としてあげるふたつの点（九八ページ以下、一〇八ページ以下）は、これにかかわる。シャリヴァリ（ラフ・ミュージック）は、ある状況のもとではたしかに、性と結婚における女性交換の枠組みのうちでとらえられる。しかし、そのおなじシャリヴァリは、だらしない夫にも、じゃじゃ馬の妻にもむけられている。そればかりか、特別の条件のもとでは「公的」なシャリヴァリとして、行政官や政治家、資本家に、そしてスト破りの労働者にもむけられている。それは慣習による用語の誤謬といったことではかたづけられない。

トムスンもいうように、シャリヴァリにおいて問題となるのは、社会と精神の諸現象の総体であって、「全体的（グローバル）な分析」を必要とするのである。このレヴィ＝ストロース批判だけをみれば、十分に説得的とはいえないともいえる。全体的分析は、いかにして可能かを弁証していないからである。

しかしたとえば、魔女現象を論じたショニュ論文のなかには、歴史家が現下において直面している独自の課題が、みごとに反映しているようにみえる。くわしくは同論文をたどっていただくほかないが、ショニュはまず、魔女をとりまく一般的条件から接近する。

魔女をとりまく一般的条件とはこういうものである。魔女は、火と女性と森と農村と口承と地理的周縁にかかわる。したがって魔女論の審問官とは、これの対極に位置することになろう。この対置のしかたは、周知のように構造主義人類学の成果にまなぶものである。

しかしショニュは、このような魔女をめぐる対極位置が発生するのは、とりわけ一五七〇年から一六三〇年のあいだの特定の歴史条件のもとにおいてであるとみている。印刷術の広布、宗教改革とその後の新・旧両教世界の成立、諸国家の総体的な発展。そのような「巨視的分析」にともなわれて、はじめてかの対極位置の構造がとらえられるというのである。

魔女もシャリヴァリも、それが問題的（プロブレマティク）存在となるのは、ひとつの文明があらたな文明へ転移するきわどい時間的フロンティアのうえにおいてであった。呪術とアニミズムと口承による伝統的文明から、成文化された理性の意識と全能の唯一神と絶対主義国家への転移。ショニュはその後者をデカルトとニュートンの観念世界でえがきだしているが。

魔女とシャリヴァリとを民衆文化のレベルでの事件としてあつかうならば、これがもっとも精彩ある叙述や分析をもたらすのは、この転移の時代を対象とするときであった。幅ひろい帯としてではあるが、その時代こそヨーロッパの社会と文化とが、ほとんど文明の転移とでもいえる大変動を経験しているときであった。文明と世界がそこでは、「全体」としてうごいている。それゆえにこそまた、全体的分析と変革過程の追尾が可能となるともいえよう。

歴史学は、継時的変化についての学であるという古びた定義には、いまだに有効性がのこされている。だがただちに批判と警告がついてくる。それはある時代についての全体的分析がともなわれ、また人間と文化についての深層におよぶ解読の援けをうけてのうえのことだという警告である。魔女とシャリヴァリについてとりくんだ歴史家たちの作業は、その点についてのかぎり、残念ながらいまだ未完であるといわねばなるまい。いくつもの不満をのこしている。

予想される批判はそれだけではない。本書におさめられた諸論文は、例外をのぞいて、ほぼすべていわゆるアンシァン・レジーム期をあつかっている。その時代こそ、ヨーロッパとフランスにあって、もっとも大きな文明の転移がおこった時代だったからである。その時代の照明のもとにおいてこそ、魔女もシャリヴァリも、輪郭をあらわしてきた。しかし、そのためであろうか、たとえばゴヴァール、ゴカルプの中世をあつかう論文には、やや論点の拡散がみられ、またムルディク論文のうち、十九世紀のブルジョワ社会にかんする部分は、率直にいっていささか迫力にかけている。

そのように、アンシァン・レジームに厚く、中世や近代世界に薄いという現実は、シャリヴァリというテーマの制約によるのか。それとも、論者の力量ゆえか。あるいは、そもそも『アナール』誌に拠る歴史家たちの問題関心と手法に原因があるのか。もしくは、歴史学自体の宿命なのだろうか。回答をもとめるのは、いまだ早計にすぎよう。『アナール』誌がこころみるであろう回答を、期待とそしてわずか一片ではあれ不安とをもって、まつことにしたい。歴史学の研究にたずさわるものとしての共感と共苦とをわけもちながら。

三

各論文の執筆者について、個々に紹介することはひかえるが、一、二付言しておく。P・ショニュ氏は大著『セビリアと大西洋』*Seville et l'Atlantique*, 1955~57 をはじめとして、多数の著作によってしられる代表的な歴史家である。R・ミュシャンブレ氏は、より若い世代に属するが、近著 *Culture populaire et culture des élites dans la France moderne*, 1978 により、民衆文化の歴史学的研究に尖鋭な問題をもちこみ、論争をひきおこしている。E・P・トムスン氏はイギリスの著名な歴史家で大著 *The Making of the English Working Class*, 1965 をもってしられる。氏はまた欧州における反核運動の中心的存在として注目をあびている（この件についてのわが国の紹介では、トンプソンと読まれているようである）。

なお、一九七七年四月シャリヴァリをめぐるシンポジウムがパリで催され、一九八二年二月 J. Le Goff, J.-C. Schmitt éd., *Le charivari* として報告書が刊行されており、より立ち入った分析の成果が収録されている。

［アイウエオ順。県名のあとの数字が地図と照合。この数字は県のコード番号ではなく、わかりやすいよう北から順に付した。パリは特別行政区］

アヴェロン	79
アリエ	53
アリエージュ	90
アルデーシュ	66
アルデンヌ	10
アルプ=ド=オート=プロヴァンス(注１)	73
アルプ＝マリティム	72
アン	50
アンドル	44
アンドル＝エ＝ロワール	43
イヴリーヌ（注２）	14
イゼール	68
イル＝エ＝ヴィレーヌ	37
ヴァール	74
ヴァル＝ド＝マルヌ（注３）	17
ヴァル＝ドワーズ（注２）	13
ヴァンデ	59
ヴィエンヌ	57
ヴォクリューズ	75
ヴォージュ	27
ウール	7
ウール＝エ＝ロワール	12
エソンヌ（注２）	18
エーヌ	9
エロー	87
オード	88
オート＝ヴィエンヌ	56
オート＝ガロンヌ	91
オート＝コルス（注４）	94
オート＝サヴォワ	69
オート＝ザルプ	71
オー＝ド＝セーヌ(注３)	15
オート＝ソーヌ	28
オート＝ピレネ	92
オート＝マルヌ	29
オート＝ロワール	65
オーブ	30
オー＝ラン	25
オルヌ	11
オワーズ	8
ガール	77
カルヴァドス	6
カンタル	64
クルーズ	55
コート＝デュ＝ノール	38
コート＝ドール	31
コルス＝デュ＝スュッド（注４）	95
コレーズ	63
サヴォワ	70
サルト	35
シェール	45
ジェール	84
シャラント	61
シャラント＝マリティム（注５）	60
ジュラ	48
ジロンド	82
セーヌ＝エ＝マルヌ	19
セーヌ＝サン＝ドニ（注３）	16
セーヌ＝マリティム（注６）	4
ソーヌ＝エ＝ロワール	47
ソンム	3
タルン	86
タルン＝エ＝ガロンヌ	85
テリトワール・ド・ベルフォール	26
ドゥ	49
ドゥー＝セーヴル	58
ドルドーニュ	62
ドローム	67
ニエーヴル	46
ノール	2
パ＝ド＝カレ	1
バ＝ラン	24
ピュイ＝ド＝ドーム	54
ピレネ＝アトランティック（注７）	93
ピレネ＝ゾリヤンタル	89
フィニステール・ノール，スュッド	39
ブッシュ＝デュ＝ローヌ	76
マイエンヌ	36
マルヌ	20
マンシュ	5
ムーズ	21
ムルト＝エ＝モゼル	22
メーヌ＝エ＝ロワール	42
モゼル	23
モルビアン	40
ヨンヌ	32
ランド	83
ロゼール	78
ロート	80
ロート＝エ＝ガロンヌ	81
ローヌ	51
ロワール	52
ロワール＝アトランティック（注８）	41
ロワール＝エ＝シェール	34
ロワレ	33

［注］(1)アルプ＝ド＝オート＝プロヴァンスはかつてバス＝ザルプ県
(2)イヴリーヌ，ヴァル＝ドワーズ，エソンヌの３県は、かつてセーヌ＝エ＝オワーズ県
(3)ヴァル＝ド＝マルヌ，オー＝ド＝セーヌ，セーヌ＝サン＝ドニの３県は、パリ市とあわせて、かつてセーヌ県
(4)オート＝コルスとコルス＝デュ＝スュッドは、かつてコルス県
(5)シャラント＝マリティムはかつてシャラント＝アンフェリュール県
(6)セーヌ＝マリティムはかつてセーヌ＝アンフェリュール県
(7)ピレネ＝アトランティックはかつてバス＝ピレネ県
(8)ロワール＝アトランティックはかつてロワール＝アンフェリュール県

〔フランス県地図・旧州地図〕

県地図

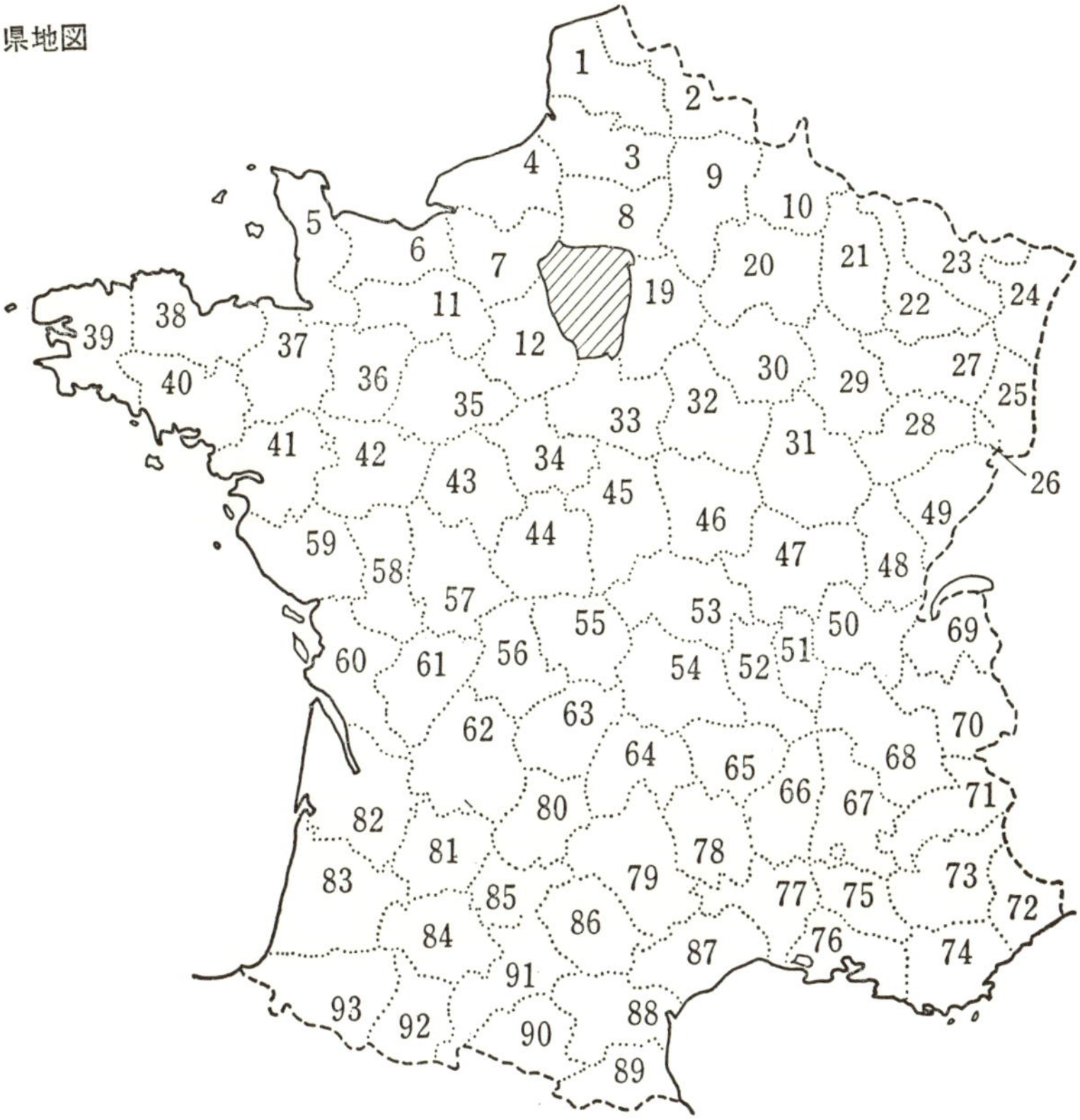

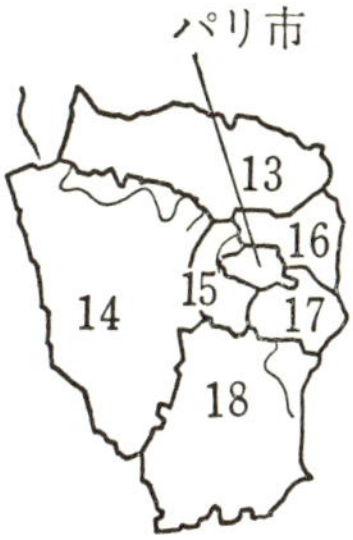

〔図中斜線部分〕

旧州地図

アンシァン・レジーム期の州の所在地

訳者紹介

長谷川輝夫（はせがわ・てるお）
1941年生まれ。歴史学専攻。元上智大学教授。著書『聖なる王権ブルボン家』（講談社選書メチエ）他。

相良匡俊（さがら・まさとし）
1941年生まれ。フランス社会運動史専攻。法政大学教授。主要論文「19世紀フランスの警察」（『歴史学研究』2009年12月号）他。

福井憲彦（ふくい・のりひこ）
次頁参照。

大嶋 誠（おおしま・まこと）
1947年生まれ。西洋史学専攻。大分大学教授。主要論文「ソルボンヌ学寮図書館蔵書目録（1338年）とその世界」（『史料が語る中世ヨーロッパ』刀水書房）他。

志垣嘉夫（しがき・よしお）
1940年生まれ。西洋史学専攻。著書『概説フランス史』（共編、有斐閣）他。1997年没。

コメント

宮田 登（みやた・のぼる）
1936年生まれ。日本史学（民俗学）専攻。筑波大学名誉教授。著書『ミロク信仰の研究』（未來社）『日本人と宗教』他。2000年没。

解　説

樺山紘一（かばやま・こういち）
次頁参照。

責任編集者紹介

二宮宏之（にのみや・ひろゆき）

1932年生まれ。フランス近世史専攻。東京外国語大学・フェリス女学院大学名誉教授。著書『全体を見る眼と歴史家たち』（木鐸社）『マルク・ブロックを読む』（岩波書店）他。2006年没。

樺山紘一（かばやま・こういち）

1941年生まれ。西洋史学専攻。東京大学名誉教授。著書『ゴシック世界の思想像』（岩波書店）『ルネサンスと地中海』（中央公論新社）他。

福井憲彦（ふくい・のりひこ）

1946年生まれ。フランス近現代史専攻。学習院大学学長。著書『近代ヨーロッパ史』（ちくま学芸文庫）『近代ヨーロッパの覇権』（講談社）『ヨーロッパ近代の社会史』（岩波書店）他。

叢書・歴史《れきし》を拓《ひら》く――『アナール』論文選《ろんぶんせん》〈新版〉1

魔女《まじょ》とシャリヴァリ

2010年11月30日　新版第1刷発行©

編　者　二 宮 宏 之 他

発行者　藤 原 良 雄

発行所　株式会社 藤 原 書 店

〒162-0041　東京都新宿区早稲田鶴巻町523

電　話　03（5272）0301

FAX　03（5272）0450

振　替　00160‐4‐17013

info@fujiwara-shoten.co.jp

印刷・製本　中央精版印刷

落丁本・乱丁本はお取替えいたします

定価はカバーに表示してあります

Printed in Japan

ISBN978-4-89434-771-7